Sagen und Legenden um Werdenfelser Land und Pfaffenwinkel

von Gisela Schinzel-Penth

Sagen und Legenden um Werdenfelser Land und Pfaffenwinkel

Mittenwald, Partenkirchen, Garmisch, Oberammergau, Ettal, Murnau, Steingaden, Schongau, Peiting, Peißenberg, Wessobrunn, Weilheim

gesammelt und neu erzählt von Gisela Schinzel-Penth
Federzeichnungen von Heinz Schinzel

3. Auflage

AMBRO LACUS BUCH- UND BILDVERLAG

Titelbild: Perchten in Eschenlohe
Aus: Illustrierte Chronik der Zeit 1890

Deutsche Bibliothek –CIP –Einheitsaufnahme
Sagen und Legenden um Werdenfelser Land und Pfaffenwinkel
Gesammelt u. neu erzählt v. Gisela Schinzel-Penth,
1. Auflage 2008, 2. erw. Auflage 2015, 3. Auflage 2021
10 Federzeichnungen v. Heinz Schinzel sowie 69 alte Abb.
Covergestaltung u. Layout Heinz Schinzel
Ambro Lacus Buch- u. Bildverlag – München – www.ambrolacus-verlag.de

ISBN - EAN: 978-3-921445-37-2

Gesamtherstellung: Druckerei und Verlag Steinmeier GmbH & Co. KG – Deiningen

Inhalt:

Der Wildschütz von Krün 11
Der Wildzauber des Gerold aus Krün 12
Wie der Wildsee entstand 13
Das Finzweibl von Wallgau und Krün 18
Die Seherin auf dem Lausberg 20
Vom Scheiben- u. Bolzentreiben bei Krün und Mittenwald 20
Das gesegnete Karwendelkraut 21
Die Elfen im Gebirge 21
Der Riese aus dem Karwendel 24
Die Venedigermanndl bei Mittenwald 26
Die Erzfräulein im Karwendel 28
Das Erzfräulein bei Mittenwald 28
Das Arzweibl von Mittenwald 29
Die Goldquelle bei Mittenwald 30
Das kopflose Gespenst von Mittenwald 30
Der Berggeist in der Leutascher Klamm 32
Von Hexen und Truden 32
Die Wetterhexen vom Wettersteingebirge 34
Das seltsame Manndl vom Wetterstein 36
Die Zwerge in der Höllentalklamm 37
Wie der Drachensee entstand 38
Die Zirbe beim Königshaus am Schachen 41
Der Schachengeist 41
Das Lachenweibl von Partenkirchen 44
Der Schatz vom Wetterstein 44
Der Zuggeist und das Zauberkräutlein auf der Zugspitze 47
Der Spuk auf der Hütte am Reintalanger 49
Die Wilde Jagd und der Garmischer 51
Die Wilderer von Garmisch 54
Das Bad-Weibl von Garmisch 55
Der ruhelose Bauer auf der Eckenalm 56
Das Werdenfelser Grafenfutter 56
Die Raubritter im Werdenfelser Land 57
Der Geist des Grafen in der Ruine Werdenfels 57
Die unglückliche Gräfin von Werdenfels 59
Geisterbeschwörung im Schloss Werdenfels 60
Die drei Fräulein und der Geisterpudel 63
Das „Einfüßige Ross“ am Werdenfelser Schlossberg 63

Der Geist von Werdenfels und das Liebespaar 64
Gespenstische Erscheinungen an der „Stoanan Bruckn“ 65
Das Irrlicht am Galgenpoint bei Farchant 65
Vom Scheibentreiben in Oberau und Eschenlohe 67
König Woaden und seine Tochter 68
Prinzregent Luitpold auf der Esterbergalm 71
Die unheimliche Hachlerin in Eschenlohe 71
Die echte Percht von Eschenlohe 73
Das Gespenst in der Spinnstube in Eschenlohe 75
Wie der Herzogstand zu seinem Namen kam 75
Die ehrgeizige Herzogin 76
Der Herzog und die schöne Veverl 76
Die Goldquelle am Heimgarten 77
Die Schatzgräber auf der Kaseralm 78
Der Schatz des Ritters von Weichs 79
Die verwunschenen Ritter im Heimgarten 80
Die drei Jungfrauen von Schlehdorf 80
Das Goldbrünnlein am Röthelstein 82
Die Rote Wand bei Schlehdorf 83
Warum die Schweden Großweil verschonten 84
Die verhexten Kühe in Großweil 85
Der unterirdische Gang bei der Schaumburg 86
Vom Raubritter Schneeberger auf der Schaumburg 86
Der Geist auf der Skorzenburg bei Ohlstadt 87
Die Geisterfräulein auf dem Moosberg bei Ohlstadt 92
Der treue Ritter von Ohlstadt 93
Das Marienbild von Ohlstadt 96
Die Linde am Fieberkirchl bei Ohlstadt 98
Die Hexen auf der Insel Wörth im Staffelsee 99
Der Schatz auf der Insel im Staffelsee 99
Der Lindwurm von Murnau 100
Der Schuster und der Drache 103
Der unterirdische Gang von Murnau 103
Die wunderbare Errettung eines Kindes in Murnau 104
Der unterirdische Gang bei Uffing 105
Der Schatz im Hirmon bei Murnau 105
Der Hungersee bei Murnau 106
Die Kirche im Murnauer Moos 108
Die Wilde Jagd beim Hirmon 108
Das Ettaler Mannl 109

Die Entstehung von Kloster Ettal 111
Das Bild in der Sakristei von Ettal 114
Der Linderhof im Graswangtal und König Ludwig II. 114
König Ludwig II. und die Oberammergauer in Linderhof 117
Das Marterl bei der Ewigkeitsbrücke 117
Wie die Passionsspiele von Oberammergau entstanden sind 119
König Ludwig II. bei den Passionsspielen 122
Die Kreuzigungsgruppe auf dem Osterbichl 123
Der unterirdische Gang bei Oberammergau 123
Die Gedenktafel im Schilcherhof in Oberammergau 124
Der feurige Reiter von Oberammergau 126
Die Kappel zum Hl. Blut bei Unterammergau 127
Das Venedigermanndl bei Unterammergau 129
Der Geist der Sennerin im Ammerwald 129
Der Hexentanzplatz am Hexenbödele 130
Der Weihnachtswald bei Hohenschwangau 132
Der Schwangauer Freischütz 134
Der Geist auf der alten Burg Schwanstein 137
Die Schatzgräber u. d. Weiße Frau auf der Burg Schwanstein 137
Der Schatz in der Ruine und der Höllenpudel 139
Der Teufelssee bei Saulgrub 140
Von Werwölfen, Wolfgängern und Wolfshunger 140
Der Wau-Wau am Kindleinsgraben 142
Der Herrgott auf der Wies 144
Der Ulrichritt bei Steingaden 146
Die Messen für die Armen Seelen in Steingaden 147
Wie der Schmied von Steingaden den Teufel überlistete 148
Die Windsbraut am Illasberg 150
Merkwürdige Geschichten von Holzweiblein und Moosleuten 151
Das Pestmännlein von Rottenbuch 154
Das Totenmoor bei Rottenbuch 157
Das Frauenbrünndl bei Rottenbuch 159
Der Wunderdoktor Frastini beim Sameister 159
Der Markenrücker von Schongau 161
Das Lechwiesfüllen 161
Die Hexe als Katze bei Burggen 162
Der Kaufmann und die Katzenhexen bei Burggen 162
Der Postillion und die Trud 163
Der Karlsberg bei Schongau und die weinenden Fräulein 164
Das Wehbartele an der Straße nach Schongau 165

Die Hojemännlen 166
Der Bierpanscher von Schongau 167
Die drei Welfen bei Schongau 168
Das Gnadenbild der Heilig-Kreuz Kirche von Schongau 168
Der Scharfrichter von Schongau und der Zauberbesen 170
Die Pest in Altenstadt 171
Am Burkla bei Altenstadt 172
Der Große Gott von Altenstadt und die hl. Kümmernis 173
Die Trud von Kinsau 174
Der Klausenumzug bei Peiting 175
Hexentanzplätze bei Peiting 177
Vom Schlossberg in Peiting und den drei Fräulein 177
Der Schatz im Schlossberg von Peiting 178
Die Wilde Jagd bei Peiting 179
Die Steinernen Stuben bei Peiting und das Pestweiblein 179
Wie eine Magd die Pest in Peiting überlebte 179
Die Kapelle und der Pestfriedhof bei Peiting 180
Die Schimmelkapelle bei Herzogsägmühle 181
Das Votivbild von Obland in Herzogsägmühle 182
Wie Kloster Wessobrunn entstand 183
Abt Walto von Wessobrunn 185
Der unterirdische Gang von Wessobrunn 186
Woher der Kreuzberg seinen Namen hat 186
Das Wessobrunner Kreuz 187
Das goldene Kegelspiel 188
Das Gnadenbild von Wessobrunn 190
Die selige Herluka am Hüttenleithenberg 192
Der heilige Eibenwald von Paterzell und die heilige Quelle 193
Der Königsbruch in Forst, das versunkene Schloss Egg und
die Teufelskuchel 194
Die St. Leonhardkirche in Forst 195
Die Burgen und der unterirdische Gang vom Peißenberg 196
Vom Gold im Peißenberg 196
Wie die Wallfahrtskirche auf dem Hohenpeißenberg entstand 197
Wie Carl Spitzweg in Bad Sulz zum Maler wurde 200
Die Russengräber am Peißenberg 201
Der Pestfriedhof St. Jakob bei Polling 201
Die Achberg Madonna von Polling 203
Die „Hungerwies“ bei Polling 203
Die Regenbogenschüsselchen 203

Wie St. Wolfgang bei Polling gegründet wurde 204
Die Klostergründung von Polling und das
Heilige Pollinger Kreuz 205
Unsere Hohe Frau von Polling 206
Der Kirchenschatz von Polling in Wildenberg 208
Der Spiegelschwabe in der Pollinger Hölle 208
Der Römerstein bei Etting 210
Der Hungerbach von Huglfing 210
Die Fußspur Christ in Haunshofen 211
Die neidische Schwester auf dem Gögerlberg 213
Das Gögerlfräulein zu Weilheim 217
Der unterirdische Gang von Weilheim 217
Weilheimer Schelmenstreiche 218
Der Rathausbau zu Weilheim 219
Der Ochse auf der Stadtmauer 220
Die verschobene Kirche bei Weilheim 222
Das Stadttor zu Weilheim 223
Der Richter und das Ei vom Esel 224
Das Kümmernisbild in Töllern bei Weilheim 226
Das Kiket bei Töllern und am Osberg bei Weilheim 230
Die verschwundene Stadt Damasia 230
Die feurigen Männchen 231
Die Geister in der Lichtenau 233
Der Mann ohne Kopf 234
Die Nebelfrau bei Stillern 235
Wie die St. Johann Kapelle bei Raisting entstand 236
Das Nachtgejaid um Stillern und Raisting 237
Die Teufelskuchel und das Räubernest bei St. Johann 238
Das Sühnekreuz bei Raisting 239
Die Geistermesse in Pähl 240
Das Nachgejaid bei Pähl 241
Prophezeiungen 243
Danksagung 244
Anmerkungen und Kommentare 245
Literaturnachweis 277
Quellenangaben zu den einzelnen Sagen 281
Personenregister 289
Ortregister 290
Sachregister 292

Rassenkeller Partenkirchen – Zeichnung R. Vordermeyer 1877

Hinweis: Zitate im Text wurden behutsam der neuen Rechtschreibung angepasst, bei Zitaten in den Anmerkungen wurde die Originalschreibweise belassen.

Der Wildschütz von Krün

Vor ein paar Menschenaltern, als in den bayerischen Bergen das Wildern noch gang und gäbe war, lebte in Krün ein ansonsten rechtschaffener Mann, dessen einzige Leidenschaft das verbotene Jagen war. Oft stieg er des Nachts durch die Wälder, das Gesicht geschwärzt, das Gewehr über der Schulter. Dann brachte er meist beim Morgengrauen ein Stück Wild heim, von dem niemand etwas wissen durfte.

Einst befand er sich wieder auf solch einem geheimen Pirschgang. Er war bei der Verfolgung eines Rehs in die Nähe des Garslainer Baches bei Mittenwald gekommen, als er mit einem Mal einen eigenartigen, irgendwie unirdischen Schein durch die Bäume schimmern sah. Mitternacht war bereits vorüber, und die Geisterstunde hatte schon begonnen; darum überkam ihn ein leises Grauen. Größer noch als seine Furcht aber war seine Neugierde. Er schlich vorsichtig durch das Gebüsch um zu erkunden, woher das seltsame Licht stammte.

Als er schon ganz nahe an den Bach gekommen war, erblickte er zu seinem Erstaunen an dessen Ufer ein merkwürdiges kleines Männlein. Es hatte einen langen eisgrauen Bart, der sein uraltes, zeitloses Gesichtchen fast verschwinden ließ. Geschäftig eilte es hin und her, schöpfte immer wieder mit einem Sieb Steine vom Grund des Wassers und wusch diese dann so lange, bis jeweils nur noch ein paar Goldbrocken in dem Sieb zurückblieben. Die nahm es dann und schmolz sie über einer kleinen blauen Flamme. Von dieser Flamme war der eigenartige Schein ausgegangen, der dem Wildschützen den Weg gewiesen hatte. Er konnte nicht feststellen, wovon sie gespeist wurde. Auf geheimnisvolle Weise stand sie einfach in der Luft. Der Wilderer riss seine Augen weit auf, um nur ja nichts von dem seltsamen Geschehen zu versäumen.

„Das ist gewiss ein Venedigermanndl!" (Anmerkung 1) kam es ihm mit einem Mal in den Sinn. Er erinnerte sich, was seine Großmutter über diese merkwürdigen Gesellen erzählt hatte:

„Sie stammen aus Venedig und kennen alle Geheimnisse der Berge wie niemand sonst. Über alle Höhlen, Felsspalten, Wasserläufe und geheimen Gänge wissen sie Bescheid. Außerdem besitzen sie Erdspiegel (Anmerkung 2), die ihnen alle Schätze der Erde, sei es vergrabenes Gold, seien es Adern von wertvollem Metall im Gestein oder sei es das Gold in den Flussläufen, ganz klar und deutlich zeigen."

Diese Worte gingen ihm durch den Kopf und er beschloss:

„Ich will das Männlein fragen, ob es mich einen Blick in seinen Erdspiegel tun lässt. Es wird ihm wohl nichts ausmachen, denn es hat ja genug Gold und wird nichts vermissen, wenn es mir ein wenig davon abgibt. Ich aber werde ein reicher Mann sein und kann mir endlich ein eigenes Jagdrecht kaufen."

Voller Vorfreude auf den künftigen Reichtum verließ er sein Versteck. Kaum jedoch hatte ihn das seltsame Wesen erblickt, da war es auch schon verschwunden, so als hätte es ein unsichtbarer Wind fort geblasen. Auch das Gold und die blaue Flamme waren nicht mehr zu sehen.

Der Wildschütz strich sich verwundert über die Stirne und meinte schon, alles nur geträumt zu haben. Da aber bemerkte er vor sich im Gras den Löffel, mit dem das Männlein Gold geschmolzen hatte. Er bückte sich, hob ihn auf und betrachtete ihn von allen Seiten. Obwohl er nichts Ungewöhnliches daran entdecken konnte, nahm er ihn mit nach Hause und bewahrte ihn dort auf.

Viele Jahre später erzählte er diese Geschichte seinem Enkel, dem Gerold von Krün, der den Löffel dann noch lange Zeit als Erinnerung an das seltsame Abenteuer seines Großvaters hoch in Ehren hielt und die Geschichte desselben im Jahre 1847 an seine Nachkommen weitergab.

Der Wildzauber des Gerold aus Krün

Dem Gerold aus Krün, dem Enkel des oben genannten Wildschützen, selbst als ein berüchtigter Wilderer bekannt, wurden geheime Kräfte nachgesagt: Ihm soll das Wild von selbst zugelaufen und tot umgefallen sein, so bald er nur sein Gewehr berührt habe. Man munkelte, er habe sich eine geweihte Hostie einwachsen lassen (Anmerkung 3), aber gewiss wusste man es nicht. Dem Gerold war das seltsame Verhalten des Wildes auch unheimlich und er fragte einen Geistlichen von Partenkirchen um Rat. Da stemmte dieser seinen Arm zu einem Winkel auf und ließ ihn hindurchschauen.

Zu seinem Entsetzen sah der Gerold, dass ihm der Teufel selbst das Gewehr hielt. Vor Schreck fiel er ohnmächtig zu Boden. Von Stund an aber, so heißt es, hat er kein Gewehr mehr angerührt.

Wallgau Gasthaus Neuner - Foto aus dem 19. Jahrhundert

Wie der Wildsee entstand

Vor Zeiten, als es noch gute und böse Geister gab, die entscheidend in das Leben der Menschen eingriffen, wohnte in Hammersbach bei der Höllentalklamm eine Witwe mit ihrem Sohn. Dieser hütete Tag für Tag auf den hochgelegenen Bergwiesen die Ziegen des Dorfes. Von dem Lohn, den er dafür erhielt, konnten die beiden gerade so recht und schlecht das Nötigste zum Leben beschaffen, für mehr aber reichte es nicht. Niemals konnte der Hirte, gleich den anderen jungen Leuten von Hammersbach, nach der Arbeit ins Wirtshaus oder auf den Tanzboden gehen, denn er besaß nicht genug Geld für derlei Vergnügungen. Je älter er wurde, desto unzufriedener und verbitterter wurde er deshalb.

Eines Abends glaubte er, dieses armselige Leben nicht mehr länger ertragen zu können. Er schlich sich heimlich aus seiner Hütte fort und lief hinaus zur Höllentalklamm. Voller Verzweiflung wollte er sich dort in die wilden Strudel des Hammersbachs stürzen und so seinem Leben ein Ende bereiten.

Da rief plötzlich eine feine Stimme so dicht neben ihm „Halt!“, dass er ganz erschrocken zusammenzuckte. Er blickte auf und sah vor sich eine Bergfee von derart zauberhafter Schönheit, dass ihm vor Staunen der Mund offen stehen blieb. Sie hatte lange, golden schimmernde Haare und spinnwebfeine Gewänder, die aus dem silbrigen Licht des Mondes gewirkt zu sein schienen. Sie lächelte ihn freundlich an und fragte:

„Unglücklicher, warum willst du den Weg gehen, von dem es keine Wiederkehr gibt? Du bist doch noch zu jung, um das Leben, das vor dir liegt, so achtlos wegzuwerfen!“

„Auf ein solches Leben in Not und Elend verzichte ich“ antwortete der Hirte bitter. Dann wandte er sich unwirsch um, schüttelte gewaltsam die Verzauberung ab, die ihn beim Anblick der Fee ergriffen hatte, und machte abermals Anstalten, in die Tiefe zu springen. Sie aber hielt ihn wiederum zurück und sagte:

„Warte noch ein wenig, junger Freund, ich möchte dir gerne etwas zeigen, bevor du die letzte Reise antrittst. Wenn du dann noch immer den Tod wünschst, so will ich dich nicht hindern, deinem Leben ein Ende zu setzen.“

Da wurde er neugierig und dachte:

„Es schadet nichts, wenn ich mit ihr gehe. Aufgeschoben ist ja nicht aufgehoben, und tot bin ich noch lange genug. Ich möchte doch sehen, was sie mir zeigen will.“

Ohne Widerstreben folgte er der Fee. Sie nahm ihn bei der Hand und führte ihn immer tiefer ins Höllental hinein. An einer bestimmten Stelle klopfte sie an den Felsen. Da tat sich dieser von selbst auf und gab einen unterirdischen Gang frei, der in das Innere des Berges führte. Diesen Weg schritten sie weiter bis sie mit einem Mal an ein seltsames Schloss kamen. Es sah aus, als sei es ganz aus durchscheinenden blauen Eiszapfen erbaut. Die Fenster, Türen und Erker waren über und über mit bunten Edelsteinen besetzt, deren Strahlen und Funkeln die Dunkelheit erhellte.

Fassungslos vor Staunen blieb der Hirte stehen und wagte nicht mehr weiter zu gehen.

„Komm nur“ mahnte ihn die Fee freundlich „und sei ohne Furcht. Es geschieht dir nichts Böses.“

Sie zog den Burschen, der nicht wusste, ob er wachte oder träumte, durch ein hohes Tor in das Zauberschloss. Dort kamen ihnen kleine bunt gekleidete Geister entgegen und begrüßten sie mit großem Jubel.

„Dies sind meine Untertanen und sie werden dir in meinem Reich alles zeigen, was du zu sehen wünschst“ erklärte die Fee.

„Wie schön, wie wunderschön ist es hier“, stammelte der Hirte und war ganz überwältigt von der Pracht, die ihn umgab, „noch nie habe ich etwas so Herrliches gesehen!“

„Schau dich nur gut um“, lächelte die Fee, „du darfst für drei Tage mein Gast sein.“

Sie winkte zwei kleinen Geistern aus ihrem Gefolge, die ganz in Rosa gekleidet waren, und befahl ihnen, sich um den jungen Mann zu kümmern. Dann entschwand sie in ihre Gemächer.

Die heiteren kleinen Wesen führten den Hirten durch das ganze Zauberschloss und zeigten ihm alle Schätze. Sie lasen ihm seine Wünsche von den Augen ab, so dass sie oft schon erfüllt waren, ehe er sie noch ausgesprochen hatte. Sie bewirteten ihn mit den köstlichsten Speisen und Getränken und trieben allerlei Späße, um ihn zu erfreuen. So vergingen die drei Tage in dem geheimnisvollen Schloss wie im Flug und bald war die wunderbare Zeit vorüber. Als die Stunde des Abschieds gekommen war, rief die Fee den Burschen zu sich und sagte:

„Du musst nun zu deinesgleichen zurückkehren, aber du sollst nicht mit leeren Händen gehen. Nimm dir aus meinem Reich so viel Gold mit, wie du willst. Ich hoffe, dass du nun den törichten Vorsatz, dein junges Leben wegzuwerfen, aufgibst.“

„Habe Dank, habe tausend Dank“, antwortete der Hirte ganz überwältigt, „du machst mich zum glücklichsten Menschen der Welt!“

„Hoffentlich bringt dir dieser Reichtum wirklich das ersehnte Glück!“ erwiderte ernst die Fee. „Ihr Menschen seid in diesen Dingen oft so töricht.“

„Ganz gewiss“, lachte der junge Mann, „nun kann ich endlich tun, was mich freut. Aber wie kann ich mich dir dankbar erweisen, edle Fee, für alles, was du für mich getan hast?“

„Sei gut zu allem, was lebt“, sprach da die Fee, „schütze die Tiere dieser Berge, denn sie sind meine besonderen Lieblinge. Töte sie nicht und hilf ihnen in den strengen Wintertagen. Dann sollst du mir in meinem Reich immer willkommen sein. Doch hüte dich, den Weg zu mir anderen Menschen zu verraten, denn sonst wirst du ihn nicht mehr finden."

Der Hirte gelobte der Fee alles, was sie wollte, füllte seine Taschen bis oben hin mit Gold und lief dann freudestrahlend zu seiner armseligen Hütte nach Hammersbach zurück. Seine Mutter hatte sich schon große Sorgen um ihn gemacht und war überglücklich, ihn heil und gesund wiederzusehen.

„Schau her, Mutter", rief er und leerte den ganzen Reichtum aus dem Höllental auf den Küchentisch, „nun haben wir ausgesorgt!"

„Bub, woher hast du nur das viele Gold? Du hast es dir doch ehrlich erworben, nicht wahr?"

„Natürlich", lachte der Bursche, erzählte ihr aber nichts weiter. In den nächsten Tagen warf er mit dem Geld geradezu um sich. Er arbeitete nicht mehr, saß den ganzen Tag im Wirtshaus herum, vertrank und verspielte große Summen und vergnügte sich bis tief in die Nacht auf dem Tanzboden. Es dauerte nicht lange, da war der Reichtum, den er aus dem Höllental mitgebracht hatte, zu Ende.

„Du hast alles verprasst", jammerte seine Mutter, „was sollen wir jetzt anfangen?"

„Sorge dich nicht", gebot ihr der Sohn, „ich werde uns schon neues Gold beschaffen, soviel wir nur wollen!"

Da drang die alte Frau so lange in ihn, bis er ihr seine geheime Goldquelle verraten hatte. Auch sie wurde nun von einer bösen Geldgier ergriffen und schlug vor:

„Lass uns doch gemeinsam zum Schloss der Fee gehen, dann können wir mehr Gold holen. Zwei Menschen können mehr tragen als einer!"

„Du hast recht", stimmte der Sohn zu und vergaß dabei ganz, dass er den Weg ja niemandem verraten durfte. Jeder der beiden nahm sich einen großen Sack, dann brachen sie auf. Der Hirte ging munter voran, seine Mutter hinterdrein. So stiegen sie eine lange Zeit zügig den Berg hinan. Doch dann, als er die Stelle, an der die Fee an den Felsen geschlagen hatte, nicht und nicht finden konnte, wurde er unsicher und beschloss, sein Glück auf einem anderen Weg zu suchen. Aber auch der führte ihn nicht zum ersehnten Ziel. Da erinnerte er sich mit einem Mal an die Worte der Fee:

„Wenn Du den Weg zu meinem Schloss verrätst, dann wirst du es nimmermehr finden!"

Von Schrecken gepackt ging er mit seiner Mutter wieder nach Hause und suchte daraufhin alleine den Eingang zum Zauberreich. Doch obwohl er stundenlang herumlief und verzweifelt hoffte, sich an den Weg zu erinnern, den er damals mit der Fee gegangen war, es wollte ihm nicht gelingen.

Da stieg eine unbändige Wut in ihm hoch. Er bedachte nicht, dass er der Fee das Wort gebrochen hatte, er bedachte nicht die Güte, die sie ihm erwiesen hatte und dass sie ihm das Leben gerettet hatte; er dachte nur daran, dass sie ihm den Zugang zu ihren Schätzen verwehrte und wollte sie dafür bestrafen.

„Wenn sie mich nicht in ihr Reich einlässt, dann werde ich die Tiere des Bergwaldes, eines nach dem anderen, töten“, beschloss der Undankbare in seinem Grimm. „Vielleicht ist sie dann geneigt, mich wieder aufzunehmen, um ihre Lieblinge vor diesem Schicksal zu bewahren!“

Gesagt, getan. Er lief nach Hause, nahm Pfeil und Bogen und legte sich damit im Estergebirge, wo er früher besonders gerne gejagt hatte, auf die Lauer. Das erste Reh, welches das Unglück hatte, ihm zu begegnen, schoss er ohne Erbarmen nieder.

„Das war der Anfang, liebe Fee“, rief er zornig, „wie viele von deinen Schützlingen willst du opfern, bis du mir dein Schloss zeigst, denn eher werde ich nicht ruhen!“

Da ertönte gleichsam als Antwort ein dumpfes Grollen aus der Erde, so dass der unselige Schütze sich erschrocken umblickte. Gleich darauf erschütterte ein gewaltiges Beben die Erde, gleichsam als schüttle es sie vor Grauen über die Untat. Der Hirte spürte, wie der Boden unter ihm wankte, und versuchte vergebens, sich in Sicherheit zu bringen. Mit ohrenbetäubendem Krachen brachen riesige Felsbrocken aus dem Berg und polterten donnernd ins Tal hinab. Unmittelbar vor dem Burschen aber riss die Erde entzwei, und er stürzte schreiend in den tiefen Abgrund, der sich vor ihm aufgetan hatte. Ein wilder Wasserstrudel brach aus dem Boden hervor und füllte das klaffende Loch, in dem der Undankbare verschwunden war, sogleich mit seinem schäumenden Gewirbel.

So rächte die Fee den Verrat des Hirten. Kein Mensch hat je wieder ihr Reich betreten dürfen.

Das mit Wasser gefüllte Loch im Estergebirge, das die Stelle bezeichnet, wo sich die Erde geöffnet und den Burschen verschlungen hatte, wird von den Einheimischen seither nur „der Wildsee“ genannt. Er erscheint den Menschen unheimlich und rätselhaft, dann alles, was immer man auch hineinwirft, wird in einem wilden Strudel in die Tiefe gezogen und kommt niemals mehr zum Vorschein.

Das Finzweibl von Wallgau und Krün

Nahe bei Krün, mitten im Herzen des Werdenfelser Landes, liegt ein Hügel, der ehemals „Plätschtal“ genannt wurde. Die kleine Erhebung ist ringsum von sumpfigem Boden umgeben, wo im hohen Riedgras die scheuen Bewohner des Moores ihren Unterschlupf finden. In dieser einsamen, und besonders bei Nacht, wenn das Käuzchen ruft und die Irrlichter ruhelos umherhuschen, etwas unheimlichen Gegend, ist das „Finzweibl“ zu Hause. Irgendwo unter dem Moos, zwischen dem niederen Gestrüpp soll dieses gutmütige Gespenst wohnen, das in Krün und Wallgau früher allgemein bekannt war. Viele einheimische Bergbauern, aber auch ortsfremde Wanderer, die auf dem Weg durch die herrliche Alpenwelt die Zeit vergessen und sich verspätet hatten, wollen das Finzweibl gesehen haben.

Sie beschreiben es als kleines, unscheinbares Wesen, mehr einem Kobold denn einer Frau ähnlich. Es soll jahraus, jahrein in ein seltsames Gewand aus lauter braunen, grünen und grauen Flecken gehüllt sein. Das Weibl benutzt dieses Kleid wie eine Tarnkappe. Es ist der Umgebung, in der es lebt, so gut angepasst, dass niemand es, wenn es nicht gesehen werden will, vom Moos, vom Riedgras oder vom Moor unterscheiden kann. Auf dem Kopf trägt es einen eigenartigen Hut, dessen Krempe derart groß und breit ist, dass sein Gesichtchen fast ganz darunter verschwindet.

In den heiligen Zeiten des Jahres, im Advent, in der Fastenzeit oder an hohen kirchlichen Feiertagen, soll der kleine Moorgeist früher besonders häufig unterwegs gewesen sein. Da konnte es geschehen, dass ein Zecher, den das Bier zu lange in einem der Gasthäuser Wallgaus festgehalten hatte, auf dem Heimweg am Ausgang des Ortes plötzlich das seltsame Weibl neben sich bemerkte. Und ob es ihm nun passte oder nicht, der kleine Kobold begleitete ihn von da an unverdrossen, tippelte munter vor oder neben ihm herum, sprang auf und nieder und ließ sich weder durch böse Worte noch durch drohende Gesten vertreiben. Erst bei der Finzbrücke von Krün verschwand das Weibl dann wieder auf ebenso geheimnisvolle Weise, wie es gekommen war. Der verwunderte Zecher mochte sich auch noch so sehr die Augen reiben und an seinem Verstand zweifeln, es war von dort an verschwunden, als hätte es der Erdboden verschluckt.

Viele Einheimische behaupten auch, das Gespenst des Abends manchmal auf den Bäumen der Gegend zwischen Wallgau und Krün sitzen gesehen zu haben. Wie ein zerzauster, fremdartiger Riesenvogel muss es da gewirkt haben. So trieb das Finzweibl früher als nächtlicher Kobold sein harmloses Unwesen. Niemand aber kann sich beklagen, außer einem gelinden Schrecken vielleicht, durch es Schaden genommen zu haben. (Anmerkung 4)

Die Seherin auf dem Lausberg

Zur Zeit der Kelten soll auf dem 1855 Meter hohen Lausberg, der bei Krün liegt, eine Burg gewesen sein. Von dort aus sollen Nachrichten zu benachbarten Burgen übermittelt worden sein, weil die Sicht weit ins Land möglich ist. Auch wird vermutet, dass hier eine Druidin, Priesterin oder Seherin ihre Prophezeiungen verkündete.

Mittenwald mit Karwendel (alter Stich)

Vom Scheiben- und Bolzentreiben bei Krün und Mittenwald

An Ostern war es früher bei Mittenwald und Krün üblich, dass sich die Burschen zum Scheiben- oder Bolzentreiben trafen. Auf einem für diesen Zweck gut geeigneten Berg, bei Krün war es der Farnberg, wurde zuerst das Osterfeuer entzündet. Dann, wenn die Flammen hell über die Berge loderten, nahmen die jungen Männer je eine Rute, befestigten daran einen hölzernen Pfeil, dessen Spitze sie vorher mit Pech beschmiert hatten, und hielten das Ganze in die

Glut. Sobald der Pfeil Feuer gefangen hatte, schwangen sie die Rute so geschickt, dass er weg geschnellt wurde und einen hellen, hohen Lichtbogen durch den nächtlichen Himmel beschrieb. Beim Schleudern seines Bolzens sprach jeder Bursche folgenden Satz:

„O du mei liabe Scheibm
wo will i di heit hintreibn
in die Mittenwalda (Krüna) Gmoa
i woas scho wem i moa
d' ... ganz alloa"

Dabei nannte er den Namen eines ihm Nahestehenden, dem er Glück und Segen wünschte, meist den seines Mädchens, seiner Mutter oder sonst eines geliebten Menschen. (Anmerkung 5)

Das gesegnete Karwendelkraut

Gras und Kräutern auf dem Karwendel sollen eine besondere Kraft innewohnen. W. Schmidt schreibt 1936 darüber:
Wie die Mutter Gottes einmal übers Gebirg gegangen ist, hat sie sich auf einen Karwendelwasen niedergesetzt und gerastet. Seitdem ist das Karwendelkraut heilig und dem Teufel arg verhasst. Einmal ist eine Wöchnerin, die noch nicht ausgesegnet war doch außer Haus gegangen; da hätte der Teufel Macht über sie gehabt. Aber sie ist gerade noch bis zu einem Karwendelwasen am Weg gekommen und er hat von ihr lassen müssen. Da hat er voller Zorn geschrieen:

*„Du verfluchtes Karwendelkraut,
hast mir genommen meine Braut!"*

Die Elfen im Gebirge

Nicht nur im Werdenfelser Land oder im Isarwinkel, sondern im gesamten Alpenraum (Anmerkung 6), erzählten sich die Leute früher von einem besonderen, andersartigen Volk, das seine Heimat in versteckten Tälern und abgelegenen Hochebenen in den Bergen hatte, nämlich von den Elfen. Sie meinten damit aber nicht die fröhlichen kleinen Wesen, die in unseren Märchen eine große Rolle spielen, und die, wie es darin heißt, richtige Staatsgebilde mit König und Königin sowie allen Ständen hatten und die von frischen Tautropen und vom Nektar der Blüten lebten. Die Elfen, von denen hier die Rede ist, sollen vielmehr zarte Jungfrauen gewesen sein. Als verleugnete Kinder der ersten Menschen flüchteten sie, so glaubten die Leute früher, in die Einsamkeit und Unzugänglichkeit der Berge und suchten darin Schutz. Dort lebten sie seit undenklichen Zeiten, hielten sich aber vor den anderen Erdenbürgern verborgen. Nur der Wind trug manchmal ihre Klagen, seltsam ergreifende und wunderschöne Melodien, hinab in die bewohnten Täler. Im Dunkel der Nächte schweiften die Elfen ruhe- und ziellos durch die stille Berglandschaft, denn sie waren dazu verdammt, bis ans Ende der Zeiten das Licht des Tages und den Strahl der Sonne fliehen zu müssen. Dies war auch der Grund für ihr unablässiges Seufzen und ihre tiefe Traurigkeit.

Die seltsamen Geschöpfe der Nacht waren aber den guten Menschen wohlgesinnt. Manchen Jäger, der sich in der Dunkelheit verstiegen hatte, haben sie sicher ins Tal geleitet. Auch die Sennerinnen auf den Almen haben oft ihre Hilfe erfahren, wenn sie den unglücklichen Wesen am Abend eine Schale mit Milch hinausgestellt haben. Dann geschah es nicht selten, dass die Kühe des Morgens, wenn die Sennerin erwachte, schon gemolken waren und doppelt oder dreifach so viel Milch gegeben hatten wie sonst. Auch wurde die Herde solch einer mitleidigen Hirtin das ganze Jahr über von keinem Unglück betroffen, wie beispielsweise der Krankheit oder dem Absturz eines Tieres.

Manchmal, wenn jemand des Nachts über die Berge wanderte, hörte er den eigenartigen Gesang der Elfen. Dann wurde sein Herz plötzlich mit einem ungekannten Frieden erfüllt, und getröstet und gestärkt schritt er weiter. Nur selten aber ist es jemandem gelungen, eine Elfe zu erblicken, denn sie waren scheue Geschöpfe und flohen ängstlich die Gesellschaft der Menschen.

Da geschah es einmal vor mehr als dreihundert Jahren, dass ein fremder Knecht über die Berge stieg und des Nachts, ohne es zu wissen, in das Hochtal der Elfen gelangte. Unruhig blickte er sich immer wieder nach möglichen Verfolgern um, denn er hatte in seiner weit entfernten Heimat eine schlimme Mordtat auf sein Gewissen geladen. Im Streit hatte er in blinder Wut seinen Widersacher erschlagen und fürchtete nun die Rache von dessen Angehörigen.

Wie er nun so rastlos über die Berge hastete, stand er mit einem Mal vor einer Elfe, die gerade bei einer Herde von Kühen saß und diese molk. Sie war so in ihre Arbeit vertieft, dass sie das Herannahen des finsteren Gesellen nicht bemerkte. Aus Angst, sie könnte ihn verraten, hob dieser seinen Wanderstock und ließ ihn, ohne sich zu besinnen, mit aller Kraft auf das Haupt des zarten Geschöpfes niedersausen. Sterbend sank die Elfe neben den Kühen nieder ins Gras, während der Knecht weiter rannte, ohne sich um sie zu kümmern.

Da ging ein dumpfes Grollen durch das Gebirge, wie von einem fernen Gewitter. Die unausgesprochene, aber deutlich fühlbare Drohung, die darin lag, jagte dem ruchlosen Mörder kalte Schauer der Furcht über den Rücken. Eine nie gekannte Angst erfasste ihn. Er verkroch sich in einem Gebüsch, um dort den Tag abzuwarten, denn es schien ihm gefährlich, bei dem aufkommenden Wetter weiter zu gehen.

Aber der Tag brach nicht an; anstatt heller wurde es immer dunkler. Bald tobte ein solch schreckliches Gewitter über den Bergen, wie es noch niemand erlebt hatte. Zitternd vor Furcht drückte sich der Knecht in seinem Unterschlupf an den Boden. Er wagte sich auch nicht daraus hervor, als sich die Naturgewalten endlich wieder beruhigt und der Himmel aufgeklart hatten. Immer schwerer lasteten ihm die begangenen Mordtaten auf seinem Gewissen, und er blieb an die Erde gepresst liegen, als könne er sich nie wieder erheben.

Der Tag verging und als wieder die Nacht anbrach und der Mond mit gespenstisch fahlem Licht auf die hochgelegenen Almen schien, da regte sich plötzlich überall ein seltsames unirdisches Leben. Ein Wispern und Raunen ging durch die Lüfte und es schien, als bewegten sich überall unwirkliche Wesen, die man zu sehen glaubte und doch nicht sah. Dem Knecht sträubten sich vor Entsetzen die Haare. Er wusste nicht, wie er sich vor der unheimlichen Gefahr, die er auf sich zukommen fühlte, retten sollte. Plötzlich durchbrach ein hoher, schriller Ruf das drohende Raunen ringsum und hallte von den Felswänden wider, wie von tausend Stimmen:

„Alle neun Reiche auf! Elfe ist tot! Elfe ist tot!“

Da konnte es der Mörder nicht länger ertragen. Wie von Furien gehetzt, stürzte er aus seinem Versteck hervor, jagte in wilden Sätzen über die Wiesen davon und sprang in einen nahegelegenen See, um sich vor den vermeintlichen Rachegeistern zu verbergen. Aber auch das Wasser wollte ihm keinen Schutz gewähren. Mit aller Macht schleuderten ihn die Wellen ans Ufer zurück. Da erhob er sich voller Verzweiflung, wankte, ohne zu wissen wohin, den Berg wieder hinauf, immer weiter und weiter, bis er endlich auf einer steilen Felsenspitze angelangt war. Mit einem wilden Schrei stürzte er sich von dort hinab in die gähnende Tiefe.

Seit dieser Zeit, so wird erzählt, ist das freundliche Volk der Elfen aus dem stillen Tal verschwunden. Keiner hat je wieder etwas von den sanften Wesen gesehen. Mit ihnen ist aber auch der Segen gewichen. Die Kühe geben nur noch so viel Milch wie anderswo und oft müssen die Sennerinnen den Verlust eines Tieres beklagen, weil die Elfen nicht mehr über ihre Herden wachen.

Der Riese aus dem Karwendel

Es war zu der Zeit, als noch Riesen, Zwerge und andere seltsame Wesen die Erde bevölkerten, insbesondere die unzugänglichen Gebirge, da widerfuhr einem Bauern am Walchensee eine ganz merkwürdige Geschichte. Er hatte in Mittenwald zu tun gehabt und befand sich mit seinem voll beladenen Ochsengespann auf dem Heimweg und wollte über den Kesselberg nach Tölz. Als er in die Nähe des Walchensees kam, dunkelte es bereits. Der Tag war heiß und anstrengend gewesen, und der Bauer konnte sich der Müdigkeit nicht erwehren und nickte ein wenig ein. Das war nicht weiter schlimm, denn seine Ochsen würden den Heimweg auch alleine finden. Sie waren ihn schon oft gegangen.

Nicht lange aber, da wurde er von einem eigenartig warmen Wind geweckt, der ihm fast seinen Hut vom Kopfe fegte.

„Öha“, dachte der Mann verdutzt, „kommt etwa gar um diese Zeit noch ein Föhnsturm auf?“

Er blickte forschend zum Himmel empor, aber dort leuchteten die Sterne in erhabener Stille, und nicht das kleinste Wölkchen verdunkelte ihre Schönheit.

„Na so was“, murmelte der Bauer verwundert und fuhr kopfschüttelnd weiter. Er konnte nicht begreifen, woher der Wind kam, der ihm in gleichmäßigen Abständen, einmal stärker, dann wieder schwächer, ins Gesicht blies.

Plötzlich riss er an den Zügeln, dass die Ochsen mit einem Ruck zum Stehen kamen, und starrte in namenloser Verblüffung auf einen unförmigen grauen Hügel, der unmittelbar neben dem See aufragte. Seit Jahren fuhr er jede Woche den Weg von Tölz nach Mittenwald und zurück und noch nie hatte er diese Erhebung gesehen.

„Ja, was ist denn das?“ rief er, als er sich einigermaßen gefasst hatte, „wachsen neuerdings die Berge wie die Schwammerl (Pilze) einfach über Nacht aus dem Boden? So etwas habe ich noch nicht erlebt, so alt wie ich bin!“

Er rieb sich die Augen, drückte sie fest zu und öffnete sie dann wieder. Doch der Berg war immer noch da. Kopfschüttelnd und auch ein wenig furchtsam fuhr der Bauer weiter. Seine beiden Ochsen hatten alle Mühe, das Gefährt den steilen Weg hochzuziehen. Endlich waren sie oben angelangt. Aufatmend wischte sich der Bauer die Stirne. Er glaubte schon, alles überstanden zu haben, als er sich plötzlich zwei riesigen schwarzen Höhlen gegenüber sah, aus denen anscheinend der geheimnisvolle Wind kam. Aber noch bevor er sie genauer betrachten konnte, ertönte ein ohrenbetäubendes Donnergrollen. Ihm folgte ein so heftiger Sturm, dass sowohl der Bauer als auch die Ochsen und der schwer beladene Wagen von seiner unwiderstehlichen Gewalt gepackt und in die Tiefe geschleudert wurden.

Als der Bauer wieder zu sich kam, befand er sich mitten auf einer Wiese. Neben ihm standen die Ochsen, die verwundert um sich glotzten. Das Fuhrwerk war ebenfalls da, wenn es auch umgestürzt war. Völlig verstört machte sich der Bauer daran, es wieder aufzurichten und zu beladen. Dann spannte er die Ochsen davor und begab sich auf den Heimweg. Wer aber beschreibt sein Erstaunen, als er in kurzer Zeit in Mittenwald anlangte, dem Ort, den er am Nachmittag verlassen hatte!

Es war nun bereits dunkle Nacht, und er wagte nicht, den seltsamen Weg noch einmal zu unternehmen. Darum nächtigte er in einem Gasthaus und versuchte erst am nächsten Tag, bei hellem Sonnenlicht, nach Tölz zu gelangen.

Diesmal bemerkte er am Walchensee weder den seltsamen Sturm noch den geheimnisvollen Hügel. Er glaubte schon, sich die Abenteuer der vergangenen Nacht nur eingebildet zu haben, fragte aber doch einen Bewohner vom Dorf Walchensee nach dem Hügel und erzählte, was ihm zugestoßen war.

Da sah ihn dieser ernst an und erklärte ihm:

„Da hast du aber Glück gehabt! Das hätte bös ausgehen können. Du hast nicht geträumt. Gestern ist ein Riese aus dem Karwendel herabgestiegen und hat aus dem Walchensee einen kühlen Trunk genommen. Dann hat er sich am Ufer zum Schlafen gelegt. Das war der graue Hügel, den du gesehen hast!“

„Und er hat so fest geschlafen, dass er gar nicht bemerkt hat, wie meine Ochsen das Fuhrwerk über seinen Bauch zogen!“ Nun war dem Bauern alles klar. „Das, was ich für einen warmen Wind hielt, war sein Atem!“

„Richtig“, bekräftigte der andere, „und als ihn die Ochsen unter der Nase, den großen schwarzen Höhlen, die du gesehen hast, kitzelten, musste er niesen und hat dich mitsamt deinem Fuhrwerk nach Mittenwald zurück geblasen. Sei froh, dass dir nicht mehr passiert ist!“

„Das bin ich wohl“, meinte der Bauer und fuhr nach Hause. Dort erzählte er seinen Angehörigen, die sich wegen seines langen Ausbleibens schon große Sorgen gemacht hatten, diese seltsame Geschichte.

Seit der Zeit hat man den Bergriesen aber nie mehr gesehen.

Die Venedigermanndl bei Mittenwald

In früheren Tagen kamen in die Berge um Mittenwald oft kleine dunkle Männer, die man „Venediger“ nannte, weil sie aus dieser reichen, alten Stadt in Italien stammen sollten (Anmerkung 1). Sie gruben dort an geheimen Plätzen und stets schleppten die geheimnisvollen Fremden, von denen man nie recht wusste, was sie eigentlich im Gebirge gesucht hatten, so schwere Säcke herab, dass es aussah, als müssten sie jeden Moment unter deren Last zusammenbrechen. Solche Venedigermanndln sollen auch am Garslainer Bach (Gassellahnbach?) bei Mittenwald nach Gold gegraben haben. So jedenfalls berichtet eine Überlieferung aus alter Zeit.

Kuhhirte im Gebirge
(Ausschnitt aus Zeichnung von Heß)

Die Erzfräulein im Karwendel

Es wird aber auch von Venediger Fräulein berichtet, beispielsweise schreibt der Sagenforscher Schmidt im Jahr 1936:
In alter Zeit zeigten sich bei Mittenwald oft drei Venediger Fräulein. Wenn man aber darauf zuging, verschwanden sie, weil sie sich verblenden konnten. Immer wieder hörte man sie ihre Namen schreien: Strutzimutzi, Sträußlifaißli und Steintod; so lange, bis man hinter den Schatz kam und in Ried die Arzgruben eröffnete. (Anmerkung 1)

Das Erzfräulein bei Mittenwald

Andere erzählen von einem Erzfräulein, das im Inneren des Karwendels in einem sagenhaft schönen Palast aus Bergkristall, in dem Edelsteine, Gold und Silber angehäuft sind, wohnt. Das Fräulein ist wunderschön und in kostbarste Gewänder gekleidet, aber trotzdem todunglücklich. Es ist nämlich verwunschen, warum, das weiß aber keiner mehr zu sagen.
Es muss dort bei der Arzgrub umgehen, bis jemand es erlöst. Wie es heißt, zeigt es sich meist Kindern oder Menschen mit ähnlich reiner Gesinnung.
Es ist aber gefährlich, zu versuchen, das Erzfräulein zu erlösen. Gleich am Eingang zu dem unterirdischen Palast erwartet solch einen Mutigen ein See aus Feuer, in dem er unweigerlich einen schrecklichen Tod erleidet, wenn er nicht sofort das Kreuzzeichen macht und ohne zu zögern auf das Tor des Palastes zugeht. Dort liegt ein Zauberschwert bereit, mit dem er anschließend gegen mehrere Drachen, die hinter dem Eingang auf ihn lauern, kämpfen muss.
Nur wer all diese Gefahren besteht, kann das Fräulein erlösen und ist dann Herr über den unterirdischen Palast und seine unermesslichen Reichtümer. Bisher aber ist das noch niemandem gelungen, und so wartet das arme Erzfräulein noch heute auf seine Befreiung.

Haus in Mittenwald. Foto Ende 19. Jahrhundert

Das Arzweibl von Mittenwald

Ein ähnliches Wesen, wie das Finzweible bei Krün, wohnt im nahegelegenen Mittenwald (Anmerkung 7). Es wird von den Einheimischen „Arzweibl“ genannt, weil es in der Arzgrub dort, einer tiefen Felsenklamm, hausen soll. Auch das Arzweibl gesellt sich am frühen Abend zu dem einsamen Wanderer, der aus den Bergen kommt, oder in später Nacht zu dem Zecher, der auf dem Heimweg von einem Gasthaus ist. Es hüpft vor seinem Opfer her, tanzt um es herum und narrt es auf vielerlei Art und Weise, bis der Betreffende ganz verwirrt ist, stolpert, hinstürzt oder in die Irre läuft. Dann lässt es wieder von ihm ab und verschwindet in der Dunkelheit. Oft haben Leute, die dem Arzweibl begegnet sind, sehr lange gebraucht, bis sie wieder den richtigen Weg gefunden haben und nach Hause gekommen sind.

Die Goldquelle bei Mittenwald

Es ist schon so lange her, dass sich kaum mehr einer daran erinnern kann, da hütete ein Hirte, der fast noch ein Kind war, nahe Mittenwald seine Schafherde auf einer hochgelegenen Weide im Karwendel. Als er mittags müde und durstig war, suchte er eine Quelle auf, die aus einem Felsen sprudelte. Er formte die Hände zu einer Schale, tauchte sie tief in das klare Wasser und wollte gerade daraus trinken, da sah er golden leuchtende Kiesel am Grund der Quelle. Er hob sie auf und erkannte, dass es sich dabei tatsächlich um Gold handelte.

Rasch sammelte er auf, so viel er in seinen Händen tragen konnte, ließ seine Herde im Stich und rannte ins Tal hinunter zu den Bauern, die gerade bei der Heuernte waren. Aufgeregt zeigte er ihnen seinen Fund. Auch sie ließen alles stehen und liegen und folgten dem Hirten zu dem Felsen, aus dem die Quelle gesprudelt war und wo er das Gold gefunden hatte. Doch diese war verschwunden. Verzweifelt grub der Hirte zwischen den trockenen Kieseln, die sich an der Stelle befanden, wo vorher das kristallklare Wasser herausgekommen war; er konnte nirgends Gold finden, nicht einmal das kleinste Körnchen. Nur ein seltsames, boshaftes Gekicher war in der Luft zu vernehmen, so, als verspotte jemand die erfolglosen Schatzsucher.

Ein alter Mann aus dem Dorf, dem sie von diesem seltsamen Geschehen berichteten, meinte, dass es sich wahrscheinlich um Gold der Venedigermanndl gehandelt haben müsse. Diese hätten tief in den Bergen riesige Mengen von Gold und Edelsteinen versteckt. Manchmal würde das Wasser im Berg etwas davon herausschwemmen. Das habe wohl der Hirte gefunden. Aber die Venedigermanndl wollen von ihren Schätzen nichts hergeben und hätten darum sofort die undichte Stelle wieder geschlossen.

Das kopflose Gespenst von Mittenwald

Nahe Mittenwald musste einmal ein Mann, der von Tirol her heimwärts wanderte, im Freien übernachten, weil er kein Geld für eine Herberge besaß. Er war nämlich von Räubern überfallen und seines gesamten Hab und Gutes beraubt worden. Er suchte Schutz und Wärme in einem Heuhaufen, den er am Rand eines frisch gemähten Feldes für sich zusammengetragen hatte. Die Kirchturmuhr von Mittenwald schlug die Stunde der Mitternacht, und er wollte sich gerade zur Ruhe legen, als er plötzlich eine dunkle Gestalt auf sich zukommen sah. Nach dem Erlebnis mit den Räubern wollte der Mann kein Risiko eingehen, versteckte sich hinter niedrigem Gestrüpp am nahen Wald und beobachtete den Herannahenden.

Da sträubten sich ihm die Haare vor Entsetzen einzeln auf dem Kopf: Der Unheimliche trug seinen Kopf unter dem Arm und hatte auf dem Rücken einen schweren Grenzstein festgebunden! Ruhelos ging er am Rand des Feldes hin und her, so als suche er eine bestimmte Stelle, die er aber nicht finden konnte, sosehr er sich auch bemühte. Er murmelte unverständliche Worte vor sich hin und stöhnte unter der schweren Last, die ihm aufgebürdet war und die immer schwerer zu werden schien.

Der Wanderer konnte keinen Laut hervorbringen, starrte wie gelähmt vor Schrecken auf die Gestalt, die ganz nahe an ihm vorbeiging, und betete voller Angst, dass er nicht entdeckt werde. Plötzlich tat es einen dumpfen Schlag, und der Unheimliche lag zusammengebrochen unter dem schweren Stein auf dem Boden. Der Wanderer aber verlor vor Entsetzen die Besinnung.

Als er wieder zu sich kam, war es heller Morgen. Da kamen ein paar Knechte zu dem Feld, um das Heu zu wenden. Sie grüßten den Fremden, der noch immer ganz verstört war, freundlich und fragten ihn, was er hier mache. Da erzählte ihnen dieser von den Räubern und dem schrecklichen Erlebnis in der Nacht. Die Knechte beruhigten ihn, teilten ihr Frühstücksbrot mit ihm und erklärten ihm dabei, was es mit dem Kopflosen auf sich hatte:

Einst hatte in Mittenwald ein Mann gelebt, der überall als Geizkragen verschrien war. Aber nicht nur, dass er zusammenraffte, was er nur kriegen konnte und niemals etwas freiwillig hergab, er betrog auch noch seine Nachbarn, indem er heimlich in der Nacht die Grenzsteine ausgrub und ein Stück weit im Nachbarsgrund wieder einsetzte und auf diese Weise seine eigenen Felder und Grundstücke unrechtmäßig vergrößerte. Als man ihm nach langer Zeit einmal auf die Schliche kam, wurde er verurteilt, und wie es damals noch üblich war, geköpft. Aber seit der Zeit, so erzählten die Knechte, muss er bis zum Jüngsten Tag mit dem Grenzstein auf dem Rücken umgehen. Keiner kann ihn erlösen. (Anmerkung 8)

Der Fremde bedankte sich bei den freundlichen Leuten und ging dann nach Mittenwald weiter, um dort den Verlust seiner Habe zu melden. Man hatte die Räuber jedoch schon gefangen und gab ihm sein Eigentum zurück. So ging alles gut aus. Das Erlebnis, das er bei dem Ort gehabt hatte, konnte er aber nie mehr vergessen.

Der Berggeist in der Leutascher Klamm

Seit vielen tausend Jahren wohnt in der Leutascher Klamm ein kleiner Berggeist. Früher hatte er auf der Bergspitze gelebt und sich mit den Elfen um die Pflanzen und Tiere dort gekümmert, sich aber dann in die Klamm zurückgezogen, weil sie ihm so gut gefiel. Er springt übermütig von Felsklippe zu Felsklippe und je enger die Klamm wird, desto wohler fühlt er sich.

Als er vor langer Zeit einmal aus der Klamm herauskam, erschraken die Leute über sein koboldhaftes Aussehen und warfen Steine nach ihm, um ihn wieder zurückzutreiben. Darüber war er sehr zornig geworden. Denn er hatte den Menschen nie etwas Böses getan. Von nun an verschwanden viele, die auf der Suche nach ihm tief in die Klamm vordrangen, spurlos.

Nur noch manchmal, so heißt es, kommt er in unseren Tagen bis in die Gegend um Mittenwald aus der Klamm heraus und wandert dort umher. Dann ist anschließend das Gras der Wiesen ringsum mit funkelndem Goldstaub überzogen, den er überall verstreut hat. Seine Fußspuren oder andere Merkmale seiner Anwesenheit sind aber nicht zu sehen. Dem, der versucht, das Gold aufzuheben, zerfällt es jedoch schon bei der geringsten Berührung zu Asche.

Von Hexen und Truden

Leoprechting schreibt im Jahre 1855, woran man - nach dem Glauben der Leute damals - eine Hexe (Anm. 9) erkennen konnte:

Eine Hexe erkennt man schon von weitem am Gang und das Gesicht trügt selten, hat sie aber gar noch rote Gluderaugen, dann weiß man sicher, wie viel Uhr es mit ihr geschlagen hat. So kennt

Mittenwald - Zeichnung von Michael Sachs von 1883, Ausschnitt

man auch die Trud beim ersten Blick, denn deren Augenbrauen gehen in verkehrter Richtung statt den Schläfen der Nasenwurzel zu, und je borstiger sie sich steifen, je ärger sind sie zu scheuen.

Es wurde ihnen nachgesagt, dass sie Unglück über Mensch und Tier, über Hof und Stall bringen konnten, wenn sich die Menschen nicht durch bestimmte Abwehrzauber, wie Trudenfuß (Anm. 10), geweihte Gegenstände und Bannsprüche oder Bannmittel geschützt hatten. Wenn einer ein Ross im Stall völlig verschwitzt und schäumend vorfand, ohne dass er es geritten hatte, oder wenn ein Ross in Schweif und Mähne Tausende von Zöpfchen geflochten hatte oder sich plötzlich wie verrückt benahm, so war sicher eine Hexe daran schuld, ebenso bei plötzlichem Viehsterben ohne ersichtlichen Grund. Vielerlei Schaden konnte so eine „Teufelsbündlerin" laut Leoprechting anrichten:

So besteht eine ihrer Hauptkünste im Milchentziehen fremder Kühe. Hiezu gibt es unzählige Mittel. Denn nicht nur, dasa sie des Nachts in einen Stall, der leichtsinniger Weise christlicher Bannsegen entbehrt eindringen können, wo sie es dann leicht haben, an den wirklichen Eutern des Kuhviehs zu melken die ganze Nacht hindurch, sondern sie vermögen sich auch solche Zauber zu verschaffen, vermöge welcher sie aus Grassäcken, Milchtüchern, Zaunstecken im Namen des Eigentümers Milch melken als wie an den Eutern der Kühe derselben. Will man nun solche Kühe morgens melken, geben dieselben natürlich keinen Tropfen Milch...

In unseren Tagen bezeichnen sich vermehrt Frauen als Hexen der sog. „Weißen Magie“ und betreiben Kräuterkunde oder - wie sie behaupten, heilende Rituale. Sie bekennen sich zur „Weißen Magie“, weil sie Mensch und Tier nicht schaden wollen, im Gegensatz zur „Schwarzen Magie“, die aber auch vielerorts eine Renaissance erlebt, wie viele Plätze, an denen - auch heute noch! - Satansrituale und Schwarze Messen mit Opferung von Tieren gefeiert werden, zeigen. (Anmerkung 11)

Die Wetterhexen vom Wettersteingebirge

Noch heute ist der Glaube an böse Machenschaften von Hexern, Hexen oder Truden weit verbreitet, ja man könnte sogar sagen, dass er wieder im Aufleben ist. Vor allem das „Wettermachen“ sollen die Hexen gut beherrschen. Sie sollen Wolken zusammenschieben und es je nach Laune hageln oder gewittern lassen können und sollen dadurch viel Unheil über Mensch und Tier bringen.

Im Werdenfelser Land wurde besonders den Hexen im Wettersteingebirge diese Macht zugeschrieben. Jocher S. 51:

Auch wenn herrlichster Sonnenschein herrscht, kann schon im nächsten Augenblick Gewölk aufziehen, in dem sich Gewitter entladen. Der Volksglaube vermutet hinter diesen Naturerscheinungen Hexen besonderer Art, sog. Wetterhexen, die von Zeit zu Zeit ihr Mütchen an den hilflosen Menschlein kühlen. Boshaftigkeit und Neid wirft der Volksmund diesen Unholden vor, die ihre Blitze schleudern und die Schleusen des Himmels öffnen.

Einem Flößer aus Wallgau wurden einmal an einem einzigen Tag drei seiner Kühe vom Blitz erschlagen. Dies schob er auf die bösen Machenschaften der Hexen vom Wetterstein:

„Wenn damals schon der neue Benefiziat da g' wesen wär', dann hätt' i meine Küh' no!" So behauptete der Flößer voller Überzeugung. „ Des is a frommer Herr, der betet alle schweren Wetter weg. Seit der bei uns is, kommt keins mehr zu uns nach Wallgau herein. I bet' alle Tag, dass d e r dableibt!"

Noch heute werden in den Höfen der Bergbauern bei schweren Unwettern geweihte Kerzen angezündet, um Blitzschlag, Brand, Überschwemmung oder anderes Unheil vom Hof abzuhalten. Auch bestimmte Glocken sollen die Macht haben, schlimme Gewitter von einem Ort fern zu halten. (Anmerkung 12)

Hirte im Gebirge - Zeichnung v. L. Quaglio, 19. Jhdt. (Ausschnitt)

Das seltsame Manndl vom Wetterstein

Ein Hirte, namens Matthias, wollte einmal seinen Freund auf einer Alm auf dem Reintalanger besuchen. Schon früh am Morgen war er aufgebrochen und machte sich erst am späten Nachmittag wieder auf den Heimweg. Als er gerade durch das Reintal ging, brach ein fürchterliches Unwetter los. Ein Gewitter im Gebirge kann für Menschen sehr gefährlich werden; darum drückte sich der Mann unter eine überhängende Felswand, um ein wenig Schutz vor den Unbilden der Natur zu haben. Ein paar Schritte neben ihm toste die zu einem reißenden Gewässer angewachsene Partnach ins Tal. Der Regen fiel wie aus Kübeln geschüttet aus den dunklen Wolken und bald gelang es dem Burschen nicht mehr, sich auf dem glitschigen und abschüssigen Gelände zu halten; er stürzte ins Wasser hinab.

Sogleich wurde er mitgerissen und in einem wilden Strudel unter das schäumende Wasser gedrückt. Dabei vermeinte er, das höhnische Gelächter eines unsichtbaren Wesens, das sich über sein Unglück freute, zu hören. Er verlor fast die Besinnung und glaubte schon, sein letztes Stündlein habe geschlagen; da packte ihn plötzlich eine Hand und zog ihn mit übermenschlichen Kräften ans rettende Ufer.

Der Hias keuchte, spuckte und versuchte, wieder zu Atem zu kommen. Als er sich endlich ein wenig erholt hatte und aufblickte, sah er vor sich ein stämmiges Männlein, das zwar steinalt, aber bärenstark war und das ihn gerettet hatte.

„Hast Glück, dass ich hier wohne," brummte es, „sonst hätten dich die bösen Wetterhexen ertrinken lassen. Ich hab' dich gerade noch erwischt!"

„Danke, dass du mich aus dem Wasser gezogen hast!" Der Bursche gab dem Männlein die Hand und beteuerte, dass er ewig in seiner Schuld stehe. Das aber wehrte ab und meinte:

„Ich hab's gern getan, besonders weil ich damit den bösen Weibern eins auswischen kann! Die mag ich nicht, weil sie mir mein Geschäft vermiest haben". Dabei drohte es mit der Faust den dunklen Wolken, in denen es seine Feindinnen wusste.

Und es erzählte dem Hias, dass er einst feine grüne Farbe in den Bergen gefunden und immer nach Venedig gebracht habe, wo sie zum Einfärben der teuersten Fürstengewänder benutzt worden sei. Als es wieder einmal eine Butte voll der wertvollen Farbe aus den

Bergen getragen habe und gerade an dieser Stelle in der Partnachklamm angekommen war, hätten die Wetterhexen ein ähnlich furchtbares Gewitter zusammengeschoben, wie das, in dem der Hias beinahe ums Leben gekommen wäre. Ein Blitz habe es mitsamt seiner Butte von der Brücke, die damals an dieser Stelle über die Partnach führte ins Wasser geschleudert. Dabei sei seine kostbare Farbe ausgelaufen. Die boshaften Weiber hätten dazu nur höhnisch gelacht.

„Schau", fuhr das seltsame Manndl fort, „ ab hier ist die Partnach ganz grün geworden und sie ist es bis heute und in alle Ewigkeit!"

Staunend erkannte Hias, dass die vorher helle und klare Partnach ab der genannten Stelle tatsächlich die Farbe ihres Wasser gewechselt hatte und von da an grün war.

„Ja, ja, die Wetterhexen sind böse Weiber", murmelte das Manndl vor sich hin, „aber ich hab' ihnen heut eins ausgewischt und dich gerettet, hihihi; das wird sie ärgern!"

Dann war das Manndl auf einmal verschwunden, als hätte es der Erdboden verschluckt. Der Hias aber erinnerte sich, dass seine Großmutter immer allerlei Geschichten vom Wettersteinmanndl erzählt hatte. Da wusste er, dass er diesem gutmütigen Berggeist begegnet war.

Die Zwerge in der Höllentalklamm

Viele Jahrhunderte lang betrieben die Menschen im Höllental Bergbau. Dabei begegneten die Knappen, so wird berichtet, immer wieder seltsamen kleinen Männchen mit uralten Gesichtern und langen Bärten, die Zwerge oder Wichtelmänner genannt wurden.

Die Zwerge, so heißt es, schürfen selbst in den unterirdischen Gängen nach wertvollen Erzen und haben daher immer Laternen, Hammer und Fäustel dabei. Oft treiben sie mit den Bergleuten Schabernack, verstecken deren Arbeitsgeräte oder bewerfen sie mit kleinen Steinchen. Trotzdem sind sie den Menschen wohlgesinnt, zeigen ihnen manchmal den Weg zu verborgenen Schätzen und ersparen ihnen dadurch oft eine lange und mühsame Suche. Auch wenn jemand von den Knappen sich verirrt hat oder sonst irgendwie in Gefahr gerät, kommen ihm die Zwerge zu Hilfe.

So wurde einmal ein ganz junger Mann, der gerade den Kindesbeinen entwachsen war, von den Zwergen gerettet, als er einmal vom Weg abgekommen war, in den Felswänden unterhalb des Bergwerkseinganges festsaß und weder vor noch zurück konnte. Mitleidig zeigte ihm einer der kleinen Wichte einen verborgenen Gang, durch den er sich in das Berginnere flüchten konnte. Dieser führte tief hinein in das Reich der Zwerge. In einem riesigen Gewölbe konnte er zuschauen, wie die Männlein dort im Licht von unzähligen Fackeln arbeiteten. Die einen schleppten schwere Säcke mit Steinen, andere schmolzen das Erz aus ihnen heraus, wieder andere hämmerten auf Ambossen das gewonnene Metall in verschiedenste Formen. Alle Zwerge arbeiteten schier unermüdlich. Staunend sah ihnen der junge Mann eine ganze Weile zu und bedankte sich dann dafür, dass sie ihn gerettet hatten.

„Du darfst aber niemals sagen, wie du in unser Reich gekommen bist und was du hier gesehen hast, das musst du uns versprechen, bei allem, was dir heilig ist!"

Diesen Schwur verlangte der Oberste der Zwerge von ihm. Und der Junge versprach es hoch und heilig. Da schenkte ihm der Zwerg ein wunderschönes silbernes Medaillon, das ihn immer an sein Versprechen erinnern sollte und ließ ihm von seinen Leuten den Weg zurück ins Höllental zeigen. Der Gerettete erzählte niemandem von diesem Erlebnis. Erst lange nach seinem Tod, als man sein Tagebuch fand, wurde die Geschichte bekannt.

Noch heute kann man, wenn man sich etwas abseits auf einem Felsen im Höllental aufhält und mucksmäuschenstill ist, das Hämmern und manchmal sogar das Lachen und Wispern der Zwerge hören, die tief im Berg drinnen arbeiten.

Wie der Drachensee entstand

Dort, wo heute hoch oben in der Gruppe der Mieminger Berge bei der Coburger Hütte der Drachensee liegt, befand sich in uralten Zeiten ein sehr reiches Dorf. Die Bewohner des Ortes waren so vermögend geworden, weil ihnen einst ein Wanderprediger, der in dieses Gebiet zwischen Werdenfelser Land und Inntal gekommen war und ihnen das Evangelium verkündet hatte, zusätzlich den

Bergbau beigebracht hatte. Nachdem sie mehrere Jahre vergeblich, aber fleißig, nach wertvollen Erzen geschürft hatten, fanden sie eine reiche Goldader. Von nun an kehrte Reichtum ein in dem armen Bergdorf.

Die Menschen hatten nun alles, was sie sich nur wünschen konnten: Große Häuser, schöne Kleider, Truhen voller Schätze, Knechte und Mägde, die sie bedienen mussten, kurz alles, was ihr Herz begehrte. Da wurden sie, wie das meistens so geht, hochmütig und hartherzig. Sie verachteten die Armen aus anderen Dörfern, beuteten sie schamlos aus und ließen sie die gefährliche Arbeit im Berg verrichten, ohne sie gerecht zu bezahlen. Selbst aber lebten sie in Saus und Braus, dienten nicht mehr Gott dem Herrn, sondern beteten stattdessen das Gold an, das ihnen dieses bequeme Leben ermöglicht hatte.

Da kam eines Abends im Spätherbst, als schon ein schneidend kalter Wind über die Berge fegte, ein sehr alter Mann in das Dorf der Reichen und bat flehentlich um ein Nachtquartier, obwohl er nicht das Geld hatte, dafür zu bezahlen. Aber an jeder Türe, an die er anklopfte, wurde er verjagt, manchmal nur mit bösen Worten, manchmal wurde er sogar beschimpft oder bedroht, und es wurden sogar Hunde auf ihn gehetzt. Da schleppte er sich mit letzter Kraft aus dem Ort und stieg weiter in die Berge hinauf, wo er für die stürmische Nacht in einer Felsnische Unterschlupf suchte. Zitternd kauerte er sich an die eiskalte Wand. Er wusste, dass er den nächsten Morgen nicht mehr erleben würde, denn er war zu geschwächt. Da raffte er sterbend noch einmal seine letzten Kräfte zusammen und verfluchte das Dorf mit seinen hartherzigen Leuten; dann verschied er.

Noch in der gleichen Nacht erschütterte ein schreckliches Beben die Berge. Die Erde tat sich auf, und das Dorf samt seinem Goldbergwerk wurde in die Tiefe gerissen und verschwand im Innern des dunklen Abgrundes. Die Stelle, wo es gelegen hatte, füllte sich mit Wasser und bald befand sich dort ein dunkler See. Niemand, der hierher den Weg fand, konnte vermuten, dass einmal ein reiches Dorf hier gewesen war, so einsam und abweisend war der Ort.

Wie es heißt, lebt seit der Zeit ein unheimlicher Drache, der bei dem fürchterlichen Beben aus dem Innersten der Erde hervorgekommen ist, am Grund des Sees. Er bewacht die ruhelosen Seelen der ehemaligen Bewohner. Nur in der heiligen Christnacht erklingt aus der Tiefe des Sees zur zwölften Stunde leise das Glöckchen der ehemaligen Dorfkirche. Dann wandeln die Verfluchten reumütig büßend dort unten zum Gotteshaus.

Ein Mensch aber, der neugierig versucht, die Armen Seelen zu sehen, nehme sich wohl in Acht! Wenn er von dem Drachen entdeckt wird, schnellt dieser aus dem dunklen Gewässer, packt ihn und reißt ihn hinab in die Tiefe zu der Schar der Verdammten, denen er fortan Gesellschaft leisten muss.

Ludwig II. – Gemälde von Wilhelm Tauber

Die Zirbe beim Königshaus am Schachen

Eine etwa 200 Jahre alte Zirbe mit einer Höhe von etwa 18 Metern und einem Umfang von 230 cm steht an der Wettersteinwand am Schachen und ist von Elmau aus zu Fuß durch die Partnachklamm zu erreichen. Der Baum ist zwar etwas beschädigt, weil die Spitze abgebrochen ist, jedoch haben sich mehrere Seitenäste nach oben gebogen und bilden einen neuen Wipfel. Er wächst nahe der Stelle, wo in etwa 1800 m Höhe König Ludwig II. 1871 sein "Schachenschlösschen" errichten ließ.

Der Holzbau, auch „Königshaus" oder "Schweizerhaus" genannt, der äußerlich einer Berghütte gleicht, beherbergt im ersten Stock, der mit orientalischer Pracht ausgestattet ist, ein türkisches Zimmer mit seidengepolsterten Sitzen an den Wänden um einen Kaskadenbrunnen in der Mitte des Raumes, in dem der weltabgewandte König von zauberhaften fremdländischen Märchen träumen und die Atmosphäre von Tausendundeiner Nacht heraufbeschwören konnte.

Die Zirbe hat den mühevollen Transport der Baumaterialien in diese Höhe miterlebt und dem Bau des Schachenschlösschens zugesehen, wo ab 1873 der König oft seine Geburtstage in der Einsamkeit der Bergwelt verbrachte. Noch andere alte Zirben und viele seltene Gebirgspflanzen stehen in dem Alpenpflanzgarten am Schachen, der vom Botanischen Garten München betreut und vom Alpenverein großteils finanziert wird. (Anmerkung 13)

Der Schachengeist

Früher war es auf dem Schachen nicht ganz geheuer. Dort trieb, wie jeder aus der Gegend wusste, der Schachengeist sein Unwesen. Er musste dort oben umgehen, weil er zu seinen Lebzeiten gefrevelt hatte. Was genau er verbrochen hatte, das war aber in Vergessenheit geraten. Hirten, die auf dem Schachen ihre Herden weiden ließen, sind ihm oft um Mitternacht begegnet und von ihm angefleht worden, ihn doch zu erlösen.

Er war ein unheimlicher Geselle von großer hagerer Gestalt, bekleidet mit einem langen dunklen Mantel, dessen spitze Kapuze tief ins Gesicht gezogen war und seinen Totenschädel verbarg.

Verzweifelt bat er jeden, den er traf, ihn doch zu erlösen. Doch jeder, der ihm begegnete, suchte, von Furcht ergriffen, schleunigst das Weite.

Einmal, es war lange bevor das Königshaus am Schachen erbaut wurde, hütete dort, wo der Schachengeist gewöhnlich umgehen musste, ein junger Hirte seine Herde. Er hatte schon viel von dem berüchtigten Geist gehört, aber er hatte ein gutes Gewissen, fürchtete sich nicht und dachte:

„Wenn der Schachengeist wirklich kommt, kann er mir nichts anhaben. Ich bete einfach, dann muss er mich in Ruhe lassen!"

Um Mitternacht wurde er tatsächlich ganz plötzlich wach und sah die dürre Gestalt in schwarzem Mantel, wie ihm der Geist immer beschrieben worden war, auf sich zukommen. Zwar erschrak er erst sehr, dann aber fasste er sich und rief die heiligen Namen:

„Jesus, Maria, Josef, alle guten Geister loben den Herrn!"

Der Geist aber, von dem eine eigentümliche Kälte ausging, hob verzweifelt seine Hände und bat mit brüchiger Stimme:

„Hilf mir, oh, bitte hilf mir! Ich habe ein schlechtes Leben geführt und muss zur Strafe hier oben umgehen, bis mich jemand erlöst! Hilf mir, oh, bitte hilf mir! Schon so oft habe ich Menschen um Hilfe gebeten, aber nie hat mir jemand geholfen! Hilf mir und erlöse mich von meinen Qualen. Gott soll es dir lohnen!"

Der Bursche, der ein gutes Herz hatte, bekam tiefes Mitleid mit ihm und fragte: „Was muss ich denn tun, um dich zu erlösen?"

Da erklärte der Geist voller Freude:

„Es ist nicht ganz einfach, aber du wirst es schaffen, denn du bist ein guter Mensch! Noch heute muss in der dem heiligen Antonius geweihten Kirche in Partenkirchen eine hl. Messe für mein Seelenheil gelesen werden, dann bin ich erlöst! Aber du musst sofort, noch jetzt in der Nacht, hinuntergehen, sonst ist es zu spät! Es muss noch vor dem Gebetläuten sein!"

„Keine Sorge, das schaffe ich leicht!" meinte der Hirte. „Es ist Vollmond und da kann ich den Weg gut sehen!"

„Aber der Teufel und alle bösen Geister werden versuchen, dich aufzuhalten! Fürchte dich dennoch nicht! Du bist ein guter Mensch und Gott wird mit dir sein, denn du tust ein gutes Werk, da kann der Böse dir nichts anhaben. Alles, was er unternimmt, um dich zu hindern, ist nur Blendwerk und kann dir nicht schaden!"

Da machte sich der Hirte sofort auf den Weg und lief, so schnell er konnte, nach Partenkirchen hinunter. Aber wie der Geist ihm vorhergesagt hatte, musste er viele Hindernisse bewältigen. Aus der Tiefe wallten mit einem Mal giftige Schwaden über seinen Pfad, die ihm die Sicht nahmen und ihn kaum atmen ließen. Da schloss er seine Augen, hielt sich ein Tuch vor die Nase und ging laut betend weiter. Seine Füße, die den Weg auswendig kannten, ließen ihn diesen auch blind finden. Zwar verschwanden nach einiger Zeit die giftigen Schwaden und er konnte wieder sehen, aber er musste an gähnenden Abgründen vorüber, wo ein falscher Schritt ihn das Leben gekostet hätte.

Endlich war er auf seinem gefährlichen Weg an der Partnach angelangt und wollte gerade über den schmalen, schwankenden Steg gehen, der über das Gewässer führte, als von der Schlucht herauf lodernde Flammen schlugen und die Brücke in ein Feuermeer tauchten. Zuerst wich der Hirte voller Schrecken zurück, dann aber dachte er an den armen Schachengeist und das Versprechen, das er diesem gegeben hatte und sprach sich selber Mut zu:

„Es ist kein wirkliches Feuer, es ist Blendwerk des Teufels!“

Er nahm einen Anlauf und rannte, so schell er es vermochte, über die Brücke. Und wirklich, es war Blendwerk gewesen, denn weder er noch die Brücke verbrannte und es geschah ihm kein Leid.

In der Kirche angekommen, wo der Pfarrer sich gerade für die Frühmesse vorbereitete, trug ihm der Hirte das Anliegen des Schachengeistes vor und bat ihn inständig noch vor dem Gebetläuten eine Messe für dessen Seelenheil zu lesen, sonst sei es zu spät. Der Pfarrer entsprach seinem Wunsch. Nach dem Gottesdienst bedankte sich der Hirte bei dem Geistlichen und kehrte zu seiner Herde auf den Schachen zurück. Unterwegs dachte er:

„Ob er wohl wirklich erlöst ist, der arme Schachengeist? Ich würde es gerne wissen! Vielleicht begegnet er mir noch einmal!“

Als er in seiner Hütte angekommen war und die Türe öffnete, flog ein schneeweißer Vogel von der Größe einer Taube heraus, stieg immer höher und höher in die blauen Weiten des Himmels, bis er nicht mehr zu sehen war.

„Leb wohl, Schachengeist, Gott sei mit dir!“ betete da der Bursche und sah ihm lange nach. Als er seine Hütte betrat, fand er auf dem Tisch ein kleines Leinensäckchen voller Gold, den Dank des Schachengeistes, das dem armen Hirten künftig ein von Geldsorgen freies Leben ermöglichte. Aber von Stund an wurde der Schachengeist nie mehr gesehen.

Das Lachenweibl von Partenkirchen

Natürlich hat auch Partenkirchen sein gespenstisches Weibl. Hier wird es „Lachenweibl“ genannt, weil es sich oft in einem Gebiet dort, das „bei der Lach“ heißt, sehen ließ. So begegnete es einst einem Ehepaar, das sich auf Sommerfrische in der Gegend befand und noch spät am Abend unterwegs war. Die beiden Leute sahen ein buckliges altes Weiblein in zerschlissenen ärmlichen Kleidern, stöhnend einen mit schweren Steinen beladenen Schubkarren schieben. Obwohl im ersten Moment erschrocken, bot der Mann der alten Frau seine Hilfe an. Sie aber antwortete mit fast tonloser Geisterstimme:

„Du kannst mir nicht helfen. Ich habe im Leben schwer gefehlt und muss nun dafür büßen!“

Nach diesen Worten verschwand sie plötzlich so spurlos, als hätte sie der Erdboden verschluckt. Verwundert erzählten die Sommerfrischler am nächsten Morgen ihrem Wirt dieses seltsame Erlebnis. Da klärte sie der Mann darüber auf, dass sie dem „Lachenweibl“ begegnet seien. Das sei zu Lebzeiten eine ungetreue Magd gewesen, die ihre Dienstherren bestohlen und auch sonst allerlei verbrecherische Taten begangen habe. Zur Strafe müsse sie nun umgehen und keiner wisse, ob sie je erlöst werden könne.

Der Schatz vom Wetterstein

Im Werdenfelser Land war es im vorigen Jahrhundert üblich, ab 22 Uhr die sogenannte „Hußglocke“ zu läuten. Dabei soll, so erzählen die Garmischer, jedes Mal eine merkwürdige Erscheinung zu beobachten gewesen sein. Wenn nämlich in ihrem Ort die Glocke zu läuten begann, konnten sie an einer bestimmten Stelle der Wettersteinvorgebirge ein helles Licht leuchten sehen. Sie konnten sich das nicht anders erklären, als daß dann, sozusagen von der Glocke gerufen, ein reicher Goldschatz zu strahlen begann, der dort verborgen lag.

Einmal gingen ein paar Mädchen aus Garmisch in diese Gegend und rupften Gras für ihre Geißen.

Mädchen in Partenkirchner Tracht
Ausschnitt aus Bild von E. N. Neureuther

Plötzlich entdeckte eines von ihnen, das Veilewidl genannt wurde, unter seiner Hand etwas, was aussah wie ein eiserner Deckel auf einem großen eisernen Gefäß.
„Das ist der Schatz vom Wetterstein!" fuhr es ihr durch den Kopf, denn sie kannte natürlich die alte Sage. Vor Freude und Aufregung

getraute sie sich aber nicht, den Deckel zu berühren oder gar aufzuheben.

„Ich muss den anderen zeigen, was ich gefunden habe“, dachte sie, ließ das Gras, das sie gerupft hatte, achtlos liegen und rannte so schnell sie konnte zu ihren Gefährtinnen.

„Ich habe den Schatz gesehen, den Schatz vom Wetterstein!“ stieß sie atemlos hervor, als sie diese endlich erreicht hatte.

„Wo? Was? Das ist doch nicht möglich!“ schrieen alle Mädchen durcheinander, und die Aufregung von Veilewidl teilte sich ihnen mit.

„Dort, wo ich gerupft habe“, erzählte diese, „ist er in einem großen Topf mit einem eisernen Deckel darauf! Ich getraue mich aber nicht, ihn alleine aufzumachen.“

„Wir kommen mit! Wir helfen dir!“ riefen die Gefährtinnen, denn eine war neugieriger als die andere, und alle wollten sie den Schatz mit eigenen Augen sehen. Sie eilten miteinander zu dem Platz, den ihnen Veilewidl genannt hatte, und der auch durch die abgerissenen Grasbüschel genau gekennzeichnet war.

„Wo ist denn der Topf?“ fragte das Mädchen, das zuerst an der Stelle angelangt war.

„Da, wo das Gras...“. Mitten im Satz blieb Veilewidl vor Schrecken das Wort im Hals stecken. Von dem alten Eisendeckel, den sie vorhin gefunden hatte, war nicht mehr die geringste Spur zu erblicken.

„Aber er war da!“ beteuerte das arme Mädchen, als die Freundinnen es ganz ungläubig anstarrten, weil sie meinten zu Narren gehalten worden zu sein, „ich habe ihn ganz deutlich gesehen und gespürt!“

Da suchten die Mädchen gemeinsam die ganze Umgebung nach dem Schatztopf ab, konnten aber nichts finden, was einem solchen auch nur annähernd geglichen hätte.

„Oh, wäre ich doch nur nicht so feige gewesen und hätte ich ihn doch nur selbst aufgemacht“, weinte Veilewidl und war ganz untröstlich, „jetzt ist er sicher für immer verschwunden!“

Traurig nahmen die Mädchen nun ohne die erhofften Reichtümer wieder ihre mühsame Arbeit auf. Vom Schatz am Wetterstein aber hat seither niemand mehr etwas entdecken können.

Der Zuggeist und das Zauberkräutlein auf der Zugspitze

Hoch oben in den unzugänglichen Gebieten des ewigen Eises und in den wild zerklüfteten Felsspalten des Zugspitzmassivs hausen die Berggeister in ihrem Zauberreich. Sie haben dort Schätze angehäuft, wie sie noch keines Menschen Auge je erblickt hat. Streng bewachen sie die Eingänge, um zu verhindern, dass es einem Sterblichen gelingt, in ihre Welt einzudringen. Aber es gibt ein Kräutlein, so wissen die Alten zu erzählen, mit dessen Hilfe kann man ungefährdet in das Zauberreich im Innern des Berges gelangen. Es befindet sich im Horst eines Greifen an einer besonders schroffen Felszacke am Gipfel der Zugspitze. Diese Kräutlein wird vom schrecklichen „Zuggeist“ sowie von einem Greifen, der in Wirklichkeit auch ein Geist ist, bewacht. Noch nie ist es jemandem gelungen, es in seinen Besitz zu bringen und sich damit die Schätze des Berges zu erschließen.

Es ist schon lange her, da wollte ein junger Hirte, der seine Schafe am Reintalanger weidete, den Versuch wagen.

„Habe ich das Kräutlein einmal, dann ist es mit dem mühsamen Leben vorbei“, dachte er, „dann bin ich reicher als ein König!“

„Gehe lieber nicht, dem er von seinem Vorhaben erzählte, „du weißt doch, wie gefährlich“, warnte ihn sein Freund das ist. Der Zuggeist wird kommen und dich in die Tiefe stürzen!“

Aber der Hirte hörte nicht auf ihn.

„Ich werde es versuchen“, bestand er hartnäckig auf seinem Vorhaben, „und wenn es auch mein Leben kostet!“

„Dann ist dir nicht zu helfen“, schalt der andere, „ich jedenfalls bin lieber arm und lebendig als reich und tot.“

Und er ging unmutig und voller Sorge um seinen Freund davon.

Den Hirten aber hatte die Gier nach Besitz so stark gepackt, dass er schon am nächsten Tag zu dem verwegenen Unterfangen aufbrach. Lange vor dem Morgengrauen begann er den Aufstieg, denn er wollte vor Einbruch der Nacht von dem gefahrvollen Weg zurück sein. Anfangs kam er rasch vorwärts, aber je höher er kam, desto mühsamer und schwieriger wurde es. Oft rutschte er an einem glatten Stück ab, oft schlug er sich an scharfen Felskanten blutig, dennoch gab er nicht auf.

„Ich werde reicher als ein König sein“, dachte er, wenn ihn die Kräfte verlassen wollten. Diese Aussicht machte ihm immer wieder neuen Mut. Er war schon so hoch geklettert, dass die Häuser am Fuß des Berges nur noch wie winzige Farbtupfer erschienen, als er plötzlich über sich den Horst des Berggeistes mit dem Zauberkräutlein sah. Sein Herz klopfte ihm bis zum Hals vor Freude. Vorsichtig stieg er noch ein wenig höher und schob sich dann langsam auf einem schmalen Felsvorsprung an das Nest heran.

Doch als er sich schon am Ziel seiner Wünsche glaubte, vernahm er mit einem Mal dicht über sich ein unheimliches Rauschen. Er schaute auf und erblickte zu seinem Entsetzen den Greifengeist. Dieser näherte sich ihm mit drohendem Geschrei, starrte ihn aus seinen kalten Raubvogelaugen durchdringend an und begann dann, wie wild, mit dem scharfen Schnabel auf ihn einzuhacken.

„Ich bin verloren, er wird mich erbarmungslos in die Tiefe stoßen", schoss es dem Hirten durch den Sinn. Verzweifelt krallte er sich an den schmalen Felsvorsprung und trat den Rückzug an. Da stieß der Vogel einen seltsam schrillen Ruf aus, der dem Burschen durch Mark und Bein drang. Gleich darauf erschien der gefürchtete Zuggeist in Gestalt einer riesigen schwarzen Wolke. In Windeseile hüllte er das Nest des Greifen ein, so dass es der Hirte nicht mehr sehen und das kostbare Kräutlein nicht daraus rauben konnte. Nun überzog der Geist die ganze Felsenspitze mit seinen dunklen Nebelschleiern. Dem Hirten brach der Angstschweiß aus allen Poren, als er sich wie blind Schritt für Schritt zurück tasten musste.

„Nie und nimmermehr werde ich heil hinab gelangen", dachte er voller Verzweiflung. „Hätte ich doch nur auf meinen Freund gehört!"

Aber diese Einsicht kam zu spät. Er konnte nichts mehr ungeschehen machen und musste trotz aller Widerwärtigkeiten versuchen, herunter zu klettern, denn wenn er oben blieb, und die Nacht mit ihrer eisigen Kälte anbrach, war er unrettbar verloren.

„Oh Gott, steh mir bei", betete er unablässig. Er fiel mehr herab als er stieg. Immer dichter webte der schreckliche Berggeist den dunklen Nebel, doch wenigstens ließ der Greifvogel von dem Unglücklichen ab. Dieser rutschte mehrmals auf den glitschigen Felsen aus und drohte abzustürzen; aber eine gütige Macht bewahrte ihn vor dem Tod, der schon seine Hand nach ihm ausgestreckt hatte. Nach langen, fast übermenschlichen Anstrengungen gelang es ihm endlich, wieder zum Reintalanger zurück zu finden. Da fiel er auf seine zerschundenen Knie nieder und dankte Gott für seine Rettung. Und er schwor sich, niemals wieder wegen toter Schätze sein Leben so leichtfertig aufs Spiel zu setzen.

Bis auf den heutigen Tag ist es noch niemandem gelungen, das Wunderkräutlein aus dem Horst des Berggeistes zu holen. So ruhen die sagenhaften Schätze auch weiterhin im Innern der Zugspitze, streng bewacht vom Zuggeist und dem Greifen.

Blick auf die Zugspitze – Ausschnitt aus Gemälde von H. Bürkel

Der Spuk auf der Hütte am Reintalanger

Zwei Bergwanderer auf dem Weg zur Zugspitze hatten in den zwanziger Jahren des vorigen Jahrhunderts ein seltsames Erlebnis. Bei herrlichem Wetter waren sie durch das Reintal aufgestiegen, befanden sich schon ein gutes Stück oberhalb der Knorrhütte und machten gerade im Reintalanger Rast, als plötzlich innerhalb kurzer Zeit, wie das in den Bergen nicht ungewöhnlich ist, das Wetter umschlug. Als der Regen niederzuprasseln begann, packten sie schleunigst ihre Rucksäcke und rannten zu einer Holzhütte, die sich glücklicherweise in der Nähe befand. Der Hirte, der sie bewohnte, nahm die beiden durchnässten Wanderer freundlich auf und ließ sie auch übernachten, weil das Wetter sich zusehends verschlechterte und an einen Auf- oder Abstieg nicht zu denken war, wollte man sein Leben nicht aufs Spiel setzen.

In der Nacht wachte plötzlich einer der Bergsteiger von ungewöhnlichen Geräuschen auf, die sogar Regen und Wind übertönten. Es hörte sich an als schlurfe jemand mit schweren Stiefeln um die Hütte. Noch ehe der junge Mann seinen Kameraden wecken konnte, pochte es dumpf gegen die Türe, so, als schlage jemand mit einem dicken Prügel dagegen. Nun waren beide hellwach.

„Wer will da mitten in der Nacht noch heran?“ wunderte sich einer der beiden. Sie weckten den Hirten und fragten, was da los sei.

„Oh je, geht der schon wieder um, man hat doch nie seine Ruhe!" seufzte der, stand widerwillig auf, riss die Türe auf und rief einige Worte, welche die beiden Bergwanderer wegen des starken Sturmes nicht verstehen konnten, hinaus. Es waren wohl Beschwörungsformeln gewesen, denn gleich darauf verstummten Schläge und Schritte und es waren nur noch die Geräusche von Regen und Wind zu vernehmen.

„Der geht so oft hier oben um, dass ich ihn schon gar nicht mehr höre!“ erklärte der Hirte darauf den beiden jungen Männern. Das ist der K., der früher einmal hier oben Hirte war, so wie ich, und in dieser Hütte gewohnt hat. Er hat sich aber nicht viel um seine Herde gekümmert sondern ging lieber zum Wildern. Einmal, als er einen Steinbock bis hoch in die Felsen hinauf verfolgt hatte, stürzte er ab und brach sich das Genick. Seither findet er keine Ruhe und muss umgehen. Wie gesagt, ich höre ihn meist schon gar nicht mehr, nur wenn er es gar zu arg treibt mit seiner Herumpolterei, dass ich nicht schlafen kann, dann jage ich ihn fort.“

Die beiden Wanderer legten sich ebenso wie der Hirte wieder nieder, konnten aber nicht mehr gut schlafen und waren am nächsten Morgen froh, die Hütte, in der sie dieses unheimliche Erlebnis gehabt hatten, verlassen zu können.

Ob der Geist des Wilderers auch heute noch dort umgeht oder ob er endlich seine Ruhe gefunden hat, kann niemand mehr sagen. Skeptiker behaupten sogar, dass der angebliche „Geist“ ein lebendiger Wilderer gewesen sei, der bei dem Hirten hatte Unterschlupf suchen wollen und wegen der beiden Besucher nicht konnte! Wer weiß?

Die Wilde Jagd und der Garmischer

In manchen Nächten erhebt sich plötzlich, wie es scheint ohne Grund, ein furchterregender Orkan. Er braust durch die Wälder und lässt sie ächzen und stöhnen, reißt Felsbrocken aus den Bergen und schmettert sie ins Tal und peitscht das Wasser aus den Seen zu haushohen Wellen auf.

Inmitten dieser Naturgewalt aber rast - so raunen die Alten - die Wilde Jagd (Anmerkung 14). Voraus stürmt der wilde Jäger, gefolgt von bewaffneten, geisterbleichen Männern in schimmernden Rüstungen und von hexenartigen Weibern in altmodischen Gewändern. Begleitet werden sie von einer Meute lärmender Hunde und von zahllosen, schauerlich heulenden Nachtvögeln. Meistens hetzen sie unbarmherzig ein Geisterpferd oder ein koboldartiges Holzweiblein, das sie, sowie sie seiner habhaft werden, in Stücke reißen und verschlingen. (Anmerkung 15)

Die höllischen Mächte, die zwar den größten Teil des Jahres in den Abgründen der Unterwelt angeschmiedet sind, werden zu bestimmten Zeiten freigelassen und können ihr Unwesen auf der Erde treiben. Besonders gefährlich ist es von Allerheiligen über die Weihnachtszeit bis zum Dreikönigsfest. Aber auch sonst, unterm Jahr, ist man nicht sicher vor den unheimlichen Gesellen.

Wehe dem Menschen, der den Weg des wilden Geisterheeres kreuzt! Wenn er nicht weiß, wie er sich in dieser Gefahr richtig verhalten muss, wird er ergriffen, mitgerissen und so lange in einem tollen Wirbel durch die Lüfte mitgeschleppt, bis auf Erden das Gebetläuten anhebt. Dann erst bricht die Macht der Geister, und sie müssen ihr armes Opfer freigeben. Sie lassen es meist einfach dort fallen, wo sie sich gerade befinden, ganz gleich, ob über Berg oder Tal, über Wald oder See. Es heißt, viele seien von solch einer wilden Fahrt nicht mehr lebendig zurückgekehrt, andere hätten nach ihrem schrecklichen Abenteuer mit dem Geisterheer ihr Lebtag nicht mehr froh werden können.

Vor der „Wilden Jagd“, auch „Nachtgjaid“ genannt, fürchteten sich früher die Menschen überall. Viele Begegnungen mit dem unheimlichen Gespensterheer werden berichtet.

Ausschnitt aus Stich von Johann Elias Ridinger, 1744 Augsburg

Wie gefährlich es ist, sich in einer Nacht, die der Wilden Jagd gehört, ins Freie hinaus zu wagen, musste im Jahre 1815 ein braver Bursche aus Garmisch, nämlich der Josef Östler, den seine Freunde „Peterle“ nannten, am eigenen Leib erfahren. Nach einer Hochzeit, die im Fasching beim Gablerwirt im Ort stattgefunden hatte, machte er sich so gegen 23 Uhr auf den Heimweg. Plötzlich, an einer Wegkreuzung, wurde er von einer unwiderstehlichen Gewalt gepackt, hoch in die Lüfte gezogen und mitgerissen. Gleichzeitig war er für seine Gefährten unsichtbar.

„He, Peterle, wo bist du denn?“ schrie einer seiner Freunde, als sie sein Fehlen bemerkten. Doch es kam keine Antwort. Sie suchten die ganze Umgebung, Gräben, Gewässer und andere gefährliche Plätze nach ihm ab, konnten ihn aber nicht finden. Sie konnten sich das geheimnisvolle Verschwinden ihres Freundes nicht mit rechten Dingen erklären. Als der seltsame Vorfall im Dorf bekannt wurde, herrschte großes Rätselraten über das Schicksal des Verschollenen.

Nach zwölf Tagen endlich, als schon niemand mehr damit gerechnet hatte, tauchte der Vermisste wieder in Garmisch auf. Jeder, der ihm begegnete, bestürmte ihn mit Fragen wie:

„Ja, wo kommst du denn her?“

„Wo bist du so lange gewesen?“

„Sag mal, hattest du dich in Luft aufgelöst, weil wir dich nicht gefunden haben, obwohl wir bei der Suche nach dir buchstäblich jeden Stein umgedreht haben?“

Da erzählte Josef Östler der staunenden Menge, dass er an dem bewussten Abend von der Wilden Jagd entführt worden sei. Er habe gleich zu Beginn der schauerlichen Luftfahrt die Besinnung verloren.

„Als ich wieder zu mir kam, war ich auf einmal in der Schweiz, im Engadin, ich weiß nicht, wie. Kein Mensch hat mich verstanden, und ich habe lange gebraucht, bis ich den Leuten dort begreiflich machen konnte, wo ich herkomme und was mir zugestoßen war. Dann haben sie mir den Weg nach Hause gezeigt. Zwölf Tage bin ich gewandert, bis ich endlich wieder hier war!“ schloß er seinen merkwürdigen Bericht.

Niemandem erzählte er Genaueres über seine geheimnisvolle Reise durch die Lüfte, nicht einmal seiner Geliebten. Da er überall geachtet war und als zuverlässig und anständig galt, zweifelte keiner an dieser Geschichte. Bis zu seinem Tod im Jahre 1851 er bewahrte er tiefstes Stillschweigen über alles, was sich auf dieser abenteuerlichen Reise zugetragen hatte; und er nahm sein Geheimnis auch mit ins Grab.

Die Wilderer von Garmisch

Es war in jenen Zeiten, in denen die einfachen Leute im Werdenfelser Land so arm waren, dass sie oft nicht das Nötigste zum Essen hatten, nicht einmal die landauf, landab üblichen Kartoffeln mit Milch. Wen wundert es da, dass manch einer, der viele hungrige Mäuler zu stopfen hatte, in der Nacht sein Gesicht schwärzte und zum Wildern ging.

Es war ganz früh am Weihnachtsmorgen, da hatten sich drei Männer aus Garmisch verabredet, am Rießerkopf, wo einer von ihnen ein paar Tage zuvor einen kapitalen Hirsch ausgemacht hatte, dem Wild aufzulauern und es zu erlegen. Sie hofften, einen guten Braten für das Festessen heimbringen und zudem beim Wirt den Rest der ersehnten Beute verkaufen zu können.

Sie waren bei tiefer Dunkelheit schon an der Lichtung angekommen, auf der sich der Hirsch gewöhnlich zeigte. Und es dauerte nicht lange, da schritt er majestätisch aus dem Gehölz, geradewegs auf die Wilderer zu.

Sofort riss einer von ihnen den Stutzen hoch, zielte und drückte ab. Zu ihrer Verwunderung aber geschah nichts, es war kein Schuss zu hören und der Hirsch ging unbeirrt weiter, als wäre nichts geschehen.

„Schiaß du“, raunte der Schütze dem Freund zu, der neben ihm stand, „ mei G’wehr geht net!“

Da versuchte es der zweite Wilderer. Aber auch bei ihm war weder ein Schuss zu hören noch zeigte der Hirsch Anzeichen einer Verletzung. Nun versuchte es der Dritte, jedoch mit dem gleichen Ergebnis wie die beiden anderen. Der Hirsch aber blieb vor seinen Jägern stehen, starrte sie unverwandt an und war dann mit einmal spurlos verschwunden.

„Des geht net mit rechten Dingen zu!“

„So was hab’ i’ ja no nie erlebt!“

So raunten die Männer einander verdutzt zu und machten sich dann unverrichteter Dinge auf den Heimweg.

„Jetz' will i aber scho' wissen, wos mit mei'm G’wahr los is’“, meinte einer von ihnen plötzlich und schoss in den Schnee. Ein lauter Knall ertönte, es funktionierte einwandfrei. Die anderen taten es ihm nach und auch ihre Waffen waren in Ordnung.

„Na so was“, meinte daraufhin einer von ihnen kopfschüttelnd, „des hoißt woi, dass ma am Christtag nix töten derf!“ Die anderen pflichteten ihm bei und alle gingen still und nachdenklich heim.

Das Bad-Weibl von Garmisch

In Garmisch ließ sich früher in den Tagen des Advents, kurz vor Ostern oder an den hohen Kirchenfesten selbst, ein gespenstisches altes Weiblein sehen, das die Ortsansässigen als „Bad-Weibl“ bezeichneten. Doch ebenso wie das Finzweibl von Krün und das Arzweibl von Mittenwald, so ist auch das Bad-Weibl von Garmisch schon lange nicht mehr zum Vorschein gekommen. Wer weiß, vielleicht hat der Rummel, der heutzutage in den ehemals so stillen Bergdörfern herrscht, diese harmlosen und gutmütigen Kobolde, die immer zu allerlei Schabernack aufgelegt waren, endgültig in ihre Schlupfwinkel zurückgescheucht.

Der ruhelose Bauer auf der Eckenalm

Auf der Eckenalm am Wank ist es nicht geheuer. In bestimmten Nächten hört man dort durchdringende Sägegeräusche, lautes Hacken mit dem Beil oder das krachende Umstürzen eines gefällten Baumes, obwohl kein Mensch weit und breit bei solcher Dunkelheit arbeiten könnte. Dann, so heißt es, ist der Geist eines Bauern am Werk, der einst an einem hochheiligen Sonntag am Eckenberg Holz gemacht hatte, obwohl man an diesem Tag nicht hätte arbeiten dürfen. Darum muss er nun dort oben umgehen, bis er seine Schuld abgebüßt hat.

Das Werdenfelser Grafenfutter

In jenen fernen Tagen, als sich noch ein riesiger See in dem Tal zwischen Eschenlohe und Werdenfels erstreckte, auf dem man mit dem Boot von einem Ort zum anderen fahren konnte, standen in Eschenlohe, in Werdenfels und in Totenanger bei Hammersbach drei wehrhafte Burgen. Sie wurden von drei befreundeten Grafen bewohnt, die ein Schutz- und Trutzbündnis miteinander geschlossen hatten.

Geschah es nun, dass sich Feinde einer der drei Festungen näherten oder sonst eine Gefahr im Verzuge war, so stellte der Bedrohte eine Laterne in das oberste Fenster einer seiner Türme. Die drei Burgen aber lagen so günstig zueinander, dass man mit bloßem Auge von einer zur anderen sehen konnte. Entdeckten nun die beiden anderen Grafen das Lichtzeichen bei ihrem Waffenbruder, so riefen sie ohne zu zögern ihre Leute zusammen und eilten dem Bedrängten zu Hilfe.

Wie die Sage weiter zu berichten weiß, gerieten diese drei Grafen, sei es durch eigene Schuld oder durch missliche Umstände, in bitterste Armut. Ihre Burgen zerfielen und sie besaßen zuletzt so wenig, dass sie nicht einmal genug Futter für ihre Pferde zusammenbringen konnten. In ihrer Not legten sie den nach damaligem Recht leibeigenen Bauern eine neue, sonst nirgends übliche Abgabe auf. Sie verlangten als zusätzliche Steuer den Hafer für ihre Reittiere. Unter dem Namen „Grafenfutter“ war dieser ungewöhnliche Tribut, den allein die Bauern des Werdenfelser Landes leisten mussten, noch bis Mitte des 19. Jahrhunderts bekannt.

Burg Werdenfels, Rekonstruktion – alte Zeichnung von 1929

Die Raubritter im Werdenfelser Land

Etwas anders überliefert der Sagenforscher J. N. Sepp im Jahr 1876 diese Sage: *Eschenloh, Werdenfels und Hammersbach waren drei Burgen, die zur Zeit des Faustrechts den durchziehenden Kaufleuten auflauerten. Sie konnten sich gegenseitig Signale geben und die Züge anmelden.*

Der Geist des Grafen in der Ruine Werdenfels

Die angeblich um das Jahr 1180 auf Anweisung von Herzog Otto I. von Wittelsbach, nach anderen Quellen durch Graf Berthold von Eschenlohe für Graf Otto VII. von Andechs erbaute Burg von Werdenfels (Anmerkung 16), die nördlich von Garmisch auf einem dem Kramerberg vorgelagertem Felsenvorsprung liegt, verfiel etwa ab 1691 zur Ruine.

Der Eibsee –1825 Ausschnitt aus einem Gemälde von C. Rottmann

Dort lebte im 13. Jahrhundert Graf Berchtold II., noch zu Glanzzeiten der Burg. Diesem letzten Spross des altehrwürdigen Adelsgeschlechts ging ein gutes Leben in Saus und Braus über alles. Besonders war er edlen Weinen sehr zugetan.

So kam es, dass er seine Grafschaften Partenkirchen und Mittenwald im Jahr 1294 an Bischof Emicho vom Hochstift Freising zu etwas ungewöhnlichen Bedingungen verkaufte. Dieser musste den Grafen laut Vertrag bis an sein Lebensende kostenlos und reichlich mit Wein aus den Gütern des Hochstifts bei Bozen versorgen; zudem erhielt Berchtold 1000 Silbermark und konnte auf Burg Werdenfels wohnen bleiben.

Wie es heißt, soll er im dortigen Weinkeller berauscht aber friedlich gestorben sein. Der Geist des trunksüchtigen Grafen soll jedoch keine Ruhe gefunden haben und noch immer in der Burg umgehen.

Die unglückliche Gräfin

Zur Zeit der Kreuzzüge musste auch der damalige Graf von Werdenfels mit ins Heilige Land ziehen, weil der Kaiser jeden Ritter brauchte. Dem fiel es besonders schwer, dem Befehl zu folgen, weil er erst kurz mit der schönsten Frau im weiten Umkreis vermählt war. Traurig nahm er von ihr, die Sieglinde hieß, Abschied. Die Aufsicht über seine Burg übergab er einem seiner treusten Gefährten namens Gerold.

Nun verging eine sehr lange Zeit, bis eines Tages ein Bote aus dem Heiligen Land nach Bayern kam und, von Burg zu Burg reitend, schlechte Nachrichten brachte. In einer schrecklichen Schlacht gegen die Sarazenen seien unzählige Ritter gefallen, wer genau, wisse man nicht. Weil nun auch in den kommenden Monaten keinerlei Nachricht mehr von dem Werdenfelser Grafen in die Heimat drang, glaubten alle, der Ritter sei unter den Gefallenen.

Die Gräfin versank in tiefste Schwermut. Gerold aber, der die schöne Frau schon lange heimlich liebte und begehrte, offenbarte sich ihr eines Abends. Sie aber wies ihn entrüstet zurück und erklärte, sie werde immer ihrem Mann treu bleiben.

Da verwandelte sich die Liebe des Verschmähten in bitteren Hass. Als kurze Zeit später der tot geglaubte Graf ganz überraschend gesund und munter wieder in Werdenfels eintraf, verleumdete Gerold die junge Gräfin und behauptete, sie hätte während der Abwesenheit des Burgherrn mit umherziehenden Minnesängern die Ehe gebrochen. Wohl wollte der Graf diese Anschuldigungen zuerst nicht glauben, sein Verwalter aber wusste mit schlauen Worten dessen Eifersucht zu wecken und ins Unermessliche wachsen zu lassen.

Als Sieglinde freudestrahlend ihren Gatten empfangen wollte, verstieß sie dieser mit harten Worten und glaubte ihren flehentlichen Beteuerungen, sie sei ihm immer treu gewesen und habe seine Rückkehr mit Sehnsucht erwartet, nicht. Voller Zorn befahl er, seine Gemahlin in den tiefsten Kerker der Burg zu werfen, dort anzuketten und sie nur bei Wasser und Brot zu halten. Obwohl die übrigen Bediensteten des Grafen, entsetzt darüber, was der Graf der jungen Frau antat, für sie sprachen, hörte dieser in seiner blinden Eifersucht nicht auf sie, sondern vertraute Gerold.

Es dauerte viele Tage, bis er endlich die Zofe der Gräfin vorließ, die seit dem schrecklichen Geschehen verzweifelt versucht hatte, ihren Herrn zu sprechen und immer abgewiesen worden war. Sie, die engste Vertraute der Gräfin, wusste von dem schändlichen Verhalten Gerolds und erzählte dem Grafen die Wahrheit, dass nämlich die Gräfin ihm immer die Treue gehalten, der Burgvogt sie aber hätte verführen wollen, von ihr abgewiesen worden sei und daher versucht habe, sie aus Rache ins Verderben zu stürzen. Sie konnte mit ihren Worten den Grafen, der seine Gattin im Herzen noch immer liebte, überzeugen. Sofort lief dieser in den Kerker hinunter, um seine Frau aus dem Verließ zu befreien. Aber es war zu spät. Sie war, weil sie sich von ihrem Liebsten verraten und verstoßen wusste, an gebrochenem Herzen gestorben.

Seit der Zeit jedoch, so heißt es, geht die unglückliche Gräfin in der Burg, auch noch in der Ruine, um. Manche behaupten, dort aus der Tiefe unter den Steinen verzweifeltes Weinen oder tiefe Seufzer gehört zu haben. Einige haben bei dem Gemäuer oder in der Nähe eine wunderschöne Frau in wallenden weißen Gewändern gesehen, die ihre mit schweren Ketten gefesselten Hände flehentlich erhoben und dabei bitterlich geweint habe. Wenn jemand es wagte sie anzusprechen, verschwand sie jeweils spurlos.

Einmal, so heißt es, habe eine wunderschöne Frau in weißen Gewändern einem kleinen Hüterbuben, der sich verirrt hatte und verzweifelt in den Ruinen herumlief, den Heimweg gezeigt und ihn so lange begleitet, bis er sich selbst wieder auskannte. Dann sei sie plötzlich weg gewesen, der Kleine konnte nicht sagen wohin.

Vielleicht hat die unglückliche Gräfin aber nun doch ihren Frieden gefunden, denn schon lange Zeit hat sie niemand mehr gesehen. (Anmerkung 17)

Geisterbeschwörung im Schloss Werdenfels

Auf Schloss Werdenfels, das schon seit Jahrhunderten nicht mehr bewohnt ist, befindet sich ein unermesslicher Schatz. Jede Nacht, Schlag 12 Uhr, treffen sich dort die Geister der verstorbenen Ritter und feiern festliche Gelage. Nur sie allein wissen, wo in dem verfallenen Gemäuer die Reichtümer versteckt sind.

Die Geschichte von dem unermesslichen Schatz ließ drei Bauern aus Garmisch im 19. Jahrhundert keine Ruhe mehr. Sie beschlossen, ihn zu suchen, denn es schien ihnen eine leichtere Art zu Geld zu kommen, als die, sich Jahr und Tag auf ihren Höfen bei der schweren Landarbeit abzuplagen. Sie taten sich mit einem Abdecker (Anmerkung 18), der im gleichen Ort wohnte und als erfahrener Geisterseher galt, zusammen. Dieser besaß ein kostbares Buch mit uralten Beschwörungsformeln für Geister. Mit deren Hilfe wollten die vier Glücksritter die Überirdischen zwingen, das Geheimnis um den Schatz preiszugeben.

Als sie alle notwendigen Vorbereitungen erledigt hatten, trafen sie sich eines Nachts, kurz vor der Geisterstunde, im Hofraum des Schlosses. Der Abdecker war als erster am verabredeten Ort angekommen und hatte schon einen magischen Kreis gezogen. Betont feierlich führte er seine Gefährten nacheinander hinein und raunte ihnen dabei mit geheimnisvoll gedämpfter Stimme zu:

„Wir müssen uns in den Kreis stellen, dann können uns die Geister nichts anhaben, wenn sie erscheinen. Sie sind nämlich nicht imstande, diese magische Linie zu überschreiten."

Beklommenen Herzens folgten die Bauern seinen Anweisungen und drückten sich in der Mitte zusammen. Der Abdecker aber nahm sein Zauberbuch und begann die Beschwörung so laut vorzulesen, dass es fast schien, als wolle er sich selbst Mut machen.

Lange Zeit geschah nichts, wenn auch die Schatzsucher bei jedem Windhauch, der sie unversehens streifte, oder bei jedem Rascheln zusammenzuckten. Sie wussten nicht, ob sie über den Misserfolg Erleichterung empfinden sollten, weil sie ja dann den Geistern nicht begegnen mussten, oder ob sie sich darüber ärgern sollten, weil ihnen dadurch der Schatz entging.

Der Abdecker hatte schon fast alle möglichen Formen der Geisterbeschwörung angewandt und glaubte bereits selbst nicht mehr an deren Erfolg. Da lösten sich plötzlich aus dem dunklen Torraum, der zum Hof führte, zwei finstere Gestalten. Sie waren nach Art der Jäger gekleidet und gingen langsam, aber zielbewusst auf den Bannkreis zu.

Die vier Männer zuckten zusammen und wagten kaum zu atmen. Reglos, wie Kaninchen vor der Schlange, standen sie da und harrten der Dinge, die da kommen sollten. Die zwei Jäger näherten sich dem Zauberkreis bis auf etwa zwei Fuß (Anmerkung 19), ohne dass auch nur der geringste Laut zu vernehmen war. Dann fragte der größere von ihnen mit einer Stimme, die den Bauern kalte Schauer der Furcht über den Rücken jagte:

„Ihr habt uns gerufen! Was ist euer Begehr?“

Der Abdecker versuchte tapfer das Grauen zu bezwingen, das ihn ebenso wie seine Gefährten befallen hatte. Er nahm all seinen Mut zusammen und brachte das Anliegen vor, das sie an den düsteren Ort geführt hatte:

„Wir, wir da-dachten, ihr kö-könntet uns helfen, den Scha-Schatz im Schloss zu fin-finden.“

Da lachte der Jäger, der gesprochen hatte, laut auf. Geisterhaft hallte es im ganzen Hof wider und tönte wie von tausend Stimmen nach, so dass den Schatzsuchern vor Schrecken das Blut in den Adern gefror.

„Das kann leicht geschehen,“ erwiderte er dann, immer wieder von grauenhaft und hohl klingendem Gelächter geschüttelt. „Aber der alte N. muss vorher aus dem Kreis herauskommen und mit mir gehen. Er ist ohnehin mein, denn er wollte schon dreimal in der Pfarrkirche das Allerheiligste stehlen!“ (Anmerkung 3)

Bei diesen Worten trat der Unheimliche ganz nahe an den Kreis heran und streckte fordernd seine Hand aus. Mit wachsendem Entsetzen hatten die Garmischer seine Rede vernommen. Nun drängten sie sich in Todesangst, wie Schafe vor dem bösen Wolf, in der Mitte des Kreises zusammen. Der Abdecker aber begann, obwohl seine Stimme so zitterte, dass er kaum zu sprechen vermochte, die Beschwörungen wieder rückwärts zu verlesen, um die gerufenen Geister so schnell wie möglich wieder los zu werden. Alle vier wünschten sich nichts mehr, als sich gar nicht erst auf diese gefährliche Sache eingelassen zu haben. Ein Stoßgebet nach dem anderen schickten sie zum Himmel, dass er doch noch einmal ein Einsehen haben solle, den Teufel wieder verschwinden lassen möge und sie aus ihrer schrecklichen Lage erretten möge.

Endlich, es schien ihnen eine Ewigkeit gedauert zu haben, waren die beiden Jäger mit einem Mal wieder verschwunden. Der gräuliche Spuk war vorüber. Kleinlaut, mit zitternden Knien, machten sich die vier Helden auf den Heimweg. Keiner von ihnen aber hat jemals wieder auch nur die geringste Lust verspürt, die Schätze im Werdenfelser Schloss zu heben, mochten die Leute darüber reden, soviel sie wollten.

Die drei Fräulein und der Geisterpudel

In Werdenfels, dort, wo vor Zeiten die Rauchgrafen regierten, ist ein Schatz verborgen, so unermesslich reich, dass sogar ein Kaiser daran genug hätte. Niemand weiß genau, wo er versteckt ist, aber einige seltsame Erscheinungen, die früher in der Gegend von Farchant und Oberau mehrfach beobachtet worden sind, wurden von den Einheimischen mit diesem verschollenen Hort in Verbindung gebracht.

Eingehüllt in das geheimnisvolle Dunkel der Nacht, konnte man damals in der Nähe des Dorfes bisweilen drei eigenartige, irgendwie unwirklich erscheinende Frauengestalten erblicken. Meist wurden sie zwischen drei und vier Uhr nachts, zu einer Stunde also, wo eigentlich jeder brave Bürger schlafend in seinem Bett lag, gesehen. Die Schönste von ihnen trug immer einen Schlüsselbund mit zahlreichen Schlüsseln von jeglicher Art und Größe bei sich. Dicht auf den Fersen folgte ihr ein riesenhafter schwarzer Pudel, dessen unheimliche, wie Kohlen glühenden Augen, alle, die ihn sahen, in Angst und Schrecken versetzten.

„Wer wissen will, wo der Schatz von Werdenfels zu finden ist, der braucht nur die drei Geisterfräulein zu fragen“, munkelten die Leute von Oberau. „Sie sind seine Wächterinnen und sie allein kennen das Versteck!“

Aber bisher hat nie jemand, der ihnen begegnet ist, den Mut aufgebracht, diese Frage zu stellen. Jeder wurde von den wilden, drohenden Blicken des Höllenpudels derart eingeschüchtert, dass ihm die Worte ungesagt im Hals stecken blieben.

Das „Einfüßige Ross“ beim Werdenfelser Schlossberg

Eine seltsame Sage vom Werdenfelser Schlossberg überliefert der Sagenforscher J. N. Sepp 1896. Er schreibt:

Wie mir der Gistel von Uffing erzählt, läuft am Werdenfelser Schlossberg ein Ross auf einem Fuße herum, bald kommt eine Hexe mit einer Mähre am Karren dem Hinaufsteigenden entgegen, bald wälzt sich ein Rad daher. (Anmerkung 20)

Der Geist von Werdenfels und das Liebespaar

In der Ruine Werdenfels und dem Gebiet darum herum ist es nicht geheuer, dort geht der Geist des Grafen Berchtold II. um, so behaupteten jedenfalls früher die Leute. Das musste auch ein junges Liebespaar erleben, als es sich von Farchant aus, wo die beiden auf einem Volksfest gewesen waren, auf den Heimweg nach Oberau, das damals nur Au hieß, machte. Als sie nahe bei der „Steinernen Brücke" angelangt waren, erschien ihnen plötzlich, wie aus dem Nichts auftauchend, der berüchtigte Burggeist. Selten war bisher eine Begegnung mit ihm gut ausgegangen. Gewöhnlich betäubte er seine Opfer mit einem Gifthauch, der von ihm ausging, tötete sie oder schleppte sie in ein Verließ, wo sie elendiglich zugrunde gingen. Er tat den zitternd vor ihm stehenden jungen Leuten aber nichts. Freundlich wünschte er ihnen für die gemeinsame Zukunft Glück und war dann wieder verschwunden, so unvermittelt wie er erschienen war.

Garmisch – Altes Foto von 1890

Gespenstische Erscheinungen an der „Staonan Bruckn“

Die „Staonan Bruckn“ war viele Jahrhunderte lang Grafschaftsgrenze zwischen Werdenfelser- und Unterland (Anmerkung 21). Bei Nacht soll es hier sehr unheimlich sein.

Früher wagten es die Leute nicht, nach dem Gebetläuten noch über diese Brücke zu gehen. Es wurde erzählt, dass sich dann vor solch einem Unerschrockenen plötzlich ein riesiger Schlund öffne und ihn hinab in die Loisach reiße. Ein Mann, der einmal von dem schwarzen Strudel ins tiefe Wasser gewirbelt wurde, konnte sich nur retten, weil er rasch Stoßgebete sprach. Wie es heißt, hat er sich sein ganzes Leben lang nicht mehr in die Nähe dieser Brücke gewagt. Sollte es einem aber doch gelingen, ans andere Ufer zu kommen, so erwartet ihn dort schon ein riesiger feuriger Hund, der ihn in Stücke zerfetzt, oder aber der Werdenfelser Burggeist, der ihn packt, betäubt und ihn in einem verborgenen Keller der Ruine in ein Verließ sperrt und dort verschmachten lässt.

Der Sagenforscher J. N. Sepp schreibt 1876: *In Oberau und Farchant erzählen die Leute alle und behaupten baumfest: wenn man in der Nacht über einen bestimmten Steg gehe, gelle jedermann ein so heller Juschrei (Juhu-Schrei) in die Ohren, dass einem Hören und Sehen vergehen möchte. Einmal gingen Burschen besonders guter Dinge und voll Übermuts vom Wirtshaus zu Oberau auf den Steg zu, den Urheber herauszufordern: da hörten sie dicht neben sich einen so fürchterlichen Schrei, dass sie ohne weiteres nüchtern wurden und ihnen der Spaß verging. Jetzt widerspricht niemand mehr der Rede, weil es die meisten selber erfahren haben.*

Das Irrlicht am Galgenpoint bei Farchant

Einst wollte eine Reisegesellschaft noch am Abend von Murnau nach Garmisch fahren. Als Die Kutsche hatte gerade die „Staonane Bruckn“ bei Oberau überquert und näherte sich nun dem sogenannten „Galgenpoint“, einem unheimlichen Ort, wo im Jahr 1720 als Abschreckung, weil damals so viele Mordbrenner und andere Verbrecher die Bevölkerung in den teils abgelegenen Höfen bedrohten, eine Schandsäule errichtet worden war, auf der stand „Straff der Zigeuner und Rauber“ und die Galgen, Rad und Vorrichtung zum Köpfen hatte, womit die Verurteilungen vollzogen wurden. Einer der Reisenden, ein Kunstmaler, schaute voller Neugier aus dem Fenster und gewahrte an der verrufenen Stelle ein flackerndes kleines Licht, das von nun an die Kutsche begeleitete – manchmal war es stärker, manchmal schwächer, einmal ganz nah, dass man es hätte greifen können, dann wieder weiter entfernt. Nun hatten auch die anderen Leute in der Kutsche die seltsame Erscheinung entdeckt und alle fragte sich voller Furcht, was sie wohl zu bedeuten habe. Da hielt die Kutsche mit einem Ruck an, der Kutscher stieg vom Bock und öffnete die Türe zum Fahrgastraum. Dann erklärte er den Erschrockenen:

Eibsee – Gemälde von J. J. Dorner d. J. 1817

“Brauchts enk net fürcht’n. Des is die arme Seel vo an Mörder, der wo da g’hängt worn is!“

Dann wandte sich der Mann um, rief dem Seelenlicht des Mörders zu, es solle verschwinden und erst seine Sündenstrafen abbüßen, vorher könne es nicht erlöst werden. Da erklang ein erbarmungswürdiges Stöhnen und erfüllte die Luft wie mit Windesbrausen. Im gleichen Augenblick war das Licht nicht mehr zu sehen.

Die Reisenden sprachen erschrocken Gebete für die Arme Seele. Dann fuhren sie weiter und erreichten später ohne weitere Zwischenfälle ihr Ziel. Das gruselige Erlebnis aber konnten sie nie mehr vergessen und eine Frau unter ihnen spendete in der Pfarrkirche sogar noch am gleichen Abend eine Kerze für das Seelenheil des Mörders.

Vom Scheibentreiben in Oberau und Eschenlohe

In Oberau wurde das Scheibentreiben in der Nacht von Ostersamstag auf Ostersonntag oder in der Nacht von Dienstag auf Mittwoch nach Ostern abgehalten. Dort wurde die Scheibe an einem Stock befestigt, ebenfalls am Osterfeuer entzündet und in Richtung Tal vom Berg herab geschleudert. Hier lautete der Spruch wie folgt:

„Scheibm will i treibm
i woas scho, wem i moa
d’... alloa.
Geht’s iar guat
so hot sis’s guat
geht’s iar net guat
wird sie’s net für übel habm.“

Oft wurde auch ein altes Wagenrad genommen, mit Stroh umwickelt, angezündet und mit einem Stoß den Berg hinab getrieben (Anm. 5). Jedes Mädchen übergab dem Burschen, der ihr seine Scheibe gewidmet hatte, zum Dank dafür schöne Ostereier, die sie vorher selbst gefärbt und bemalt oder mit bunten Borten und Bändern verziert hatte. In letzter Zeit leben diese schönen alten Bräuche wieder auf. Bei Eschenlohe befindet sich eine 1363 m hohe Erhebung, die den bezeichnenden Namen „Osterfeuer Berg“ trägt.

König Woaden und seine Tochter

Es ist schon sehr lange her, da war das Tal, in dem Farchant und Eschenlohe liegen, samt den umliegenden Bergen eine Landschaft von geradezu paradiesischer Schönheit. In jenen Zeiten regierte dort ein König mit dem Namen Woaden (Anmerkung 22).

Er war ein mächtiger Herrscher, der über die geheimnisvollen Kräfte der Magie verfügte und zudem das Reich der Berggeister befehligte. Er besaß einen Zauberhammer. Wenn er damit an einen Felsen schlug, öffnete sich das harte Gestein und gab ohne Widerstand Gold- und Silberadern oder anderes wertvolles Material frei. So konnte König Woaden über alle Schätze dieser Berge, auch über die sagenhaften Goldquellen des Heimgarten, von denen bis auf den heutigen Tag noch oft die Rede ist, die aber bisher niemand gefunden hat, verfügen. Wohl hat der Geisterkönig manch einem Menschen aus dem Tal einen Blick auf seine Reichtümer gestattet; doch die meisten wollten die funkelnde Pracht gar nicht sehen, weil ihre Furcht vor dem Zauberhammer größer war als ihre Neugier. Denn gnade Gott dem, der den mächtigen Fürsten durch ein unbedachtes Wort beleidigte! Furchtbar war dann sein Zorn und grausam seine grimmige Rache!

Einst ging ein Bauernbursch aus dem Tal durch die Bergwälder dieser Gegend. Fröhlich pfeifend zog er seines Weges, als ihm plötzlich ein zauberhaft schönes Geschöpf aus dem Halbdunkel der Bäume entgegentrat. Spinnwebfeine Gewänder umflossen die zarte Gestalt, und mit den langen, seidig glänzenden Haaren um das liebliche Angesicht, bot es einen so entzückenden Anblick, dass dem Burschen der Atem stockte. Erst wagte er nicht, das fremde Mädchen anzusprechen, dann aber kam ihm in den Sinn, dass es sich vielleicht im Wald verirrt hatte und seine Hilfe brauchte. Daher fasste er sich ein Herz und sagte:

„Guten Tag, schönes Fräulein, was macht Ihr so allein in dieser Wildnis? Wenn Ihr Euern Weg nach Hause verfehlt habt, so bin ich gerne bereit, Euch heimzubringen.“

Da lächelte die geheimnisvolle Unbekannte, nickte und ging ein Stück des Weges mit dem Bauernsohn. Im Gespräch mit ihm offenbarte sich ihr dessen aufrichtiges, grundehrliches Wesen und sie fand großen Gefallen an dem jungen Mann. Nach einer Weile gab sie sich daher zu erkennen und sagte:

„Du bist so ein guter Mensch, wie ich selten einen getroffen habe. Ich will dich für deine Hilfsbereitschaft belohnen und dich immer bei mir haben. Wisse, ich bin die Tochter von König Woaden und bin eine Fee. Ich bin reicher und mächtiger, als du es dir in deinen kühnsten Träumen vorstellen kannst. Komm auf das Schloss meines Vaters mit mir und lass uns dort miteinander glücklich sein. Ich werde all meinen Reichtum und meine Macht mit dir teilen!“
Der Bursche erschrak zutiefst, als er diese Worte hörte.

Er hatte die Fremde aus reiner Hilfsbereitschaft mitgenommen, ohne an einen Lohn für die Tat zu denken. Das Angebot, das ihm nun von ihr gemacht wurde, wollte er aber auf keinen Fall annehmen, denn er hatte in seinem Dorf eine Braut. Diese liebte er von ganzem Herzen und wollte sie nicht für alle Schätze der Welt lassen, wenn sie auch nicht die berückende Schönheit der Fee besaß. Darum antwortete er ausweichend:

„Ein so schönes und hochgeborenes Fräulein, wie Ihr es seid, und ein armer und ungebildeter Bauer, wie ich, passen nicht zusammen. Es ist deshalb besser, wenn ich meiner Wege ziehe und bleibe, was ich bin.“

Die Fee wollte seinen Widerspruch nicht gelten lassen. Noch nie hatte ihr, der Tochter des mächtigen Geisterkönigs, jemand einen

Wunsch abgeschlagen. Sie glaubte, dass nur falsche Bescheidenheit den jungen Mann so sprechen lasse und sagte leicht verärgert:

„Ich sehe darin kein Hindernis. Du bist klug und wirst schnell lernen, dich wie ein feiner Herr zu benehmen. Ich werde dir dabei helfen. Niemand wird in dir einen Bauern vermuten, du wirst schon sehen."

Da konnte der Bursche nicht mehr anders, er musste ihr den wahren Grund seiner Ablehnung nennen, den er um ihretwillen lieber verschwiegen hätte.

„Edles Fräulein", sprach er, „seid mir nicht gram, weil ich Euer verlockendes Angebot dennoch ausschlage. In meinem Heimatdorf gibt es ein Mädchen, mit dem ich versprochen bin und das ich auch um alle Reichtümer, die Ihr mir bietet, nicht im Stich lassen werde, weil ich es mehr als mein Leben liebe. Lebt wohl!"

Bei diesen Worten machte er eine artige Verbeugung vor der Fee und ging schnellen Schrittes von dannen. Die Tochter Woadens aber war blass geworden wie eine Totenblume. Eine Weile stand sie wie erstarrt, unfähig, sich von der Stelle zu rühren. Dann stieg unmäßiger Zorn, ein Erbe ihres Vaters, in ihr hoch und drohte sie zu ersticken, wenn sie ihm nicht sofort Luft verschaffte. Ihr liebliches Gesicht färbte sich blutrot und verzerrte sich zu einer hässlichen Fratze.

„Elender", schrie sie mit fürchterlicher Stimme dem Enteilenden nach, „wie kannst du es wagen, die Tochter des mächtigen Woaden derart zu beleidigen und ihr eine armselige Dirne aus deinem Dorf vorziehen? Solch eine Schmach werde ich nicht ungerächt hinnehmen. Wehe euch allen, wehe! In dem Land wo ich bin, sollst du mit ihr nicht dein Glück finden!"

Bei diesen Worten reckte die verschmähte Fee ihre Arme hoch in den Himmel und stieß eine schreckliche Verwünschung über das paradiesische Land am Fuß des Berges aus. Da begann es im Boden zu glucksen, und überall sprangen Quellen daraus hervor. Die Bäche schwollen an und traten über die Ufer. Die Weiher dehnten sich aus und überschwemmten das Land. Nicht lange danach bedeckte eine riesige Wasserfläche die einstmals so schöne und fruchtbare Gegend. Äcker, Wiesen und Wälder versanken darin, und nur zwei Hügel ragten noch als Inseln daraus hervor, die seither „Köchel" genannt werden. Dieser See, den die rachsüchtige Tochter Woadens gewünscht hatte, soll später versumpft sein und heute das Moor zwischen Eschenlohe und Murnau bilden.

Prinzregent Luitpold auf der Esterbergalm

Um das Jahr 1900 wollte Prinzregent Luitpold einmal auf der Esterbergalm übernachten, weil er am nächsten Tag ganz früh am Morgen auf Gämsenjagd gehen wollte. Nun war er als Nachfolger des geliebten König Ludwig II. beim Volk nicht beliebt. Viele sahen ihn als mitschuldig am rätselhaften Tod ihres Idols an. Als daher der Bauer, der die Alm bewirtschaftete, von dem Vorhaben erfuhr, verließ er das Haus. Er konnte seinem Regenten zwar nicht die Gastfreundschaft verweigern, wollte ihm aber wenigstens nicht begegnen.

Luitpold brauchte viele Jahre bis ihm die Leute verziehen, dass er Ludwigs Nachfolge angetreten hatte. Dabei war er ein leutseliger und gerechter Herrscher, der die Liebe des Volkes wohl verdient gehabt hätte. Um die Armut der Bergbauern zu lindern, schenkte er beispielsweise jedem Kind in Wallgau ein Sparbuch mit 50 Mark. In späteren Jahren seiner Regierung hatte aber auch er sowohl Achtung wie Liebe seiner Untertanen gewonnen. Die Bürger von Mittenwald widmeten ihm schon drei Jahre nach seinem Tod einen schönen Brunnen in ihrem Ort.

Die unheimliche Hachlerin in Eschenlohe

Die Knepfles- oder Klöpfleinsnacht, die letzte der zwölf Rauhnächte, galt, ebenso wie der Weihnachtsabend oder die Silvesternacht, als ganz besonders gefährlich in Bezug auf die Geisterwelt. Noch einmal durfte in dieser Nacht das wilde Heer sein Unwesen treiben, bevor es wieder am Grund der Hölle angeschmiedet wurde. Und natürlich nützte der wilde Jäger diese letzte Gelegenheit besonders.

Wie an jedem anderen Kirchenfest, so sollte der Mensch auch am Dreikönigstag die Arbeit ruhen lassen und sich wieder auf die wichtigen Dinge des Lebens besinnen. Eine Bäuerin aus Eschenlohe aber achtete dieses Gebot nicht. Zusammen mit zwei Mägden hechelte sie in der Scheune unermüdlich, bis weit in die Nacht hinein, ihren gebrochenen Flachs.

Die drei Frauen waren so in ihre Arbeit vertieft, dass sie die einbrechende Dunkelheit nicht beachteten. Da erklang plötzlich vom Heuboden über ihnen ein eigenartiges, schadenfrohes Gelächter.

„So, so, tut's hacheln? Ha, ha, hacheln?" rief gleich darauf eine Stimme mit drohenden Unterton von dort herab.

Erst waren die drei Frauen vor Schrecken wie gelähmt, dann aber warf die Bäuerin das Flachsbüschel, das sie gerade bearbeitet hatte, so plötzlich aus der Hand, als würde sie sich daran verbrennen. Hals über Kopf rannte sie zur Scheune hinaus. Die beiden Mägde besannen sich nicht lange und folgten ihr auf dem Fuß.

„Was rennt's denn, als war' der Teufel hinter euch her?" fragte der Bauer erstaunt, als die drei ganz atemlos im Haus anlangten.

„Auf'm Boden hockt d' Hachlerin!" stieß die Bäuerin hervor, wobei sie noch immer am ganzen Körper zitterte. „Sie hat uns

’droht! Wer woaß, was sie uns an’tan hät, wenn wir net alles steh’n und lieg’n lassen hätt’n und davong’laufa wär’n! Meiner Lebtag hachle i koan Flachs mehr in der Knepflesnacht!“ versprach sie und war glücklich noch einmal so leichten Kaufes davongekommen zu sein.

Die echte Percht von Eschenlohe

In vielen Gegenden Bayerns und Österreichs ist das „Perchtengehen“ am Dreikönigstag üblich (Anmerkung 23). Dieser alte Brauch reicht bis in die heidnische Vergangenheit unseres Volkes zurück. Frau Percht oder Berchta, eine der mittelhochdeutschen Frau Holle verwandte Sagengestalt, zieht während der 12 Rauhnächte mit ihrem Gefolge durch die Lüfte und bringt den Menschen Segen oder Schaden, wie sie es nach ihrem Verhalten verdienen.

An einem Dreikönigsfest in der Mitte des 19. Jahrhunderts taten sich in Eschenlohe drei junge Burschen zum „Perchtengehen“ zusammen. Sie zogen sich alte Hosen, zerlumpte Hemden und Janker an und stülpten sich Rupfensäcke, in die sie für Mund, Nase und Augen Löcher geschnitten hatten, über die Köpfe. Diesen abschreckenden Aufzug vervollständigte der erste mit einer schweren Kuhkette, der zweite mit einem verrosteten Schürhaken und der dritte mit einem großen Besen. Derartig vermummt zogen sie von Haus zu Haus und riefen mit verstellten Stimmen:

„Is huid de Knepflsnacht,
wo ma anklopft und Tür aufmacht!
Machet auf! Machet auf!“

Diesen fordernden Ruf unterstrichen sie durch lautes Kettengerassel, durch eifriges Scharren mit dem Schürhaken und durch wildes Kehren mit dem Besen. Wie es der Brauch ist, wurden ihnen daraufhin die Häuser geöffnet. Sie erhielten Äpfel, Birnen, Schmalznudeln, Kletzenbrot, Lebkuchen und derlei schmackhafte Gaben mehr. Sie steckten alles in einen großen Sack, den sie zu diesem Zweck mitgebracht hatten.

Sie waren schon fast durch das ganze Dorf gezogen, und der Gabensack hatte bereits ein erfreuliches Gewicht. Die Dämmerung fiel langsam ein, da wollten die drei Burschen nur noch den Gang durch den Ort vollenden und dann nach Hause gehen und ihre Schätze teilen. Es ist nämlich am Dreikönigstag nicht ratsam, sich nach Einbruch der Dunkelheit noch im Freien aufzuhalten. Daher beschleunigten sie ihre Schritte, doch so sehr sie sich auch eilten, es war schon dunkel geworden, als sie endlich am letzten Haus des Dorfes angekommen waren.

Da bemerkten sie plötzlich, zu ihrem großen Schrecken, dass sie nicht mehr drei sondern vier Perchten waren. Ohne dass auch nur einer der Burschen hätte sagen können, wie das geschehen war, hatte sich ihnen eine vierte Gestalt zugesellt. Der Eindringling glich ihnen in Kleidung und Ausstattung so genau, dass keiner, es sei denn von sich selbst, sagen konnte, wer nun Freund oder wer ein vermummter Geist aus Frau Perchtens unheimlichem Gefolge war.

Da warfen die drei verkleideten Burschen in Angst und Schrecken Besen, Schürhaken, Kette und Gabensack fort und suchten schleunigst ihr Heil in der Flucht. Und so schnell sind sie nach diesem gespenstischen Erlebnis nicht wieder „Perchten" gegangen.

Perchten in Eschenlohe – Aus: Illustrierte Chronik der Zeit 1890

Das Gespenst in der Spinnstube in Eschenlohe

Eine alte Frau aus Eschenlohe erzählte Mitte des 19. Jahrhunderts ein seltsames Erlebnis, das ihre Mutter an Dreikönig gehabt hatte. Diese war damals noch eine ganz junge Magd gewesen. Am Abend des Festtages kam sie mit anderen Mägden und Knechten in der Spinnstube zusammen. Und wie es eben ist, wenn junges Volk sich trifft, es wurde gelacht, gescherzt und getanzt. Die Stimmung wurde immer fröhlicher und ausgelassener, niemand gedachte mehr des heiligen Tages. Plötzlich, als es gerade besonders lustig und laut war, öffnete sich die Türe. Auf der Schwelle stand eine große unheimliche Frau. Mit einem Schlag verstummten Singen und Lachen.

„Die Stampa!“ (Anmerkung 24) flüsterten die Mägde erschrocken und drängten sich wie ängstliche Kinder zusammen. Ohne ein Wort zu sagen, schüttete das Gespenst ein großes Tuch voller Spulen in die Spinnstube.

Erst wagte niemand, sich zu bewegen, dann aber fasste eine Magd sich ein Herz und tat, was getan werden musste, um Unheil von allen abzuwenden. Sie hob einige Spulen vom Boden auf und spann um jede von ihnen einen Faden. Da besannen sich auch die anderen und halfen ihr. Als alle Spulen gefüllt waren, legten sie diese zurück auf den Boden. Da öffnete sich wieder die Türe, die „Stampa“ trat ein, holte die Spulen und verschwand.

Nach diesem Ereignis war den jungen Leuten die Lust zum Singen und Tanzen natürlich gründlich vergangen. Kleinlaut schlichen sie nach Hause. Dabei durften sie froh sein, noch einmal so glimpflich davongekommen zu sein! Wer weiß, was ihnen zugestoßen wäre, wenn die eine Magd nicht so geistesgegenwärtig das Richtige getan hätte, und wenn die Spulen leer gewesen wären, als die „Stampa“ zurückkam!

Wie der Herzogstand zu seinem Namen kam

Die bayerischen Herzöge Wilhelm IV. (1508-1550), sowie sein Bruder Ludwig und sein Sohn Albrecht V. liebten die Gegend vom und um den Herzogstand sehr und hielten hier oft und gerne Jagdveranstaltungen ab. Seit jenen Zeiten heißt der Berg im Volksmund „Herzogstand“, obwohl sein eigentlicher Name „Farchenberg“ in den Landkarten noch bis ins frühe 19. Jahrhundert hinein verzeichnet war. Heute heißt er auch offiziell „Herzogstand“.

Eine uralte Eibe mit einem Umfang von dreieinviertel Metern wächst in etwa 900 Metern Höhe am Herzogstand (Anm. 25). Bestimmte Bäume galten früher als heilig, darunter oft auch Eiben (Anmerkung 26), die damals um oder an heiligen Plätzen, an denen kultische Rituale abgehalten wurden, gepflanzt wurden. Noch vor etwa 1000 Jahren, zur Zeit Ottos I., galten strenge Rechte für Bäume. In einem Gesetzestext der damaligen Zeit heißt es: *„Wer einen Baum köpfet, soll derselbig wiederum geköpfet werden“.*

Die einzeln stehende, wohl tausendjährige Eibe am Herzogstand ist innen hohl, wie sehr viele so alte Bäume, und wurde auch schon durch Blitzschlag geschädigt, trotzdem ist sie noch gesund und treibt jedes Jahre neue Zweige.

Die ehrgeizige Herzogin

Anders erzählte Bernhard Baader im Jahr 1851 die Sage von der Entstehung des Namens „Herzogstand“. In jenen Zeiten, als der Berg noch „Farchenberg“ hieß und noch unbezwungen war, wollte eine bayerische Herzogin die erste sein, die seinen Gipfel betrat. Obwohl ihr alle davon abrieten, machte sie sich an das gefährliche Unterfangen. Es gelang ihr und ihren Begleitern zwar, den Gipfel zu erreichen, aber dort brach ein fürchterliches Unwetter los. Ein herabzischender Blitz tötete die Herzogin, wie behauptet wurde, wegen ihres Ehrgeizes und ihrer Eitelkeit.

Seither heißt der Berg „Herzogstand“.

Der Herzog und die schöne Veverl

Einst ließ sich im 16. Jahrhundert Ferdinand, ein Mitglied der bayerischen Herzogsfamilie (nach anderen Berichten Herzog Albrecht V. selbst), von der schönen Tochter eines Fischers namens Genoveva, genannt Veverl, über den Walchensee zu einer Jagdhütte rudern. Dabei verliebte er sich unsterblich in das schöne Mädchen und wollte es wieder treffen. Das Mädchen aber lehnte ab, denn es war mit einem Burschen aus dem Ort, dem Kaspar, dem Ältesten vom Erbhof in der Jachenau, verlobt, der sehr eifersüchtig war. Der Herzog aber gab nicht auf und bat sie, ihm eine Chance zu geben und ihn wenigstens am nächsten Tag auf die Jagd zu begleiten. Zögernd sagte sie zu und erzählte anschließend ihrem Vater davon, der ihr dringend abriet mitzugehen. Über die Väter erfuhr auch der Verlobte Veverls von dem Ansinnen des Herzogs.

Am nächsten Tag ging Veverl mit der Jagdgesellschaft auf den Herzogstand. Als sie dort etwas abseits stehend nachdenklich über das Tal blickte, kam Albrecht heran und versuchte, die Schöne zu umarmen. Erschrocken sprang sie zur Seite und wurde im gleichen Augenblick von einem Schuss tödlich getroffen, der aus dem Gebüsch kam. Als der Herzog und seine Leute nach dem Todesschützen suchten, fanden sie Kaspar, ebenfalls leblos, hinter den Hecken. In dem Augenblick, in dem er die Waffe auf den Herzog abgefeuert und versehentlich seine Braut erschossen hatte, hatte ihn vor Schreck der Schlag getroffen.

Etwas anders überliefert Willibald Schmidt diese Geschichte:

Einmal wurde ein vornehmer Herr, der zur Jagd in die Berge am Walchensee gekommen war, von der schönen Vevi übergesetzt und entbrannte in Liebe zu ihr. Von da an kam er öfter und wollte sich heimlich mit ihr trauen lassen, obwohl er ein Herzogssohn war. Auf einem Pirschgang begegnete der junge Erbhofer den zweien. In wilder Eifersucht schoss er seine Braut und den Herzog nieder. Er selber ging in den See.

An der Stelle, wo Kaspar das Mädchen erschossen hatte, soll sich lange Zeit ein Gedenkstein befunden haben; auch soll es in Urfarn früher eine Herberge mit dem Namen "Zur schönen Genoveva" gegeben haben.

Die Goldquelle im Heimgarten

Der Heimgarten, der, wie sein Name sagt, früher von den Leuten aus seiner Umgebung als Treffpunkt benützt wurde, um Hochzeiten und Erbschaften oder Verträge auszuhandeln und um zu besprechen, was sie sonst irgendwie bewegte, galt seit jeher als ein Schatzberg, in dessen Innerem ganz besondere Reichtümer auf ihre Entdeckung warten. Es heißt, dass sich ergiebige Goldadern durch den ganzen Berg ziehen. Diese sollen in früheren Tagen, als man ihre Lage noch genau kannte, sogar in Bergwerken abgebaut worden sein, die aber heute ganz verfallen und verschüttet sind. Sogar eine Goldquelle soll es gegeben haben, die heute leider nicht mehr zu finden ist. J. N. Sepp beschrieb sie 1876 so:

Auf halbem Wege nach der Höhe des Heimgarten steht eine ermauerte Almhütte, hundert Schritte davon ergibt sich ein tiefes Loch, in welches sich durch eine Bleiröhre besagte Quelle ergoss, die Goldsand mit sich führte, ein Seiher fing das Gold in der Größe von Gerstenkörnern auf.

Die nahe bei der Kaseralm gelegene Goldquelle soll im 18. Jahrhundert dem Schlehdorfer Propst Leonhard bekannt gewesen und von ihm ausgebeutet worden sein, wie es heißt zur Beschaffung der Monstranz aus reinem Gold für die Schlehdorfer Klosterkirche.

Die Schatzgräber auf der Kaseralm

Einmal traf ein sehr armer Bauer, er hieß Joseph Hägle, auf dem Friedhof ein seltsames Männlein, das behauptete, zu wissen, wo der Schatz am Heimgarten verborgen sei, und das mit ihm auf die Kaseralm gehen wolle, um ihm das Versteck zu zeigen.

„Du bist ein armer Schlucker, aber ein rechtschaffener Mann, darum will ich dir helfen“, sagte es zu ihm.

Es war mitten im tiefsten Winter, doch der Hägle ging mit dem Männlein noch am gleichen Abend auf die Alm. Um Mitternacht sprang plötzlich die Türe der Hütte, in der sie Unterschlupf gesucht hatten, auf, und ein Fremder in Jägerkleidung begehrte Einlass. Entsetzt wich der Bauer vor dem Unheimlichen zurück; der Eindringling aber schleuderte Pickel und Schaufel gegen die Wand, dass die Funken nur so sprühten. Das Männlein beruhigte den zu Tode erschrockenen Bauern, der schon fliehen wollte, und bewog ihn, zu bleiben. Am nächsten Tag zeigte es ihm die Stelle, wo der Schatz sein sollte. Dann verschwand das seltsame Männlein spurlos.

Der Hägle sah sich den Ort genau an und merkte ihn sich an verschiedenen Bäumen oder markanten Felsvorsprüngen, denn er konnte nicht mit dem Graben beginnen, weil der Boden gefroren und mit Schnee bedeckt war. Im nächsten Frühjahr stieg er mit seinen Freunden, dem Velhäusl aus Heilbrunn und einem Zimmermann aus Wackersberg, wieder zur Kaseralm hinauf. Die drei gruben im Schweiße ihres Angesichts viele, viele Wochen lang einen etwa 50 Klafter tiefen Stollen, aber sie fanden nichts.

Immer wieder, so heißt es, hätten sie Visionen gehabt, die sie zum Weiterarbeiten ermutigten; beispielsweise sah einmal einer von ihnen vor seinem geistigen Auge die Schatzkiste oder ein anderer einen geheimnisvollen Abt, der ihrem Vorhaben Erfolg verhieß und sie so von der Aufgabe ihres Vorhabens abhielt. Sie fanden aber nichts, nur sog. Katzengold (Schwefelkies). Da zeigten sie ihren Fund dem Apotheker von Benediktbeuern und der meinte:

„Macht nur weiter, hinter Katzengold stößt man oftmals auf richtiges Gold."

Aber es war nicht so. Sie fanden nichts. Zuletzt kamen die drei Goldsucher, die nur noch verbissen gruben und keiner anderen Arbeit mehr nachgingen, an den Bettelstab. Das Gewerbe des Zimmermannes aus Wackersberg ging völlig zugrunde, weil er sich so lange nicht darum gekümmert, sondern nur gegraben hatte. Die beiden anderen, so heißt es, seien sogar dermaßen in Armut geraten, dass sie schließlich verhungert seien.

In den Tagen nach dem 2. Weltkrieg suchte sogar ein Sonderkommando der US-Armee nach den Schätzen im Heimgarten. Sie vermuteten, Hitler hätte hier einen Teil seines Reichsschatzes vergraben, weil vor dem Kriegsende einige SS-Mitglieder hier beobachtet worden waren. Auch sie fanden nichts.

Der Schatz des Ritters von Weichs

Außer Gold soll der Heimgarten aber auch noch andere Schätze in seinem geheimnisvollen Inneren verbergen.

Vor langer, langer Zeit geschah es nämlich einmal, dass ein Ritter, der Herr von Weichs, auf seinem Schlosse bei Ohlstadt während der Hunnenkriege in arge Bedrängnis geriet. Als seine Lage aussichtslos wurde, lud er, um es nicht in die Hände seiner Feinde fallen zu lassen, heimlich sein wertvollstes Hab und Gut auf dreißig Maultiere. Er brachte alles in eine nur ihm bekannte Höhle in den Felsen des Heimgartens und tarnte das Versteck so geschickt, dass niemand, der die Stelle nicht genau wusste, imstande war, es wieder zu finden. Um selbst den Ort wieder zu erkennen, ließ er in einige Felsen, die den Zugang versperrten, ein „V" einschlagen.

Anschließend zog er mit seinen Kriegsknechten nach Italien und wollte erst wieder zurückkehren, wenn die Hunnen aus seinem Heimatland vertrieben wären. Er wurde aber von einer Räuberbande überfallen und mit all seinen Leuten ermordet. So konnte der Herr von Weichs seine Schätze nicht mehr holen, und mit ihm starb die Kenntnis von dem Platz, wo sie verborgen sind. Wohl hat einmal ein armes altes Weiblein auf dem Berg ein paar Goldstücke neben einem Felsen, auf dem ein verwittertes „V" eingraviert war, gefunden, konnte die Stelle aber nicht mehr genau beschreiben. Auch einige Jäger oder Wurzelgräber wollen oben in den Felshängen das „V" gesehen haben, kamen aber nie an den Schatz heran.

So ruhen die Reichtümer des Herrn von Weichs noch heute im Inneren des Berges, der das Geheimnis um sie nicht preisgibt.

Die verwunschenen Ritter im Heimgarten

Einige Ritter und Edelleute aus dem Werdenfelser Land hatten zu Lebzeiten schwere Schuld auf sich geladen, konnten dafür aber von irdischen Richtern nicht zur Rechenschaft gezogen werden. Zur Strafe wurden sie daher nach ihrem Tod ins Innere des Heimgarten verbannt und müssen dort umgehen, bis sie ihre Sünden abgebüßt haben. Doch anscheinend büßen die Ritter nicht immer im Berg. Oftmals hört man aus den unterirdischen Gängen und Gewölben wildes Gelächter wie bei einem Trinkgelage oder das Rollen von schweren Kugeln und das Fallen von riesigen Kegeln wie bei einem Kegelspiel.

Die drei Jungfrauen von Schlehdorf

„*Seit undenklichen Zeiten, sagt das Schlehdorfer Salbuch, werden am Kirchberg zu Schlehdorf die drei heiligen Jungfrauen Ainbett, Walbet und Vilbet aus St. Ursula Gesellschaft verehrt* (Anm. 27)"
So schreibt der Sagenforscher Friedrich Panzer im Jahre 1848.

Die drei Jungfrauen sollen ein kleines Kloster auf dem Kirchberg, einer Felsspitze, die heute eingeebnet ist, erbaut haben, von dem aus sie ihre frommen, Gott gefälligen Werke verrichteten. Sie pflegten die Kranken, gaben den Hungernden zu essen und nahmen sich, soweit es in ihren Kräften stand, aller Nöte ihrer Mitmenschen an. Zum Dank dafür bewahrte ihnen die Bevölkerung ein liebevolles Angedenken.

Das Kloster hat dreimal seinen Platz gewechselt, der älteste Bau stand auf der Eichelspitz, einer Landzunge, die später vom Kochelsee verschlungen wurde; die zweite Anlage war an der Stelle des jetzigen Wirtshauses, das dritte Kloster hat die Aufhebung (Säkularisation) *überlebt.* So schreibt der Sagenforscher Sepp im Jahre 1876.

Kloster Schlehdorf – Stich von Wening um 1700

Die eigentliche Verehrung der drei Jungfrauen ist aber vermutlich erst um die Mitte des 14. Jahrhunderts aufgekommen, als ein schreckliches Erdbeben, gefolgt von einer verheerenden Pestepidemie, Oberbayern heimsuchte und die Menschen in Unglück und Elend stürzte. In dieser Zeit wurden nächtliche Bitt-Prozessionen zum Schlehdorfer Kloster abgehalten:

Man ging früher, wenn der Sterb regierte, Nachts mit brennenden Lichtern in Prozession zum Kirchberg und schleppte Kreuze zu ihrer

Hügelkapelle, die ganz von Wasser umflossen war... Das Fest der hl. Vilpet fällt nach vordenklichem Herkommen auf 16. Sept. in die Zeit der Erntefeier. Diese Seegegend war offenbar ein Hauptsitz ihres Dienstes, das ursprüngliche Heiligthum am Büßerbichl (wurde vom Kochelsee verschlungen) *reicht noch ins Heidenthum hinauf, das am Kirchberg behauptete sich als christlich.* J. N. Sepp

Einige der großen hierher getragenen Kerzen sollen noch heute erhalten sein.

Ainbett, Walbet und Vilbet wurden auch zu richtigen Sagengestalten. So behaupteten viele Leute, den drei Jungfrauen noch nach deren Tod begegnet zu sein. Sie sollen wunderschön anzuschauen gewesen sein, zwei ganz in Weiß gekleidet, die dritte weiß mit einem schwarzen Schleier. Ein kleines Hündchen soll sie immer begleitet haben. Im Volke munkelte man, die drei Schwestern würden ihren Schatz, eine reiche Goldader in den Bergen, die ihnen zu Lebzeiten gehört hatte, bewachen. Die Goldader war während eines Krieges zugeschüttet worden, um sie nicht in Feindeshand fallen zu lassen. Als man sie später wieder öffnen wollte, konnte man die Stelle nicht mehr finden. So blieb sie bis auf den heutigen Tag verschollen.

Man erzählte auch, dass diese geheimnisvollen Fräulein einst ein Seil von ihrer Kapelle auf dem Kirchberg bis zur Fesch bei Ohlstadt, einem etwa eine Stunde entfernten, hochgelegenen Felsen, gespannt hätten. Warum? Für dieses rätselhafte Tun hat bisher niemand eine rechte Erklärung geben können. Das Bild mit den drei Heiligen steht heute in der Klosterkirche St. Tertulin.

Schwester Palmeria vom Schlehdorfer Kloster meint, dass der Kult um die drei heiligen Frauen schon viel älter ist als die Ursula-Legende (453 starb die Selige in Köln den Märtyrertod) und noch bis in heidnische Zeiten zurück reicht. Sie vermutet, dass damals hier drei keltische Göttinnen verehrt wurden (Anmerkung 28).

Das Goldbrünnlein am Röthelstein

In Vollmondnächten zur Geisterstunde fließt, so heißt es in alten Überlieferungen, vom Röthelstein unterm Heimgarten ein Goldbrünnlein. Die Mönche von Schlehdorf wussten darum und hatten daher immer Geld, auch für die kostbare Monstranz in ihrer Kirche, die, wie jeder wusste, aus purem Gold war. Wann immer sie

Geld brauchten, holten sie es vom Goldbrünnlein, verrieten aber den Bauern den Platz nicht.

Ein Mann aus Unterau und sein Freund, ein Bauer aus Weil, waren in Not geraten, weil sie die Arbeit scheuten und den ganzen Tag im Wirtshaus hockten und Bier tranken. Da kam einer von ihnen auf den Einfall, das Goldbrünnlein am Röthelstein zu suchen.

„Was die Pfaffen können, das können wir auch!“ meinte der Unterauer. Beim nächsten Vollmond nahm jeder von ihnen ein kleines Fässchen, dann stiegen sie gemeinsam zur Röthelwand hinauf und suchten nach der Goldquelle. Plötzlich packte einer den anderen ganz aufgeregt am Arm und flüsterte:

„Da, schau!“ Da sah auch der andere ein schmales goldenes Rinnsal aus dem Felsen laufen. Voller Freude hielten beide ihre Pitschen darunter, bis sie bis obenhin voll waren und kehrten dann strahlend vor Glück ins Tal zurück. „Jetzt brauchen wir nicht mehr zu arbeiten und haben doch immer Geld!“ jubelte der Weiler.

„Jetzt kommt endlich auch für uns einmal eine gute Zeit!“ meinte der Unterauer. „Nun kann mein Weib nicht mehr zetern, dass ich Haus und Hof vertrinke!“

Aber als sie daheim angelangt waren und ihren Frauen ganz aufgeregt ihre voll gefüllten Fässchen zeigten, war nur ganz gewöhnliches Wasser darin. Voller Enttäuschung meinten die Männer, dass ihr Vorhaben deshalb missglückt sei, weil sie die geweihten Sprüche, die nur die Mönche kannten, nicht gewusst hätten.

Wie es heißt, ist seither aber das Goldbrünnlein für immer versiegt, weil „Unberufene“ daraus geschöpft hatten. Auch die Schlehdorfer Klosterherren konnten sich seiner nicht mehr bedienen und wurden schließlich so arm, dass sie nicht einmal die Türme der Kirche fertig bauen konnten.

Die Rote Wand bei Schlehdorf

Die Venediger (Anmerkungen 1 u. 2) sollen bei Schlehdorf von der Roten Wand ganze Säcke voll schwarzem Sand fortgeschafft haben. Warum schwarzen Sand und nicht Gold? Das weiß keiner; es wurde aber vermutet, dass sie mit Hilfe ihrer alchimistischen Künste in der Lage waren, diesen in das begehrte Metall zu verwandeln.

Warum die Schweden Großweil verschonten

Zur Zeit des Dreißigjährigen Krieges, fürchtete sich die Bevölkerung Bayerns mit Recht sehr vor den Übergriffen der feindlichen Soldaten. Als die Einwohner von Großweil im Jahre 1632 erfuhren, dass die Schweden sich ihrem Ort zu näherten, gerieten sie in Angst und Schrecken.

Die Tochter des Wirts aber, die Anastasia hieß und eine sehr hübsche Frau war, kleidete sich besonders schön in ihr Sonntagsgewand, nahm einen Korb voll frischer Brezeln und einen Humpen mit Bier und stellte sich an die Loisachbrücke, über welche die Feinde kommen mussten, wenn sie in Dorf wollten.

Als die Schweden, angeführt von einem bärtigen Hauptmann, über die Brücke heranmarschiert kamen, stellte sie sich ihnen in den Weg, reichte dem Anführer den Humpen Bier und die Brezeln und bat, obwohl ihre Stimme vor Angst fast zu versagen drohte:

„Bitte, verschont unser Dorf."

Der Hauptmann, von diesem freundlichen Empfang sehr angenehm überrascht, gab daraufhin sein Ehrenwort, dass Großweil und die umliegenden Dörfer nicht niedergebrannt werden sollten, wie es sonst üblich war.

Aber ohne Beute wollten die Schweden dennoch den Ort nicht verlassen. Darum befahl der Hauptmann, als er mit seinen Leuten im Wirtshaus Quartier genommen hatte, dass der reichste Mann der Gegend zu ihm gebracht werden sollte. Der Schusterbauer aus Unterau wurde daraufhin von den Schweden gefangen gesetzt und in einem Zimmer eingesperrt.

In der Nacht aber, als die Besatzer völlig betrunken im Gasthaus herumlagen, gelang ihm die Flucht.

Als die Schweden dies am nächsten Morgen bemerkten, gerieten sie in fürchterliche Wut und verdächtigten die Wirtstochter „Stasi" ihm heimlich aufgesperrt zu haben. Sie konnte ihre Unschuld beteuern, so oft sie wollte, ihr wurde kein Glaube geschenkt, denn nur ihr traute man den Mut für diese Tat zu. Man brachte sie nach München und richtete sie noch am gleichen Tag hin.

Die Erinnerung an die mutige Tat der jungen Frau ist in Großweil noch immer lebendig. Am Gasthaus zur Loisach heißt ein Weg. gleich neben der Schwedengasse, noch heute „Wirtsstasl-Steig".

Schlehdorf am Kochelsee – Ausschnitt aus Gemälde v. H. Bürkel

Die verhexten Kühe in Großweil

Eine seltsame Geschichte, die sich im Jahre 1851 zugetragen haben soll, überliefert Willibald Schmidt:

In Großweil bei Schlehdorf kriegte ein Bauer auf einmal das Unglück in den Stall. Allzeit hatte er sein Vieh gut gehalten und jetzt gaben ihm die Kühe bloß mehr stinkende Milch. Kein Wunder, dass er da auf den Gedanken kam, jemand müsse es ihm angetan haben. Er hatte es auf seine Schwägerin, die schon lang einen Zorn gegen ihn trug und die man erst vor ein paar Tagen im Stall gesehen hatte. Der Bauer wusste einen, der gegen das Hexen helfen konnte, den Schmied von Kohlgrub. Dem ließ er Botschaft tun, er möchte bei ihm zusprechen. Der Schmied kam auch, hörte sich's an, aber er wollte die Sache gar nicht gern anpacken. Am Ende steckte er einen Holzspan in eine Ritze im Stall und sagte:

„Bleib heut Nacht mit deinen Leuten auf. Wenn es recht zugeht im Haus, braucht ihr euch nicht zu fürchten. Morgen kommt die Hex auf den Hof."

In der Nacht gab es ein fürchterliches Lärmen, bald war es oben auf dem Dachboden, bald im Keller, nachher wieder auf den Stiegen. Am andern Tag in der Früh erschien die Schwägerin. Sie schimpfte und lästerte auf den Bauern, aber im Stall fehlte von da an nichts mehr.

Der unterirdische Gang bei der Schaumburg

Sepp S. 340 f. schreibt über einen unterirdischen Gang zur Schaumburg:

Ein schauerlicher Felsgang führt von der sagenreichen Scoymburg bei Ohlstadt unter der Teufelsgrube weg bis Weichs.

Vom Raubritter Schneeberger auf der Schaumburg

Einer der Raubritter, die in früheren Zeiten im Werdenfelser Land ihr Unwesen trieben, war der berüchtigte Ritter Schneeberger, der sich mit seinen Raub- und Mordgesellen auf der Schaumburg bei Ohlstadt versteckt hielt und ringsum Angst und Schrecken verbreitete und die Kaufleute, die den Weg zwischen Murnau und Eschenlohe nahmen, überfiel.

Den Murnauer Bürgern aber gelang es nach mehreren vergeblichen Versuchen endlich des Ritters und sechs seiner Kumpane habhaft zu werden und sie in der Fronfeste gefangen zu setzen. Nachdem sie verurteilt worden waren, wurden alle – der damaligen Gesetzeslage entsprechend – für ihre Verbrechen geköpft. In einer alten Schrift steht darüber zu lesen:

Item sei auch mehr wissend das die von Murnaw des reichs veint gevangen haben genannt der Schneeberg selb siebender zwischen Aw vnd Eschenloch und geführt gen Murnaw in frohnvest vnd da zu Murnaw über sie all sieben recht ergehn lassen und gericht mit dem Schwert.

Der Geist auf der Skorzenburg bei Ohlstadt

Vor mehreren hundert Jahren erhob sich auf einem Felsen in der Nähe von Ohlstadt eine stolze, wehrhafte Fest, Skorzenburg (Anmerkung 31) geheißen. Sie wurde von einem grimmigen alten Ritter bewohnt. In kriegerischen Zeiten geriet er einmal aus einem Grund, den niemand mehr zu sagen weiß, mit den Münchnern in Streit. Die Städter zogen vor die Burg, schlossen sie ein und drohten dem Ritter mit ihrer Zerstörung, wenn er in jener Angelegenheit nicht nachgeben wolle.

Der alte Burgherr aber hatte einen eisenharten Schädel. Er blieb hartnäckig und weigerte sich die Fehde zu beenden. Nun waren ihm aber die Münchner zahlenmäßig weit überlegen und erstürmten nach langen, schweren Kämpfen schließlich die Burg. In ihrem Grimm über den erbitterten Widerstand, den ihnen deren Herr geleistet hatte, hausten sie dort wie die Vandalen. Kein Stein des stolzen Bauwerkes blieb auf dem anderen, und es zerfiel in Schutt und Asche. Der Burgherr selbst musste in dem letzten Gefecht sein Leben lassen.

Viele, viele Jahre sind seither verstrichen, aber von da an war es auf dem Felsen bei der Ruine nicht mehr geheuer. Man munkelte, der alte Ritter könne keine Ruhe finden, weil er eines gewaltsamen, unversöhnten Todes gestorben sei. Er müsse nun als Geist an der Stelle umgehen, wo einst seine schöne Burg gestanden habe.

Einmal, es mag schon etwa einhundertsiebzig Jahre her sein, arbeitete ein Holzknecht namens Rautner in der Nähe der Ruine. Als es Mittag wurde, wickelte er seine Brotzeit aus und machte es sich auf ein paar Mauerresten der Skorzenburg bequem, weil man von dort einen herrlichen Blick über die ganze Ohlstadter Gegend hatte. Wie er so dasaß, die Aussicht genoss und es sich wohl sein ließ, vernahm er mit einem Mal leise Schritte hinter sich. Erschrocken fuhr er herum, denn er hatte wohl von dem Gespenst gehört, das hier oben umgehen sollte, wenn er auch nie so recht an die Geschichte geglaubt hatte und sie bisher immer als „Altweibergewäsch“ abgetan hatte.

„Vielleicht ist doch etwas an dem Gerede vom Burggeist“, schoss es ihm durch den Sinn. Doch dann lachte er laut über sich und seine Furchtsamkeit, als er in dem Ankömmling einen seiner Freunde erkannte.

„Ja Anderl, was schleichst du denn da heroben herum wie der Burggeist persönlich! Meinst vielleicht gar, du findest hier ein Gamserl?"

Mit diesen Worten spielte er neckend darauf an, dass sein Freund ein berüchtigter Wilderer war, den man überall bezeichnenderweise nur den „Gamsanderl" nannte.

„Nein, Rautner", antwortete der andere und starrte düster vor sich hin, „ich jage heute nicht! Ich jage überhaupt nicht mehr!"

Und er warf seine Büchse zu Boden und setzte sich neben den Freund. „So geht's nicht weiter", fuhr er dann fort, „das ist kein Leben mehr. Schau, ich werde ärger gehetzt und unerbittlicher verfolgt als ein Stück Wild. Ich gebe auf. Ich muss eben versuchen, mich auf andere Weise durchs Leben zu schlagen."

„Aber was willst du denn machen", fragte der Rautner betroffen, „du bist doch so arm wie eine Kirchenmaus und hast nichts gelernt?"

Da zog ihn der Anderl zur Seite, blickte forschend um sich und vergewisserte sich sorgfältig davon, dass sie von keiner Menschenseele belauscht werden konnten. Dann flüsterte er mit vor Aufregung ganz heiserer Stimme:

„Ich weiß einen Platz, wo ein ungeheurer Schatz verborgen liegt. Wenn du mir behilflich bist, können wir ihn holen. Dann haben wir ausgesorgt für unser ganzes Leben!"

„Was, einen Schatz hast du gefunden!" wiederholte der Rautner ganz ehrfürchtig. „Du bist schon ein Teufelskerl!" Bei dem Gedanken, bald ein reicher Mann zu sein, leuchteten seine Augen freudig auf.

„Aber warum hebst du ihn nicht alleine, du musst ihn ja sonst mit mir teilen?" fragte er, weil er noch nicht so recht an das Glück glauben konnte, das ihm da so unverhofft in den Schoß fiel.

„Es ist mehr als genug da für uns beide", erklärte der Wilderer, „und alleine kann ich den Schatz nicht heben. Er liegt tief unten in der Skorzenburg. Ich habe ihn entdeckt, als mir die Jäger einmal ganz dicht auf den Fersen waren. Da bin ich in die Ruine gelaufen und immer weiter und tiefer hinabgestiegen, aus lauter Angst, sie könnten mich sonst doch noch erwischen. Da habe ich dann auf einmal unter einer alten, verrosteten Eisentüre den Schatz durchblitzen sehen. Ich habe schon versucht, das Hindernis zu beseitigen, aber ich habe es nicht geschafft. Du bist bärenstark. Wenn du mir mit deiner Axt helfen willst, dann muss es uns gelingen, die Türe zu öffnen."

„Und ob ich will!" lachte der Rautner und schlug kräftig in die ausgestreckte Hand des Freundes. Dann machten sich die beiden ohne viel weitere Worte an ihr Werk. Der Wilderer ging voraus zu einer Stelle der Burg, die ganz von Gras und niedrigem Gesträuch überwuchert war. Mit dem Kolben seines Gewehres schob er das störende Gestrüpp beiseite und zeigte dem staunenden Holzknecht darunter ein schwarzes Loch, das tief in den Berg hineinzuführen schien.

„Komm!" befahl er leise und zwängte sich durch die schmale Öffnung. Sein Gefährte folgte ihm zögernd, konnte sich aber eines eigenartig unguten Gefühles nicht erwehren, das ihn dabei beschlich. Vorsichtig tasteten sie sich im Halbdunkel weiter, räumten zerstörte Mauerreste und Geröllbrocken aus dem Weg und gelangten so an eine halb verfallene Steintreppe.

„Hier müssen wir hinunter", erklärte der Anderl mit gedämpfter Stimme. Auch ihm war nicht recht wohl zumute, als er die abgetretenen, teilweise fast völlig herausgebrochenen Stufen betrachtete.

„Sei bloß vorsichtig!" mahnte er den Freund.

Schritt für Schritt stiegen sie tiefer. Beide waren jetzt sehr still. Was ihnen draußen, im strahlenden Sonnenlicht, so einfach erschienen war, kam ihnen nun nicht mehr so leicht und gefahrlos vor. Eine unbestimmte Furcht hatte sich in ihren Herzen eingenistet, und obwohl sie eigentlich nicht an die Geschichte von dem Burggespenst glaubten, wären sie doch keineswegs erstaunt gewesen, plötzlich seinem schaurigen Gerippe zu begegnen, ja, sie erwarteten es geradezu. Doch nichts geschah.

Nach einer Weile gelangten sie in eine große Kammer. Sie war, wie sie in dem dürftigen Licht, das durch die Eingangsspalte fiel, erkennen konnten, roh aus dem Felsen herausgehauen und ohne jede Verzierung. Sie wirkte wie ein Gefängnis.

„Jetzt sind wir gleich am Ziel", flüsterte der Wilderer aufgeregt und zündete eine Wachskerze an, die er vorsorglich mitgebracht hatte. In ihrem Schein erblickten sie am anderen Ende des Raumes eine schwere Türe aus Eisen, deren Beschläge schon ganz verrostet waren.

„Dahinter liegt der Schatz des Burgherrn", erklärte der Gamsanderl leise, „siehst du, wie er unten durch die Ritze durchblitzt? Rautner, komm, bald sind wir reiche Leute!"

Bei diesen Worten nahm er die Axt und zwängte sie zwischen Türe und Türstock.

„Pack mit an“, keuchte er vor Anstrengung, „wir müssen sie aufstemmen!“

Doch gleich darauf machte er einen weiten Satz zurück und wurde leichenblass. Gleichsam als Antwort auf sein ungeduldiges Werken an der Türe ertönte nämlich plötzlich eine dumpfe Stimme aus dem verschlossenen Raum: „Gleich! Gleich!“

Da warteten die Schatzgräber nicht mehr ab, was hinter der Türe zum Vorschein kommen würde. In wildem Schrecken stürzten sie davon, hasteten so schnell es ging die verfallene Stiege hinauf, stolperten den Felsengang entlang und drängten sich durch das enge Loch ins Freie. Aufatmend warfen sie sich dort ins Gras. In der namenlosen Angst, von der sie erfasst worden waren, hatten sie Axt und Gewehr unten in der Felsenkammer liegen gelassen. Doch um nichts in der Welt wären sie nochmals hinunter gestiegen.

„Noch nie in meinem Leben habe ich eine so fürchterliche Stimme gehört“, stammelte der Anderl nach einiger Zeit. Allein bei der Erinnerung daran schüttelte es ihn. „Sie hat so dumpf und grauenvoll geklungen, als käme sie geradewegs aus einem Grab!“

„Aber was redest du da“, wunderte sich der Rautner, „ich bin zwar auch erschrocken wie nie zuvor im Leben, aber die Stimme kam mir ganz klar und hell vor!“

Da schauten sich die beiden bestürzt an und erinnerten sich an das, was sich die Leute im Ort von dem Geist auf der Skorzenburg erzählten. Er sollte demjenigen, der seine Stimme dumpf und tief hörte, schlimmes Unglück ankündigen, demjenigen aber, der sie klar und hell vernahm, Glück für die Zukunft verheißen. Betroffen und ganz nachdenklich verließen die zwei Freunde den unheimlichen Ort. Für den Gamsanderl aber war das grausige Erlebnis eine schlechte Voraussage gewesen, die sich bald erfüllen sollte.

„Gleich! Gleich!“ hatte ihm die Geisterstimme gedroht, und schon am nächsten Tag wurde er von den Jägern, die ihm lange aufgelauert hatten, gestellt. In wilder Flucht suchte er ihnen zu entkommen und sprang, weil er keinen anderen Ausweg mehr sah, über einen breiten Abgrund. Sei es, dass er den Sprung zu kurz bemessen hatte, sei es, dass er nicht mehr genügend Kraft besessen hatte, jedenfalls erreichte er die rettende Gegenseite nicht, sondern stürzte vor den Augen seiner entsetzten Verfolger mehrere hundert

Jäger – L. Quaglio um 1830 (Bildausschnitt)

Meter in die schauerliche Tiefe hinab. Man hat den Unglücklichen nie gefunden und kein Mensch hat je wieder etwas von ihm gehört.

Der Holzknecht Rautner aber blieb ein bescheidener, ehrlicher Mann, sein Lebtag lang. Seit dem Erlebnis mit dem Anderl auf der Skorzenburg aber glaubte er felsenfest an das Vorhandensein des Gespenstes dort. Auch Leute, die meinten, es besser zu wissen, konnten ihn nicht von seiner Überzeugung abbringen. Als sehr alter Mann erzählte er dann einmal einem, der sich über diesen beharrlichen Glauben des Greises wunderte, diese seltsame Geschichte, die er in seinen jungen Jahren erlebt hatte.

Die Geisterfräulein auf dem Moosberg bei Ohlstadt

Vor undenklichen Zeiten stand auf dem Moosberg (Anm. 29) bei Ohlstadt eine stattliche Burg. Dort wohnten einst drei wunderschöne Geisterfräulein. Weithin über die Lande waren sie für ihren Liebreiz berühmt. Zwei von ihnen waren zart wie Elfen, hatten eine Haut, so weiß wie frisch gefallener Schnee und waren immer von Kopf bis Fuß in weiße Gewänder gekleidet. Sie hatten Flügel gleich den Engeln und trugen Blumen in ihren Händen. Auch das dritte Fräulein war von zauberhafter, unirdischer Schönheit, doch im Gegensatz zu ihren lichten Schwestern war sie am ganzen Körper schwarz wie die Nacht. Sie besaß auch keine Flügel und wurde stets, auf Schritt und Tritt, von einem riesenhaften schwarzen Hund begleitet.

Die zwei weißen Geisterfräulein können einst selig werden, weil sie in ihrem irdischen Leben gut gewesen waren; das schwarze Fräulein aber ist auf immer verdammt.

Viele Leute behaupteten früher, die drei ungleichen Schwestern oft vom Oberriederberg, der etwa eine halbe Stunde vom Moosberg entfernt liegt, herabkommen gesehen zu haben. Dort, so munkelte man, sei am Fuße einer steilen, halb verfallenen Treppe ein reicher Schatz verborgen, dessen Hüterinnen die Geisterfräulein seien. Viele haben damals nach dem Schatz gesucht, aber es hat ihn niemand finden können.

Besonders oft waren die drei Schwestern an hohen kirchlichen Feiertagen zu sehen. Sie machten dann die ganze Nacht hindurch zauberhafte Musik und sangen mit ihren lieblichen Stimmen.

Es ist nun schon eine lange Zeit verstrichen, seit sich die Geisterfräulein das letzte Mal gezeigt haben.

Wer weiß, vielleicht wollen sie sich nicht mehr von den Menschen sehen lassen, weil sie darüber erbittert sind, dass man ihren schönen Moosberg in unseren Tagen einfach zu Straßenschotter verarbeitet hat und das, obwohl auf seinem Gipfel das Römerkastell „ad Coveliacas“ (bei den Hügeln) gefunden worden ist, das zu den besterhaltenen im ganzen bayerischen Raum gehört hat.

Der treue Ritter von Ohlstadt

Vor Zeiten erstreckte sich in der Ebene zwischen Eschenlohe und Werdenfels, Ohlstadt und Ramsee ein riesiges Gewässer. Auf dem Moosberg, der als Insel daraus hervorragte, stand damals ein Schloss (Anmerkung 29). Es wurde von drei Edeldamen bewohnt, die für ihre Schönheit und ihren Reichtum im ganzen Land berühmt waren.

Ein junger Ritter, der auf der Fesch, einem steilen Felsen nahe Ohlstadt, seine Burg hatte, verliebte sich so heftig in eine der Schwestern, dass er nicht mehr schlafen konnte und nur noch Tag und Nacht an die Angebetete denken konnte. Als es ihm einmal gelang, sie alleine zu sprechen, gestand er ihr seine tiefe Zuneigung. Er konnte sein Glück kaum fassen, als auch sie zugab, dass sie seine Gefühle erwiderte. Gemeinsam suchten die beiden nun nach einer Möglichkeit, ihre Liebe, der sicherlich Hindernisse in den Weg gelegt worden wären, vor der Welt verborgen zu halten und sich dennoch zu treffen. Das konnte nur bei Nacht geschehen, und so schlug der Ritter vor:

„Liebste Dame, wie Ihr wisst, bin ich der beste Schwimmer weit und breit. Stellt jede Nacht in das Fenster Eurer Kammer ein helles Licht, so will ich den Weg zu Euch schon finden, ohne dass es jemand bemerkt!“

„Ich will tun, was Ihr verlangt“, antwortete das schöne Fräulein, „doch achtet gut auf Euch, denn es ist sehr gefährlich, bei Dunkelheit über einen solch riesigen See zu schwimmen.“

„Seid ohne Sorge“, rief da der Ritter übermütig, „ich schwimme besser als die Fische im Wasser, und lieber will ich im See den Tod finden, als von Euch zu lassen!“

In der folgenden Zeit lebten die Liebenden wie in einem schönen Traum. Ungeduldig warteten sie jeweils, bis der Tag verstrichen war und endlich die Stunde der Nacht anbrach, in der sie sich treffen konnten. Getreulich stellte das Fräulein dann die Lampe ins Fenster, getreulich kam der Ritter daraufhin den langen Weg über den See geschwommen. Die zwei jungen Menschen gewannen sich von Mal zu Mal lieber und versprachen, allen Hindernissen zum Trotz, einander ewig die Treue zu bewahren.

Eines Abends harrte das Fräulein wie gewöhnlich an ihrem Fenster auf den Geliebten. Lange schon hatte sie das Licht entzündet und sehnsüchtig starrte sie in die dunkle, stürmische Nacht hinaus.

„Wo er nur heute so lang bleibt?“ dachte sie besorgt. „Ich muss mich schon richtig bemühen, die Augen offen zu halten, und ich will doch nicht schlafen, wenn er endlich kommt!“

Sie öffnete das Fenster, um frische Luft in ihre Kammer zu lassen und hoffte, so die Müdigkeit zu vertreiben. Doch die Lider wurden ihr schwer und immer schwerer, und es dauerte nicht lange, da hatte der Schlaf die Macht über sie gewonnen. Der Sturm aber, der draußen tobte, wurde zusehends heftiger. Wild fuhr er um das Schloss, rüttelte an den Türen und Fenstern, blähte die Vorhänge auf und stürzte schließlich das Licht um und warf es in die Tiefe hinab. Das Fräulein aber schlummerte so fest, dass es von alledem nichts bemerkte.

Inzwischen war der junge Ritter, der wegen des unruhigen Wassers nicht so schnell wie sonst vorwärts gekommen war, schon weit in den See hinaus geschwommen. Die vom Sturm aufgewühlten Wellen schlugen oftmals über seinem Kopf zusammen, aber er achtete nicht auf die Gefahr. Sehnsüchtig spähte er nur immer nach dem schwachen Lichtschimmer in der Ferne, der ihm den Weg durch die Dunkelheit wies. Plötzlich aber war der Schein verschwunden und um den Ritter war nur mehr die schwarze Nacht.

„Oh Gott, was ist geschehen! Wo ist das Licht?“ fragte er erschrocken.

Unruhig heftete er seinen Blick auf die Gegend, in der er das Licht zuletzt gesehen hatte und hoffte inständig, es möge wieder aufflammen. Doch nichts geschah. Undurchdringlich und dunkel lastete die Nacht auf dem See, kein noch so kleiner Strahl durchdrang die dunklen Wolken am Himmel. Da schwamm der Ritter weiter, in der Hoffnung, die Insel auch ohne Licht zu erreichen. Doch als er nach, wie es ihm schien, endlos langer Zeit immer noch nicht angekommen war, fraßen sich die Zweifel in sein Herz, und er befürchtete, den richtigen Weg verloren zu haben.

Voller Entsetzen blickte er zum Himmel auf, ob ihm vielleicht dort ein Stern einen Anhaltspunkt dafür gäbe, wohin er sich wenden müsse. Aber es waren keine Sterne zu sehen, nur die riesigen schwarzen Wolken, die der Sturm über den Himmel jagte. So war er ganz auf sich selbst angewiesen. Er schwamm weiter und weiter. Bald erstarb jedes Gefühl in seinen Armen und Beinen, doch noch immer teilten, sie regelmäßig wie ein Uhrwerk, die Wogen. Aber es geschah jetzt häufiger, dass die Wellen über seinem Kopf zusammenschlugen, und es fiel ihm zusehends schwerer, wieder aus den Fluten aufzutauchen. Zuletzt wusste er nicht mehr, wie lange er sich schon im Wasser befand und warum eigentlich und wohin er hatte schwimmen wollen. Eine bleierne Mattigkeit legte sich über alle seine Glieder und er verlor das Bewusstsein.

Gegen Morgen, als der Sturm endlich nachgelassen hatte, erwachte das Edelfräulein. Der Schrecken griff wie eine eiskalte Hand nach ihrem Herzen, als sie bemerkte, dass sie eingeschlafen war, dass der Wind das Licht aus dem Fenster herabgeworfen hatte und dass ihr Liebster nicht gekommen war. In der namenlosen Angst, die von ihr Besitz ergriff, weckte sie ihre Diener und sprach:

„Heute in der Nacht war ein wilder Sturm. Es kam mir so vor, als hätte ich schwache Hilferufe vom See her vernommen. Nehmt die Boote und sucht. Vielleicht ist jemand in Not geraten und wir können ihm helfen."

Staffelsee – Gemälde v. Friedrich Olivier, 1781-1859 (Ausschnitt)

Da ruderten die Leute nach verschiedenen Richtungen los, doch sie konnten nichts finden und mussten unverrichteter Dinge zu ihrer Herrin zurückkehren. Diese klammerte sich nun verzweifelt an die Hoffnung, dass der Ritter sich gestern durch das Unwetter habe abhalten lassen, zu ihr zu schwimmen.

In banger Ungeduld erwartete sie daher die Nacht und stellte dann wie immer das Licht in ihr Fenster. Doch so sehnsüchtig sie auch wartete, der Ritter kam nicht. Auch in den folgenden Nächten blieb sie allein. Am Abend des fünften Tages aber stürzte aufgeregt eine Dienerin in ihr Gemach und rief:

„Herrin, Fischer haben die Leiche eines Mannes gefunden, die vom See an unsere Insel geschwemmt worden ist. Der Unglückliche hat wohl in der Nacht des schlimmen Sturmes den Tod gefunden; wisst Ihr noch, damals, als Ihr die Hilferufe gehört habt!“

Alle Farbe wich aus dem Angesicht der Edeldame. So rasch sie es mit ihren zitternden Beinen vermochte, folgte sie der Dienerin zum See hinunter. Ihre Befürchtung wurde zur schrecklichen Gewissheit, als sie in dem am Boden liegenden Toten ihren Liebsten erkannte.

„Weil ich geschlafen habe, musstest du sterben!“ klagte sie und die Verzweiflung zerriss ihr das Herz. Dann aber sprang sie auf, reckte ihre Arme gleich einer Rachegöttin drohend gegen den See, der ihr Lebensglück auf so grausame Weise zerstört hatte, und schrie wie von Sinnen:

„Oh du unseliger, mörderischer See! Sei verflucht, sei auf ewig verflucht! Weiche von hier, dass ich dich niemals mehr vor meinen Augen haben muss!“

Und die Sage berichtet weiter, dass der See auf diese Verwünschung hin weit nach Norden zurückgewichen sei und den Staffelsee gebildet habe. Dort aber, wo er sich ehedem befunden habe, sei unwegsames, sumpfiges Gelände zurückgeblieben.

Das Marienbild von Ohlstadt

Es ist schon ein paar Menschenalter her, da ging ein Bauer von Ohlstadt wie jeden Tag in seinen Stall, um die Arbeit dort zu verrichten. Als er einmal kurz rastete, um ein wenig zu verschnaufen und neue Kräfte zu sammeln, blickte er ganz beiläufig zum Fenster hinaus. Da erfasste ihn ein heiliger Schrecken:

Auf der Scheibe zeichnete sich ein zartes, durchscheinendes Bildnis der lieben Gottesmutter ab, das vorher nicht da gewesen war. Es glich in seiner Art den Holzschnitten, die in alten Gebetbüchern zu sehen sind.

Der Bauer ließ alles stehen und liegen, rannte vom Stall auf die Straße hinaus und erzählte jedem Menschen, dem er begegnete, von dem wundersamen, unerklärbaren Vorfall. Wie ein Lauffeuer verbreitete sich die Nachricht im Ort und dessen Umgebung. Die Leute eilten herbei, um das Marienbild zu bestaunen, das auf so seltsame Weise zum Vorschein gekommen war. Nachdem sie es mit eigenen Augen gesehen hatten und sich von der Richtigkeit der Aussage des Bauern überzeugt hatten, beschlossen sie, dem Bild der Gottesmutter einen Ehrenplatz zu geben.

Wetzsteinmühle bei Ohlstadt – Gemälde v. Dillis (Ausschnitt)

Vorsichtig lösten sie die Scheibe aus dem Fenster und befestigten sie an einem Pfeiler. Diesen stellten sie in einer kleinen Anlage, die sie sorgsam pflegten, auf. Dort konnten zahlreiche Pilger, die teilweise von weither anreisten, das Marienbild, das so plötzlich auf dem Glas erschienen war, bewundern.

Die Linde am Fieberkirchl bei Ohlstadt

Ein prächtige Linde, die fast 280 Jahre alt ist, steht etwa 300 Meter nördlich von Ohlstadt auf einer Viehweide, an dem Weg, der nach Schwaiganger führt. Sie galt als unheimlicher Ort, besonders in der Nacht, nach dem Gebetläuten, wo es ohnehin nicht ratsam war, sich außerhalb des Bannkreises eines Ortes oder an einer Wegkreuzung aufzuhalten, weil dort böse Geister ihr Unwesen trieben und Macht über die Menschen erlangen konnten.

Leichenzug in Murnau - Altes Votivbild

Das sog. Fieberkirchl ist eine Pestkapelle an nördlichen Ortsrand. Es wurde im Dreißigjährigen Krieg, in dem die schreckliche Seuche ihre todbringende Ernte gehalten hatte, im Jahre 1640 erbaut und 1960 restauriert.

Einst soll, so weiß es die Legende, einem Priester, der noch bei Dunkelheit am Fieberkirchl vorbei Richtung Schwaiganger zu einem Todkranken eilte, um ihm die hl. Wegzehrung zu bringen, bei der Linde auf der Viehweide der Teufel aufgelauert haben. Doch der Böse konnte ihm nichts anhaben, weil der Priester den hl. Leib des Herrn bei sich trug. So konnte dieser sein frommes Werk verrichten, wie es seine Pflicht als Seelsorger war.

Die Hexen auf der Insel Wörth im Staffelsee

Die große Linde auf der Insel Wörth im Staffelsee, auch Bonifatiuslinde genannt, soll so alt sein, dass der hl. Bonifatius noch in ihrem Schatten die Heiden zum Christentum bekehrt und getauft haben soll.

Um diese Zeit, im 8. Jahrhundert also, soll dort ein Kloster gewesen sein. Bei der Linde, so überlieferten die Alten, sollen früher die Hexen in der Samstagnacht zusammengekommen sein und von dort aus dann gemeinsam zu einem Nussbaum bei Benevent in Italien geflogen sein. Heute ist die Insel Privatbesitz.

Der Schatz auf der Insel im Staffelsee

Ein reicher Schatz soll auf der Insel Wörth im Staffelsee vergraben sein. Der Sagenforscher Sepp berichtet 1876 darüber:
Das weiß ich, dass der Vogeltoni auf dem Wörth im Staffelsee in der Gegend der einstigen Christophskirche wirklich einen Pokal von Silber gefunden und leider schnell eingeschmolzen hat.

Nach der Zerstörung Augsburgs durch die Hunnen wurde der Bischofssitz erst nach Neuburg an der Donau, dann auf die Insel im Staffelsee verlegt.

Alter Stich mit dem Bistum Neuburg im Staffelsee

Aus der Zeit um das Jahr 800 existiert von diesem Staffelsee-Bistum ein Inventarverzeichnis, eines der ältesten seiner Art überhaupt, in dem aufgeführt ist, was sich in der dortigen Michaelkirche auf der Insel befunden hat: Ein Altar mit Gold und Silber verziert, 5 vergoldete Reliquiare mit Edelsteinen und Kristall verziert, Reliquienkreuze in Gold und Silber mit Glasfüßchen, ein silberner Kerzenleuchter mit Perlen und Kristall, silberne Kelche, Weihrauchbüchsen, Räucherpfannen, Krüge, Schüsseln, reich bestickte kirchliche Gewänder, seidene, mit Gold und Perlen bestickte Bischofshandschuhe und anderes mehr. Durch dieses Inventarverzeichnis erhält die Sage vom reichen Schatz, der auf der Insel verborgen sein soll, einen glaubwürdigeren Hintergrund.

Der Lindwurm von Murnau

In jenen fernen Tagen, als noch Drachen oder Riesenschlangen die Erde bevölkerten, zog eines dieser vorzeitlichen Ungeheuer in die Nähe der späteren Stadt Murnau. Damit aber war es um die Ruhe und den Frieden in jener schönen Gegend geschehen. Mit ohnmächtigem Grimm mussten die Bauern dulden, wie der Lindwurm auf seiner Suche nach Nahrung ihre fleißig bestellten Felder mit seinem schweren Schuppenleib niederwalzte, so dass sie anschließend aussahen, als wäre ein vernichtender Hagelschlag auf sie niedergegangen. Unersättlich holte er sich tagtäglich Rinder, Schafe oder Ziegen von den Weiden und verschlang sie in seiner Gier noch an Ort und Stelle. Es dauerte nicht lange, da waren auch Menschen zu beklagen, die das Unglück gehabt hatten, seinen Weg zu kreuzen.

Als die Plage schier unerträglich wurde, kamen die Bürger und Bauern des heimgesuchten Landes zusammen und berieten, wie sie sich von ihrem Peiniger befreien könnten. Lange wusste niemand Rat oder Abhilfe. Es wagte keiner, den ungleichen Kampf mit dem Drachen aufzunehmen, weil alle nur zu gut wussten, dass sie mit ihren schwachen Waffen gegen den Panzer des Ungeheuers nicht ankommen konnten. Nun hatten die Bürger damals gerade einen berüchtigten Räuber und Wegelagerer in Gewahrsam gebracht. Der war ein verwegener Kerl, der weder Tod noch Teufel fürchtete und der seiner Schandtaten wegen nichts anderes als den Galgen verdient hatte. Dieser tollkühne Mann fiel einem Bauern ein, als er, wie die anderen, verzweifelt nach einer Möglichkeit suchte, den Lindwurm loszuwerden.

„Lasst doch den Schnapphahn mit dem Untier kämpfen“, schlug er vor, „er ist mutig und im Kriegshandwerk erfahren! Vielleicht gelingt ihm, was uns friedlichen Leuten nicht gelingen kann.“

Dieser Rat fand allseits ein offenes Ohr. Man ließ den Delinquenten in die Versammlung bringen und teilte ihm deren Entschluss mit.

„Wenn du den Kampf mit dem Lindwurm wagen willst, das Ungeheuer besiegst und unsere Stadt rettest, so wollen wir dir dein Leben schenken und dich trotz deiner Untaten frei und ledig deiner Wege ziehen lassen.“

Der Räuber besann sich nicht lange. Bei dem ungleichen Kampf bestand doch immerhin eine geringe Möglichkeit, als Sieger hervorzugehen, während ihm im Falle seiner Weigerung der Tod gewiss war.

„Ich will es wagen!“ antwortete er daher ohne Zögern.

Da brach unter den Leuten ein großes Jubelgeschrei aus. Sofort liefen einige und brachten ihm eine Rüstung und ein scharfes Schwert. Er aber schüttelte nur den Kopf und sagte:

„Mit diesen Waffen komme ich gegen den undurchdringlichen Schuppenpanzer des Ungeheuers nicht an, und die Rüstung zermalmt es mit einem einzigen Schlag seines riesigen Schwanzes. Lasst mich auf meine Art und Weise gegen den Drachen kämpfen."

„Aber was willst du tun?" fragten die Bürger argwöhnisch, denn sie trauten dem Räuber nicht und fürchteten Verrat.

„Ich will ihn mit seiner eigenen Gefräßigkeit besiegen", erklärte der schlaue Mann. „Ihr werdet schon sehen, was ich mir für eine List ausgedacht habe."

Er ließ die Haut eines frisch geschlachteten Kalbes bringen, füllte sie ganz mit ungelöschtem Kalk und nähte sie daraufhin sorgfältig zu. Dann schaffte er diesen Köder, der einem richtigen Kalb zum Verwechseln ähnlich sah, mit Hilfe von einigen beherzten Männern in die Nähe der Behausung des Lindwurms. Als sie das schwere Werk vollbracht hatten, zogen sie sich schleunigst aus dem Gefahrenbereich zurück und verbargen sich in sicherer Entfernung. Dort harrten sie der Dinge, die da kommen sollten.

Es währte nicht lange, da stieg der Geruch des frisch geschlachteten Tieres dem Ungeheuer in die Nase. Schnüffelnd und schnaubend kam es aus dem Verhau, den es als Wohnung gewählt hatte, hervor. Kaum hatte es das Kalb gesehen, schoss es darauf zu und verschlang es in seiner blinden Gier mit Haut und Haaren. Kurz darauf aber ächzte es grauenvoll auf, warf seinen unförmigen Körper in wilden Zuckungen herum, peitschte mit seinem Schwanz den Boden, dass die Erdbrocken und Steine nur so durch die Luft wirbelten und würgte schrecklich, um den tödlichen Brocken wieder auszuspeien. Alle seine Bemühungen waren jedoch umsonst, der Kalk verätzte sein Inneres, und es verendete unter fürchterlichen Qualen.

Als der Lindwurm endlich sein unseliges Leben ausgehaucht hatte, stürzten die Männer aus ihrem Versteck hervor und brachten jubelnd die gute Botschaft in die Stadt. Da lief alles, was Beine hatte, hinaus, um den getöteten Feind zu bestaunen. Es wurde ein großes Fest gefeiert, weil man die fürchterliche Plage endlich losgeworden war.

Den Räuber, der den guten Rat mit dem Kalkköder gegeben hatte, ließen die Bürger, gemäß ihrem Versprechen, frei. Er zog frohgemut seiner Wege, glücklich darüber, noch einmal seinen Kopf aus der Schlinge gezogen zu haben und so leichten Kaufes davongekommen zu sein.

Die Leute der Stadt, die von diesem Tag an Wurmau - später Murnau - genannt wurde (Anm. 30), ließen an der Stelle, an welcher der Lindwurm zugrunde gegangen war, eine Säule mauern und eine Inschrift einmeißeln, die der Nachwelt das Geschehen überliefern sollte. Der Gedenkstein soll noch bis etwa 1800 in Murnau gestanden sein. Auf den geschilderten Vorfall soll es auch zurückzuführen sein, dass Murnau einen Drachen mit ausgestreckten Klauen und weit aufgesperrtem Rachen im Wappen hat.

Der Schuster und der Drache

Andere erklären den Namen „Murnau“ so:

Der Drache aus der Vorzeit, der einst auf der Jakobsinsel im See hauste und von den Leuten der Gegend „der Murn“ genannt wurde, soll von einem klugen Schusterjungen besiegt worden sein, der dem Untier - wie vorhin beschrieben - mit einem Kalbsfell als Köder, das mit gelöschtem Kalk gefüllt war, den Garaus machte.

Der Drachentöter soll aber kein Geld oder sonstigen Reichtum für seine tapfere Tat verlangt haben, sondern gewünscht haben, dass zum Gedenken an seine Tat, der Drache als Wappentier in das Wappen seiner Heimatstadt aufgenommen werden sollte. Dies ist auch geschehen und seither heißt die Heimatstadt des jungen Mannes nach dem Namen des Ungeheuers „Murnau“.

Der unterirdische Gang von Murnau

In Murnau gibt es einen unterirdischen Gang. Der Sagenforscher Sepp schreibt 1876 S. 341 darüber:

Vom tiefen, in den Fels gehauenen Schöpfbrunnen zu Murnau soll ein Gang nach dem Wörth im Staffelsee ausgehöhlt sein und unter dem alten Heidentempel, der mit seinen vier Ecken nach den Weltgegenden sah, in der christlichen Zeit aber St. Michael geweiht war, zu Tage gehen.

Die wunderbare Errettung eines Kindes in Murnau

In der Pfarrkirche von Murnau, im sog. Mirakelzyklus befindet sich eine Votivtafel aus dem Jahr 1766. Darauf ist bildlich und schriftlich ein wundersamer Vorfall festgehalten, der sich im genannten Jahr zugetragen hat.

Altes Votivbild aus der Stadtpfarrkirche von Murnau

Der fünf Jahre alte Sohn von Franz Xaver Rauscher stürzte vom zweiten Stock eines Gebäudes kopfüber auf eine steinerne Stufe vor dem Haus. Aber er hatte, wie man so schön sagt, einen Schutzengel und blieb völlig unverletzt. Aus Dankbarkeit stifteten die Eltern die Votivtafel auf der geschrieben steht:

Franz Xaveri Rauscher hatt daß Unglück, dass ihme sein 5 Jahr altes Söhnlein z gaden hoch auf einem steinen vor der Thür ligenden steinern andrit, mi dem Kopf herabgestirzt: da aber disem Kündt nicht das mindste leids widerfahren: ja gar nicht einmahl an einem Theil oder glidt des Leibs beschädigt worden: so haben mithin desen Eltern diese große Gnad der Schmerzhaften Gnaden Muetter: mit einer H: lob Nieß Opfer in Stock und gegenwörttiger Votie Tafel aus dem wolbreisten Herzen Zu er kennen wollen: den 17. Augi 1766

Der unterirdische Gang bei Uffing

Von Uffing führt ein Gang nach dem Harberg am Staffelsee, wo das jetzige Bauernhaus die Stelle des alten Edelsitzes einnimmt. Da wo er durch den Kistlergrund zieht, brach er einst ein, und man überzeugte sich von der Fortführung des Weges. J. N. Sepp

Der Schatz im Hirmon bei Murnau

Ein Hügel in der Nähe von Murnau führt von alters her den Namen „Hirmon“. Dort war es früher, besonders in den Nachtstunden, nicht ganz geheuer. Sowohl die Leute aus der Gegend als auch fremde Wanderer erzählten oft von einer seltsamen Frau, die ihnen begegnet sei, wenn sie im Dunkel der Nacht über den Hirmon gegangen sind. Wie aus dem Nichts aufgetaucht, so stand sie plötzlich vor den Erschrockenen und starrte sie unverwandt an. Sie sprach aber niemals auch nur ein einziges Wort und verschwand nach kurzer Zeit auf die gleiche unerklärliche Weise, mit der sie gekommen war.

Viele Leute aus der Gegend behaupteten früher, dem Gespenst begegnet zu sein. Sie vermuteten, der Grund für das Erscheinen des Geisterfräuleins sei ein unermesslicher Schatz, der seit Hunderten von Jahren in dem Hügel verborgen liege. Er habe wohl einst dem Fräulein gehört und darum bewache es ihn noch über den Tod hinaus.

Wohl haben viele Abenteurer diese Gerüchte zum Anlass genommen, auf dem Hirmon auf Schatzsuche zu gehen; aber bis auf den heutigen Tag sind alle Bemühungen dieser Art erfolglos geblieben.

J. N. Sepp schreibt im Jahr 1876:

Eine Viertelstunde von Murnau morgenwärts liegt inmitte der Hirmonswiese der Hirmonsberg, auf dem einst die Hirmonsburg gestanden. Man muss wissen, dass da ein Schatz vergraben ist und ein Fräulein sich sehen lässt. Der Berg ist von Gängen durchzogen, der Boden klingt hohl. Dass im Innern Keller und Gewölbe sind, beweist der Umstand, weil man schon Hunde an dem einen Orte hineinließ, die am andern Ende herauskamen.

Vor achtzig oder neunzig Jahren gerieten Buben beim Schweinehüten dahin und das Borstenvieh wühlte im Erdreich: auf einmal tat sich ein Loch auf, in welches jene hineinkrochen. Sie stiegen eine Treppe hinab und gelangten zu einer eisernen Türe. Da erhob sich drinnen ein fürchterlicher Lärm, dass sie über Kopf und Hals davon liefen, und totenbleich heimkamen. Am andern Tage untersuchten mehrere Bürger mit den Hirtenbuben den Berg, konnten aber die Oeffnung nicht mehr finden.

Der vermutete Schatz hat schon viele mittels Wünschelrute nachzugraben angelockt. Auch auf dem Romanberg in der Nähe hat einst ein Schloss bestanden.

Der Hungersee bei Murnau

Es gibt in vielen Gemeinden Orte, oft hoch gelegen und jahraus, jahrein von „spörem, rauhem Grund". Obwohl nun auf solchen Äckern und Wiesen nicht das mindeste von einem Brunnen zu sehen ist, findet man doch häufig solche Gefilde „beim Hungerbrunnen" benannt.

In den Jahren, denen teure Zeiten folgen, sprudeln da auf einmal Wasserläufe hervor und dann verwandeln sich die trockenen Äcker in moosige Gründe, auf denen Mensch und Tier einsinken und kein Wagen mehr fahren kann. Das bedeutet dann allzeit Hungersnot durch Misswachs, schwere Zeiten, Kriege und Krankheiten und was immer, die ja ohnehin gewöhnlich miteinander kommen.

Frh. v. Leoprechting 1855.

Der Riegsee bei Murnau – Gemälde aus dem 19. Jahrhundert

Auch der Riegsee bei Murnau wurde als „Hungersee“, also als Vorbote für schlechte Zeiten angesehen:

Vor Alters und noch bei Menschengedenken kamen jährlich Leute aus den kornreichen Donaugegenden, um nach seinem Wasserstand zu sehen. In der Aufklärungszeit um 1800 ist dies abgekommen.

Wenn der See hoch steht, wie 1853/54 dies in unerhörter Weise der Fall war, so steht es schlimm um die nächste Ernte. Der See hat keinen sichtbaren Zu- und Abfluss, doch glaubt man, dass der „Hungerbach“ bei Huglfing hier seinen Ursprung habe. - Eine Ente, die im Riegsee untertauchte, soll einmal in Huglfing herausgekommen sein. (Sepp S. 324)

Die Kirche im Murnauer Moos

Im Murnauer Moose auf der Bartelmäwiese stand einst eine Kirche, die jedoch verödet ist, weil ein Ross von der Weide sich hinein verirrte und vor dem Altar fiel. In diesem St. Bartelmä an der Loysach findet man auch Nachts eine offene Türe und haben selbst Räuber Unterschlupf... sowie einst ein Ross darin verhungerte.
J. N. Sepp im Jahr 1876. (Anmerkung 32)
Hier wird, wie bei vielen anderen Schimmelkirchen, beispielsweise in Obland bei Peiting, vgl. S. 182 die Erinnerung an alte Kultstätten Wodans lebendig, wo der Schimmel als Opfergabe diente.

Die Wilde Jagd beim Hirmon

Beim Hirmon soll früher die wilde Jagd besonders oft ihr Unwesen getrieben haben. J. N. Sepp schreibt dazu im Jahr 1876:

Über vergrabenen Schätzen haust nicht selten Sturm und Wind, denn der Schatzgott ist zugleich Herr der Elemente. Am Hirmon zeigt sich das wilde Heer (vgl. S. 53)*; das können viele bezeugen. Der Bandelhannes von Murnau, so geheißen, weil er mit gewirkten Bandeln von allen Arten handelte, kömmt vor etwa 50 Jahren am Hirmon vorüber; da hört er mit einmal Musik. Es ist das Nachtgejaid, das ihn über den Schnalz hinaus, wo so viele Geister verwünscht sind, bis Peiting mitnimmt, und dort beim Klang des Frühglöckleins am Freithof absetzt. Er war ein gewissenhafter Mann, aber bereit noch auf dem Sterbebette die Wahrheit dessen zu versichern. Das haben auch andere Bürger erfahren, und als der Spielwarenhändler Schmidt und selbst der alter Herr Pfarrer Nachts um zwölf Uhr da vorübergingen, erhob sich ein solches Geflister und ein so schrecklicher Sturm, dass sich die Bäume bogen: die wilde Jagd zog gen Aschau hin.*

Dem Mauspeter von Murnau begegnet, als er von der Glashütte zu Aschau herausging, am Haselteich das grässliche Getös vom Hirmon: er fing gleich recht zu schelten an, und wollte sogar das Gewehr losbrennen; da aber das Nachtgejaid ihm auf den Leib rückte, fiel ihn Furcht an, und er war froh, glücklich zu entrinnen.

Das Ettaler Mannl

Nahe Kloster Ettal erhebt sich der 1633 m hohe Gipfel des Ettaler Mannls. Es ist wegen seiner besonderen Lage wie ein Wahrzeichen bis weit in das bayerische Voralpenland hinaus sichtbar. Wohl aus diesem Grund hat sich um den Berg eine im Volk weit verbreitete Sage gebildet:

Das Ettaler Mannl ist in Wirklichkeit ein uralter, ungeheuer starker Riese. Er steht als Wächter am Rand der Alpen und soll, was ja von seinem günstigen Standpunkt aus gut möglich ist, beobachten, was im bayerischen Land zu seinen Füßen vor sich geht. Sind die Menschen dort gottesfürchtig, rechtschaffen und brav, so ist er zufrieden. Aber wehe, wenn das einmal nicht mehr der Fall sein sollte! Dann wird sich der mächtige Bergriese voller Zorn erheben, aus dem Gebirge herauskommen und ins Land hinausschreiten. Und er wird unbarmherzig alles in den Boden stampfen, was böse ist und wird das Schlechte mit seinen gewaltigen Fäusten erschlagen. Und erst wenn wieder die alte, rechte Ordnung im Bayernland herrschen wird, darf das erzürnte Ettaler Mannl Ruhe geben und ins Gebirge auf seinen Wächterplatz zurückkehren.

Im vorigen Jahrhundert hat Franz von Kobell diese Sage in einem seiner liebenswerten Mundartgedichte so festgehalten:

‘S Ettaler Mannl

‘S Ettaler Mannl is schwar und stark,
hat in die Knocha a’ stoaners Mark.
kümmert si’ nit um Wetter und Wind,
is a’ wahrhafti’s Felsenkind.

‘S Ettaler Mannl schaugt weit ins Land,
hat zun Schaug’n an’ prächtiga Stand,
was ‘s dann da draußen d’erschaug’n will,
allewei’ ernsthaft und allewei’ still?

I’ will ‘s Enk sag’n, es schaugt und sinniert,
was der Boar für a’ Leben führt,
ob er no’ brav, wie sunst, und guat,
ob er ‘s no’ hat sei’ tapfer’s Bluat.

Ob er no’ treu sein’ Herrn und Land,
drum schaugt’s Mannl so umanand.
und wur ’s anders, na pfüt’ di’ Gott,
nacha wohl kemmet a’ großi Not.

‘S Ettaler Mannl, es steiget ra’
werfet sein’ graab’n Mantl a’,
nacha wohl sechet’s, es is a’ Ries’,
wie gar nie oana gwesn is.

Und mit die stoanern Füß’ und Arm’
schlaget ‘s und hauset, daß Gott d’ erbarm,
hauset gar bös in ganzn Land,
bis ‘s wieder sauber vo’ Schimpf und Schand.

‚S Ettaler Mannl, no’ steht ‘s in Fried,
‘s geht scho no’ richti’, es fet si’ nit,
lasst ’s no’ nit aus, seid ’s brav und guat,
dass si’ dees Mannl nie rühr’n tuat.

Die Entstehung von Kloster Ettal

Ludwig der Bayer wollte Italien und das Deutsche Reich unter seiner Herrschaft vereinigen und zog im Jahre 1326 nach Rom, um sich dort zum Kaiser des „Heiligen Römischen Reiches Deutscher Nation“ krönen zu lassen. Doch immer wieder wurde die Zeremonie verschoben, denn ein anderer, der Habsburger Friedrich der Schöne, machte ebenfalls Ansprüche auf die Krone geltend. Auch zehrte der lange Aufenthalt in Italien so gewaltig am Beutel Ludwigs, dass er schließlich unverrichteter Dinge den Heimweg über die Alpen antreten mußte. Er hatte aber nicht mehr genug Geld, um bis nach Bayern zu gelangen.

Voller Verzweiflung warf er sich in einer kleinen Kirche im Gebirge, die der Muttergottes geweiht war, auf die Knie und flehte zum Himmel um Hilfe. Da hatte er eine Vision: Die Mauer des Gotteshauses teilte sich plötzlich und es erschien ein uralter Mann, der nach Art der Benediktiner gekleidet war.

„Was willst du von mir?“ fragte Ludwig, als er seinen Schrecken überwunden hatte, mit leiser, ehrfürchtiger Stimme.

„Ich will dir helfen“, antwortete der Mönch, „wenn du meinen Rat befolgst, wird bald alles Unheil von dir genommen sein.“

„Gerne will ich tun, was du sagst, wenn es nicht gegen den Willen Gottes ist“, erklärte der fromme Bayer.

Da zog der Mönch ein wunderschönes Madonnenbild, aus weißem Stein gehauen, aus seiner Kutte und überreichte es Ludwig mit den Worten:

„In deinem Land liegt ein Ort namens Ampferang (Ammergau). Dort sollst du zur Ehre Gottes ein Kloster bauen, in dem dieses Bild unserer lieben Gottesmutter aufgestellt werden soll.“

„Wie kann ich das bewerkstelligen“, gab Ludwig ganz betrübt zu bedenken. „All mein Geld ist aufgebraucht und ich habe zudem noch große Schulden.“

„Sei unbesorgt!“ antwortete der Mönch. „Morgen wird ein sehr reicher Mann aus diesem Land mit dir zu sprechen wünschen. Er wird von dir die Freiheit seiner Person und seines Herrschaftsgebietes erbitten. Von ihm wirst du das Geld erhalten, das du benötigst.“

Als er dies verkündet hatte, verschwand der Mönch auf die gleiche unerklärliche Art und Weise, wie er gekommen war, und ließ Ludwig allein in der Kirche zurück.

Es traf aber wirklich alles so ein, wie er es vorausgesagt hatte! Ludwig erhielt von dem angekündigten italienischen Adeligen das Geld, das er so dringend brauchte, und konnte seine Heimreise fortsetzen. Als er wieder in seinem Herzogtum Bayern angelangt war, machte er sich sogleich daran, sein Gelübde zu erfüllen.

Überall erkundigte er sich nach dem Ort Ampferang. Lange Zeit aber konnte er niemanden finden, der imstande war, ihm Auskunft darüber zu geben. Keiner hatte je von einem Dorf dieses Namens gehört; alle, die er danach fragte, antworteten nur verwundert:

„Ampferang? Wo soll das liegen? Nein, bei uns gibt es keinen Ort der so heißt."

Da meldete sich eines Tages ein Jäger aus Oberammergau und erklärte, er kenne Ampferang und sei bereit, Ludwig dort hinzuführen. Voll Freude machte dieser sich mit seinem Gefolge auf den Weg, den ihm der Jäger wies. Dieser führte die Gesellschaft in eine unerschlossene, noch ganz der Natur überlassene Gegend in der Nähe von Partenkirchen.

„Hier ist Ampferang!" erklärte der Jäger, als sie sich in einer Senke mitten in der Wildnis befanden, die von den Einheimischen auch Ettal, was soviel wie Öd-Tal oder ödes Tal bedeutet, genannt wurde. Verwundert blickte Ludwig um sich und konnte nicht glauben, dass der Mönch diesen Ort gemeint haben könnte, als er den Platz bezeichnet hatte, der für den Bau des Klosters bestimmt war. Darum trieb er sein Pferd an und ritt weiter. Er hoffte, in der näheren Umgebung eine besser geeignete Stelle zu finden.

Er war aber noch nicht weit gekommen, als das Marienbild, das er bei sich hatte, plötzlich so schwer wurde, dass er meinte, es nicht mehr tragen zu können. Unter dem großen Gewicht, das es auf einmal hatte, brach sogar sein Pferd in die Knie. Nachdem er es mit Mühe zum Aufstehen und zum Weiterlaufen gebracht hatte, stürzte es noch zweimal zusammen und weigerte sich endlich beharrlich, weiterzugehen.

„Wohlan denn", rief da Ludwig, „der HERR hat uns diese Wildnis als den Platz bezeichnet, an dem ER das Kloster wünscht. Demütig wollen wir uns SEINEM heiligen Willen beugen!"

Alle Anwesenden fielen nieder und lobten Gott. Ludwig der Bayer beorderte seine Baumeister nach Ettal, ließ die Wildnis roden und den Boden für den geplanten Bau ausheben. Am 28. April 1330 legte er eigenhändig den Grundstein. Als Kirche und Kloster endlich errichtet waren, gab er den Mönchen, die es bewohnten, das schöne Madonnenbild, das er von seinem geheimnisvollen Berater erhalten hatte. Eine Darstellung, wie der Kaiser die Skulptur von einem geflügelten Mönch erhält, befindet sich über dem Torbogen, der in den Altarraum der heutigen Kirche führt.

Ludwig der Bayer erlebte die völlige Fertigstellung seiner Stiftung nicht mehr. Ettal aber wurde in späteren Zeiten – und ist es bis auf den heutigen Tag – ein bekannter und beliebter Wallfahrtsort in Bayerns.

Kloster Ettal - Stich von Merian 1645

Das Bild in der Sakristei von Ettal

Auf dem Deckengemälde in der Sakristei der Klosterkirche, auf dem das Land Kanaan dargestellt ist, das Land, in dem laut Heiliger Schrift „Milch und Honig fließt", hält - wohl als Verbeugung vor der Bierbraukunst der Ettaler Mönche - einer der Dargestellten nicht etwa eine Weinrebe, wie man es im Lande Kanaan vermuten müsste, sondern eine Hopfenranke in der Hand.

Der Linderhof im Graswangtal und König Ludwig II.

Dort, wo heute Schloss Linderhof steht, war einst ein schöner Bauernhof mit Hausnamen „Linderhof". Der Geistliche Rat Alois Daisberger schreibt im 19. Jahrhundert:

Linderhof, 2 starke Stunde von Ettal gegen Westen, 1 Stunde hinter Graswang gelegen, nebst Lindertrat die Waldlichtung, worauf das Forsthaus steht.

Der letzte bewohnte Ort dieses Tales bis zur Tirol-Grenze, von welcher er noch 3 Stunden entfernt ist, war ehemals ein schöner, von einem Grundholden (Anmerkung 33) *des Klosters Ettal bebauter Einödhof, zu welchem die nahe Feldflur, die Wiesen und Weiden und Wälder weit umher im einsamen Gebirge gehörten. Seinen Namen hat er von dem Geschlechte der Linder, welches in früherer Zeit, laut der Ettal'schen Pfarrbücher, auf diesem Hofe gehaust hat...*

Einige Schritte vom Linderhause stand ein der äußeren Ansicht nach sehr nettes Nebenhäuschen, einst die Wohnung des verheirateten Bruders des letzten Hofbesitzers Michael Gindhart. Dasselbe enthält aber damals im oberen Stockwerk zwei fürstlich eingerichtete Zimmerchen, denn öfters nahm hier der selige König Max II, der allen Bewohnern unserer Gegend unvergessliche, seine Nachtherberge, wenn er ermüdet durch die Beschwerden der Jagd von den Bergen kam.

Dieses von der königlichen Familie als Jagdhaus benützte Nebenhaus kannte König Ludwig II. und er liebte diese Gegend im Graswangtal seit frühester Jugend.

Das Häuschen wurde vor dem Bau des Schlosses - aus Pietät gegenüber König Max II. - abgetragen und etwas weiter oberhalb wieder aufgebaut, heute als „Königshäuschen“ bekannt. An seiner Stelle steht jetzt das Schloss. 1874 wurde das Bauernhaus selbst, der „Linderhof“ gänzlich abgebrochen. Hier befindet sich nun der Springbrunnen.

Wie Christian Gindhard aus Peiting erzählt, befand sich der Hof seit dem 18. Jahrhundert in Besitz der Familie von Josef Gindhard. Mit seiner Frau Marianne Bessenbacher und seinen 13 Kinder bewirtschaftete er den Einödhof mit allen Nebengebäuden. Er verkaufte ihn 1815 an die Armee-Gaststätten-Inspektion Schwaiganger und erwarb in Wurmansau ein Wirtshaus.

Sein Bruder, der oben genannte Johann Michael Gindhard, lebte im zweiten bäuerlichen Wohnhaus oberhalb des Linderhofs zusammen mit seiner Ehefrau Maria Spindler und seinen 10 Kindern. Er starb schon früh. 1828 wurde seine Witwe mit den Kindern ausgewiesen, weil die Söhne den Lebensunterhalt der armen Familie mit „Wilddieberei“ aufgebessert hatten (Anmerkung 34).

1869 kaufte König Ludwig II. von Bayern, der schon 1860 zum ersten Mal in dem Jagdhaus im Graswangtal gewesen war, den „Linderhof“ mit allem Drum und Dran (Anm. 35). Er ließ dort sein Schloss im Stile des französischen Sonnenkönigs Ludwig XIV., den er sehr verehrte und zu dessen Ehren er auch das Standbild im Eingangsbereich des Schlosses aufstellen ließ, errichten.

Altes Foto der Baustelle von Schloss Linderhof von 1870

Wenn der König in Linderhof weilte, wurden immer die zwei prächtigen Pfaue aus Sèvres-Porzellan aus dem westlichen Gobelinzimmer und dem östlichen Gobelinzimmer als Zeichen seiner Anwesenheit vor dem Schloss platziert. Der Pfau war das Lieblingstier des Königs. Er schreibt einmal in seinem Tagebuch:

Nur ein Tier gibt es, das mich in Wahrheit entzücken kann, nicht der Schwan, nicht der Falke ist es, auch nicht der Löwe. Der Schöpfung schönstes Meisterwerk ist der Pfau.

Von der alten bäuerlichen Ansiedlung blieb nur die St. Anna Kapelle auf einer kleinen Anhöhe im Gelände stehen, die 1684 der Ettaler Abt Roman Schrotter hatte errichten lassen. Hier wohnte König Ludwig II. am 30. Mai zum letzten Mal in seinem Leben einer Messe bei. Sie wurde von Pfarrer C. Daiser aus Ettal morgens um 7 Uhr gelesen.

Ein paar Tage später, am 8. Juni, reiste der König nach Schloss Neuschwanstein. Wieder ein paar Tage später, am 13. Juni 1886, fand er den Tod nahe Schloss Berg im Starnberger See, einen Tod, der bis auf den heutigen Tag Rätsel aufgibt.

König Ludwig II. und die Oberammergauer in Linderhof

Im Jahr 1870 lud König Ludwig II. die Darsteller der Passionsspiele zu einem Galadiner nach Linderhof ein, das zu damaliger Zeit noch nicht ganz fertiggestellt war. Er selbst erschien, menschenscheu wie immer, nicht zu dem Essen sondern ließ sich durch einen seiner Hofbeamten vertreten. Anschließend erhielt jeder der Geladenen als Dank und Anerkennung für die schauspielerische Leistung als Geschenk des Königs einen Silberlöffel überreicht. Nur der Darsteller des Judas musste sich mit einem Blechlöffel begnügen „als Zeichen der Geringschätzung für den Verräter des Herrn“.

Das Marterl bei der Ewigkeitsbrücke

Einer der Söhne von Gindhart namens Leonhard Gindhard war für König Ludwig II. als Kurier tätig. Bei einem fürchterlichen Unwetter im Jahre 1885 verunglückte er nahe bei der Halbammerbrücke bei Unternogg. Der Diener des Königs namens Thomas Ostrauer berichtete damals darüber:

Vom Pürschling kamen wir in die Halbammer. Hier sah es wirklich aus, als wenn die Welt mit Brettern vernagelt wäre. Von hohen Bergen umzäunt, war in einer Mulde das Königshäuschen, die Küche und Stallung. Außer uns war nur noch ein Kohlenbrenner namens Sanktjohanser da. Dieser Sanktjohanser hatte die Ehre, dass er mit dem König verkehren durfte, er war ein alter Junggeselle. Es war beabsichtigt, eine italienische Nacht zu veranstalten, aber ein kommendes Gewitter vereitelte es. Es kam ein Wolkenbruch.

Die sonst so kleine Halbammer wurde zum reißenden Fluss, die Straße nach Unterammergau wurde vom Wasser fortgerissen. Ein Postillon (Leonhard Gindhard), *der gerade auf der Straße war, wurde vom Wasser fortgerissen und fand samt Pferd den Tod. Da nur ein Ausweg da war, mussten wir hinten bleiben, bis eine Straße hergestellt war...*

Nach der Halbammerbrücke kommt noch eine zweite Brücke, die „Ewigkeitsbrücke“ heißt. Dahinter befindet sich ein Marterl auf dem geschrieben steht:

Hier verunglückte A D 1885 bei einem Unwetter m. Ross und Wagen Leonhard Gindhard der Kurier des Königs bei Überbringung einer Botschaft u. ertrank in der Halbammer.

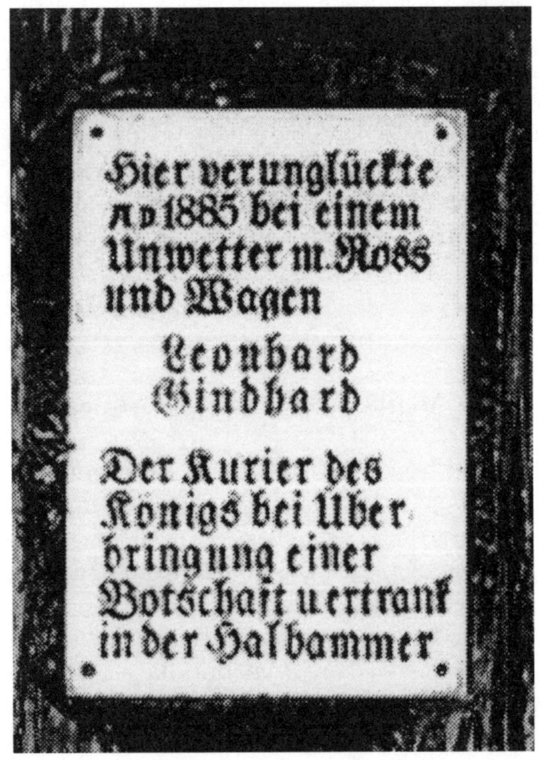

Marterl bei der Ewigkeitsbrücke

Nach einem Aquarell v. H. Breling (Ausschnitt)

Wie die Passionsspiele von Oberammergau entstanden sind

Im Jahre 1633 brach eine Pestepidemie von schrecklichen Ausmaßen über das ganze Bayernland herein, das während des Dreißigjährigen Krieges durch die feindlichen Soldaten ohnehin schon genug zu leiden hatte. Die heimgesuchten Städte und Dörfer verloren oft mehr als zwei Drittel ihrer Einwohner. In manchen Ortschaften gab es keine Familie mehr, die nicht ein Opfer des Schwarzen Todes zu beklagen hatte.

Oberammergau war bisher noch nicht von der Pest erreicht worden, wenn auch die Kunde von der schrecklichen Seuche, die ganz Bayern mit ihrem schwarzen Leichentuch zudeckte, schon bis in das abgelegene Bergtal vorgedrungen war.

„Möge Gott uns vor der Pestilenz bewahren!" beteten die Dorfbewohner inständig zum Himmel. Sie beschlossen, mit allen ihnen zu Gebote stehenden Mitteln das Eindringen des Gifthauches der

Seuche in ihren Ort zu verhindern. Sie sperrten die schmalen Zugänge zu ihrem Tal, das ansonsten ganz von den Bergen umringt und somit geschützt war. Sie verwehrten allem und jedem von außerhalb, ihren Bereich zu betreten. Gleichermaßen war es natürlich auch den Oberammergauern selbst bei schwerster Strafe verboten, ihren Heimatort zu verlassen - sei es auch aus noch so dringenden Gründen - andere Dörfer zu besuchen und dann wieder zurückzukehren. Wer einmal draußen war, musste auch draußen bleiben und durfte unter keinen Umständen mehr herein.

Durch diese kluge Maßnahme gelang es, die todbringende Krankheit lange von Oberammergau fernzuhalten.

Da geschah es eines schönen oder besser gesagt eines unseligen Tages, dass ein Tagelöhner, der schon monatelang hinter dem Ettaler Berg in Eschenlohe gearbeitet hatte, glaubte, die erzwungene Trennung von seiner geliebten Frau und seinen kleinen Kindern nicht mehr länger ertragen zu können. Als das Kirchweihfest nahte und er aus diesem Grund einige Zeit frei hatte, beschloss er, allen strengen Verboten zum Trotz, die Feiertage im Kreise seiner Familie in Oberammergau zu verbringen.

„Ich bin hier geboren und kenne mich aus“, dachte er, mir wird es wohl gelingen, unbemerkt durch die Sperren hinein- und wieder herauszugelangen. Die Tage im Ort selbst wird mich meine Frau verstecken.“

Auf verborgenen Pfaden schlich er sich des Nachts über das Gebirge. Unglücklicherweise schaffte er es, bis in das Tal und bis zu seiner Familie vorzudringen, ohne dass jemand es bemerkte. Mit ihm aber kam das Verderben nach Oberammergau, denn er trug den tödlichen Keim der Krankheit bereits in sich, obwohl er nichts davon wusste. Nur drei Tage lang konnte er sich an seiner Familie erfreuen, dann warf ihn die Pest auf das Lager und raffte ihn binnen weniger Stunden dahin.

Von da an wütete die Seuche auch in dem bisher verschonten Ort. Voller Verzweiflung versammelten sich die Bewohner in der Kirche und flehten inständig zu Gott um Hilfe und Rettung.

„Wir Oberammergauer geloben feierlich, Dein Leiden und Sterben, oh Herr Jesus Christus, alle zehn Jahre in einem Passionsspiel darzustellen und so die Menschen immer wieder daran zu erinnern, was Du für uns alle getan hast, wenn Du, oh Gott der Güte und Barmherzigkeit, das fürchterliche Übel der Pest von uns nimmst!“

Dies versprachen die frommen Leute in ihrer höchsten Not, und ihr Gebet verklang nicht ungehört. Auf wunderbare Weise wurde dem Sterben plötzlich Einhalt getan und bald kehrte wieder das normale Leben in dem Gebirgsdorf ein.

Die Oberammergauer aber vergaßen auch in den guten Tagen nicht, wem sie ihre Rettung zu verdanken hatten. Schon ein Jahr nach den geschilderten Ereignissen wählten sie mit großer Sorgfalt die Frömmsten und Würdigsten unter ihren Bürgern aus. Diese sollten das Leiden und Sterben Christi nach Art der alten Mysterienspiele auf einer großen Bühne allem Volk nahebringen. Die Kunde von dem Gelübde und der wundersamen Erhörung war schon in das ganze Bayernland sowie über die Grenzen nach Österreich gedrungen, und als es endlich so weit war, dass die Passion aufgeführt werden konnte, kamen von überall die Menschen herbeigeströmt.

Seither erfüllen die Oberammergauer getreulich alle zehn Jahre ihr Versprechen. Mit den berühmt gewordenen Passionsspielen aber kam Segen in das einstmals arme Gebirgstal. Die Fremden, die teils von weither angereist waren, nahmen als Andenken an ihren Aufenthalt die schönen Schnitzereien, die von den Bauern in den langen Winterabenden angefertigt worden waren, mit nach Hause. Diese neue Erwerbsmöglichkeit brachte den Oberammergauern einen gewissen Reichtum und damit eine Erleichterung ihres in damaligen Zeiten gewiss nicht einfachen Lebens in den Bergen.

Immer wieder war die Aufführung des Passionsspieles von Verboten bedroht, so mussten sie sich die Oberammergauer etwa 1710 wieder neu von der Obrigkeit genehmigen lassen. Textlich die erste schriftlich greifbare Fassung aus dem Jahre 1880 verfasste Pfarrer Daisenberger, der aus einer Oberauer Bauernfamilie stammte. Sie ist aber wahrscheinlich schon um das Jahr 1865 geschrieben worden. Immer wieder wurden in den Textfassungen die neuesten Strömungen der Zeit und ihrer Glaubensauffassungen berücksichtigt.

Bis auf den heutigen Tag werden die Passionsspiele mit großem Erfolg aufgeführt. Nur die Einwohner des Ortes dürfen daran mitwirken. Die zu Darstellern erwählten Frauen und Männer lassen sich Haare und Bärte wachsen und üben ihre Rollen, die anderen fertigen die Requisiten und nähen die Gewänder. Jeder im Ort trägt seinen Teil zum Gelingen der Aufführungen bei.

Skizze v. C. Stauber - auf Holz gez. v. Franz Kollarz 1881

König Ludwig II. bei den Passionsspielen

1871 wurde das Oberammergauer Passionsspiel, das 1870 wegen des Krieges gegen Frankreich abgebrochen worden war, weil nicht genügend Männer als Darsteller im Dorf anwesend waren, nachgeholt. Der König verlangte damals eine Separatvorstellung - nur für sich alleine. In einem zeitgenössischen Bericht steht über diese Aufführung geschrieben:

Der einsame König saß in dem rohen Oberammergauer Theater, niemand neben ihm, niemand vor oder hinter ihm, außer seinem eigenen Gefolge (vier Hofbeamte). Er gab sich selbst vollkommen dem Geist des Spiels hin, und seine Gefühlsregungen erwachten bei den Szenen unter freiem Himmel.

Die Kreuzigungsgruppe auf dem Osterbichl

Auf dem Osterbichl bei Oberammergau steht eine Kreuzigungsgruppe aus Stein von gewaltigem Ausmaß. König Ludwig II. schenkte sie seinen „den Sitten der Väter getreuen Oberammergauern“ im Jahr 1875. Der König hatte selbst den Standort ausgesucht. Zur damaligen Zeit war diese Gruppe das größte Steindenkmal in Bayern.

Eine Straßenlokomotive beförderte den 480 Zentner schweren Sockel und einen Teil der Figuren, blieb aber auf der Strecke von Oberau hinauf nach Ettal am Kienberg stecken. Wie es heißt, konnte der Transport erst mit Hilfe von 80 Feuerwehrleuten aus Oberammergau und mit Flaschenzügen wieder fortgesetzt werden.

Ein weiteres Unglück überschattete die Errichtung der Kreuzigungsgruppe. Die 40 Zentner schwere Statue des Johannes, die auf einem von 16 Pferden gezogenen Fuhrwerk herangeschafft wurde, kam bei einer Rast am Kienberg ins Rutschen.

Dem Steinmetzmeister Hauser, der herbeigeeilt war, die Last noch besser zu sichern, zerquetschte sie die Brust, dann fiel sie vom Wagen und begrub dessen Gesellen Koferlenz unter sich. Noch heute erinnert an dieser Stelle am Kienberg ein Marterl an diesen tödlichen Unfall.

Die Kreuzigungsgruppe wurde am 15. Oktober 1875, dem Geburtstag der Mutter des Königs, eingeweiht. Bis zum Jahr 1879 kam Ludwig II. an diesem Gedenktag immer in der Abenddämmerung zum Osterbichl, um für seine Mutter zu beten. Als sich das aber herumgesprochen hatte und sich dort immer mehr Zuschauer versammelten, unterließ der menschenscheue König diese Fahrten.

Der unterirdische Gang bei Oberammergau

Der Sagenforscher J. N. Sepp schreibt im Jahr 1876:

So ein geheimer Gang zieht von Bärenbach bei Oberammergau nach dem Loysachthal hinab.

Die Gedenktafel im Schilcherhof in Oberammergau

Im Garten eines schönen Hotels in Oberammergau, das sich schon lange Zeit im Familienbesitz befindet, steht unter einem alten Zwetschgenbaum ein Gedenkstein, auf dem geschrieben ist:

AM 18. MÄRZ 1991 GERAUBT
WURDE DAS
ETTALER GNADENBILD
DURCH FÜGUNG DES
BARMHERZIGEN GOTTES
AN DIESER STELLE UNVERSEHRT
WIEDERGEFUNDEN.
IHM
GEBÜHREN
LOB, DANK UND EHRE
ABT EDELBERT UND DER
KONVENT VON ETTAL
1991 24. AUGUST 1992

Der Gedenkstein erinnert an den Diebstahl des berühmten Ettaler Gnadenbildes im genannten Jahr. Damals hatte ein englischer Staatsbürger, der aus Saudi-Arabien kam, wo er bei einer Firma arbeitete, sich im Schilcherhof in Oberammergau unter dem falschem Namen Ferish - ein Anagramm seines Namens Fisher - eingemietet. Er fiel nicht weiter auf, weil zu der Zeit sich dort wegen des Irak-Kriegs auch einige Nato-Offiziere befanden, die aber - aus Sicherheitsgründen - in Zivil waren. Er tat, als gehöre er zu dieser Gruppe. Er hatte große Geldsorgen und hohe Schulden. Darum hatte er beschlossen, das Ettaler Gnadenbild zu stehlen und Lösegeld dafür zu erpressen. Bei einer Führung erkundete er die genauen Örtlichkeiten und machte sich dann an die Ausführung seines Vorhabens.

Er fertigte eine zwar laienhafte, in der Größe aber genaue Kopie der Ettaler Statue aus Gips an, passte einen geeigneten Augenblick ab, in dem die Kirche ohne Besucher war, kletterte auf den Hochaltar und tauschte die Ettaler Madonna gegen seine Kopie. Dies wurde nicht sofort entdeckt, weil er der Kopie die barocken Kleider der Madonna übergestreift hatte.

Alte Darstellung des Gnadenbildes von Ettal

Eine Schwester aus dem Kloster bemerkte den Diebstahl, aber es konnte nicht viel anderes unternommen werden, als Leute zu befragen, die etwas beobachtet haben könnten, und überall nach dem Gnadenbild zu suchen.

Dann traf das erste Erpresserschreiben ein, in dem 900 000 DM Lösegeld gefordert wurden, sonst würde das Gnadenbild zerstört. Der Abt antwortete zurückhaltend. Es trafen noch mehrere Erpresserschreiben ein, aus verschiedenen Teilen der Erde, etwa aus Thailand. Der Engländer forderte dabei einmal, einen Scheck an die Saudi-Arabische Firma, bei der er arbeitete, zu senden. Dies war sein Fehler; durch dieses Schreiben kam die Polizei auf seine Spur und konnte den Erpresser in England verhaften. Er wurde an die deutschen Behörden ausgeliefert und in München nach seinem Prozess zu drei Jahren Gefängnis verurteilt.

Das Gnadenbild von Ettal hatte er, eingehüllt in einen alten Pullover und einen schwarzen Müllsack nur etwa 30 cm tief im Hotelgarten unter dem Zwetschgenbaum, an einer Stelle, die ganz uneingesehen ist, vergraben. Es war völlig unversehrt und hatte auch durch die lange Liegezeit keinerlei Schaden genommen. Es wurde erneut geweiht und wieder an seinen angestammten Platz in der Ettaler Kirche zurückgebracht - von da an aber gesichert.

Zum Andenken daran wurde die Tafel im Garten des Schilcherhofes in Oberammergau angebracht, genau dort, wo das Gnadenbild gefunden worden war.

Der feurige Reiter von Oberammergau

In der Gegend von Oberammergau soll des Abends oft ein furchterregendes Gespenst sein Unwesen getrieben haben. Wie diejenigen behaupteten, die ihm begegnet waren und die es daher ja wissen mussten, handelte es sich dabei um einen seltsamen Reitersmann. Er war samt seinem Pferd von einem hellen Feuerschein umgeben und sah aus, als sei er geradewegs dem Flammenofen der Hölle entsprungen. Meist jagte er wie von Furien gehetzt einen Felsenhügel hinunter, der in der damaligen Zeit den Namen „Knappenfeld“ führte und zur Gruppe der „Drei Kästen“ gehört.

Oberammergau - Kgl. Forstamt, Foto von Otto Aufleger 1909

Besonders Kinder, die des Abends nicht nach Hause gehen wollten, sollen oft unliebsame Bekanntschaft mit dem feurigen Gespenst geschlossen haben und von ihm in Angst und Schrecken versetzt worden sein. So war es in Oberammergau früher ein oft gebrauchtes Mittel, unfolgsame Lausbuben oder -dirndl durch die Drohung zur Räson zu bringen, sie würden ganz gewiss vom feurigen Reiter heim gescheucht, wenn sie sich bei Einbruch der Dunkelheit nicht freiwillig zu Hause einfinden würden.

Die Kappel zum Hl. Blut bei Unterammergau

In der Nähe von Unterammergau kommt man, wenn man in Richtung Bayersoien geht, nach kurzer Zeit an ein schönes, auf einem Hügel gelegenes Gotteshaus, das „Kappel zum Hl. Blut" genannt wird. Woher dieser Name kommt, berichtet A. Schöppner 1852:

Der Überlieferung zufolge befand sich im grauen Altertum in dieser Kapelle ein Teil des nämlichen heiligen Blutes, welches von Judith, der Gattin des Bayernherzogs Heinrich I. aus welfischem Stamme bei ihrer Verehelichung als Brautschatz nach Bayern gebracht und nach ihrem Tode von Herzog Welf vor Antritt seines Kreuzzuges dem Kloster Weingarten in Württemberg geschenkt wurde.

Wirklich hat man einen merkwürdigen Beleg für die Richtigkeit dieser Tradition aufgefunden, nämlich das Gefäß, das in ältesten Zeiten zur Aufbewahrung des Hl. Blutes gedient hatte. Es ist eine Art Speisekelch mit einem abnehmbaren Deckel auf beiden Seiten mit gotischen Türmen versehen, in deren Bögen Figuren angebracht sind, welche mit den Personen, die bei der Auffindung des heiligen Blutes in Mantua eine Rolle spielen (im Jahre 1048), vollkommen zusammenstimmen.

Das Hl. Blut befand sich noch, wie aus Kirchenrechnungen hervorgeht, im Jahre 1667 zu Kappel. Um das Jahr 1680 war es verschwunden und erst 1734 erhielt die Kirche wieder eine, aber sehr unbedeutende Reliquie dieser Art aus Rom.“

Unterammergauer Bürger in Tracht auf einem Votivbild von 1800

Das Venedigermanndl bei Unterammergau

In Unterammergau wurden die Venedigermanndln früher oft gesehen. Jörg Denzer befragte dazu Josef Schratt senior, der erzählte:

„Bei uns im Haus hat das Mannd'l gewohnt, wenn es sich vom Goldsuchen in den Bergen ausgeruht hat. Die anderen im Dorf haben Angst gehabt, weil's geheißen hat, dass es zaubern kann. Immer im Frühjahr ist das Venedigermanndl gekommen und hat den Sommer über oben in den Bergen nach Gold gesucht, in den Gufellöcher-Höhlen."

Er berichtete weiter, was ihm einst seine Vorfahren über das Venedigermanndl überliefert hatten, dass es nämlich im Herbst, wenn es genug Gold aus den Höhlen am Laubeneck gesammelt hatte, wieder nach Italien zurückgekehrt sei.

Aus Dankbarkeit für die ihm gewährte Gastfreundschaft habe der Zwerg nach vielen Jahren bei seinem letzten Besuch dem Ur-Ur-Großvater von Josef Schratt angeboten, ihm den Ort zu verraten, wo das Gold zu finden sei, ja ihn sogar hinzuführen. Der aber habe Angst vor den Zauberkünsten des Zwerges gehabt und ihm nicht ganz getraut. Darum sei er nicht mitgegangen. So kommt es, dass heute niemand mehr weiß, wo das Gold verborgen ist.

Der Geist der Sennerin im Ammerwald

Auf einer Alm im Ammerwald ist es nicht geheuer. Wie es heißt, geht dort eine ehemalige Sennerin um. Was sie sich in ihrem Erdenleben zuschulden kommen hatte lassen, weiß heute niemand mehr. Aber es wird immer wieder berichtet, dass jemand sie gesehen hat.

Es ist schon lange her, da übernachtete einmal ein Wanderer, der sich verspätet hatte und den die Dunkelheit überrascht hatte, auf der Hütte. Um Mitternacht wachte er plötzlich auf. Er sah, dass sich die Türe öffnete und eine Sennerin hereinkam. Ohne zu zögern begann sie zu arbeiten, als sei helllichter Tag. Sie machte Butter und Käse und kochte am Herd ein Mus. Zu seiner nicht geringen Verwunderung beobachtete der Mann, dass die mitternächtliche Köchin statt Mehl Asche verwendete.

Plötzlich schaute die Sennerin, die ihn bisher nicht beachtet hatte, auf, sprach ihn zu seinem größten Schrecken an und forderte ihn auf, das Mus mit ihr zu essen. Er getraute sich aber nicht, sich dem Geist zu nähern. Da wurde er noch ein zweites und ein drittes Mal, jedes Mal dringender als vorher, herbeigerufen.

Nun muss man, wie jeder weiß, gehorchen, wenn einen ein Geist dreimal ruft. Zitternd setzte sich der Mann zu Tisch und aß mit der Sennerin das Mus, das sie ihm vorgesetzt hatte. Er brachte es kaum hinunter und musste immer wieder würgen, während die Sennerin mit großem Appetit zu essen schien.

Tapfer aß er weiter, bis die gespenstische Gastgeberin ihren Löffel weglegte. Da hörte auch er sofort auf, obwohl ihm das Mus inzwischen seltsamerweise gar nicht mehr so übel schmeckte. Das aber war falsch gewesen, denn gleich darauf begann die Sennerin bitterlich zu weinen und war dann urplötzlich verschwunden. Hätte es der Mann über sich gebracht, das Mus noch ganz aufzuessen, wäre sie erlöst gewesen.

Der Hexentanzplatz am Hexenbödele

Der 2039 m hohe Säuling ragt unmittelbar hinter Schloss Hohenschwangau in die Höhe. Dieser Berg war den Menschen früher nicht ganz geheuer. Es wurde erzählt, dass zu bestimmten Zeiten, nicht nur in der Walpurgisnacht, die Hexen aus der ganzen Umgebung auf seinem Gipfel zusammenkämen, ihre verbotenen Rituale und Satanskulte dort abhielten und bei wilden Gelagen ausgelassen mit den Höllischen tanzten. (Anmerkung 36)

Der Kreuzweg zwischen Reutte und Mühl, genau am Feldkreuz, galt als besonders gefährlich. Dort konnte man, so heißt es, das „Hexenspiel“ vorbeiziehen hören und wer sich noch nach dem Gebetläuten am Abend dort noch aufhielt, der konnte von ihm mitgerissen werden und durch die Lüfte zum Hexentanzplatz mitgenommen werden.

Besonders übel sollen die Hexen einmal einem Burschen namens Benedikt Trenzini aus der Umgebung (Pflach) mitgespielt haben, der für seinen Jähzorn und sein gotteslästerliches Fluchen bekannt war.

In einer jener gefährlichen Nächte, in denen die Hexen ihr Unwesen trieben, wurde er vom Klingen zahlreicher Glocken geweckt. Er meinte, seine Ziegen seien aus dem Stall entwischt und rannte aus dem Haus. Kaum aber hatte er dessen schützende Schwelle überschritten, packten ihn mehrere Hexen, die ihm schon aufgelauert hatten, und zerrten ihn an seinen Haaren an einen verborgenen Platz im Wald, wo ein helles Feuer brannte.

Wie er später berichtete, beschlugen sie ihm seine Hände und Füße mit Hufeisen und legten ihm wie einem Tragetier Zaumzeug an. Dann setzten sie sich auf seinen Rücken und zwangen ihn, sie auf den Gipfel des Säuling zu tragen. Dort wurde er wie ein Pferd angebunden und konnte zusehen, welch wüste Orgie an diesem Ort stattfand. Nach der Geisterstunde musste er die Hexen wieder ins Tal bringen. Aber noch bevor er ganz unten angelangt war, begann schon das Gebetläuten.

Da mussten die Hexen endlich von ihm ablassen. Die Hufeisen fielen von seinen Händen und Füßen ab und er fand sich, er konnte nicht sagen, wie er dort hingekommen war, vor der Schwelle seines Hauses. Von Stund an soll er für den Rest seiner Tage ein seltsamer Kauz gewesen sein, ein Wilderer, dem niemand ankonnte, einer, der Zauberkräfte besaß und sie auch nutzte. Jedermann ging ihm aus dem Weg.

In alten Schriften wird weiter über sein weiteres Leben erzählt:

Von da an war er lange Zeit krank und er hat ein absonderliches und närrisches Wesen angenommen. Oft lag er in seinem Bett und erzählte die furchtbaren Erlebnisse der Hexennacht vor sich hin. Dann wieder packte es ihn plötzlich. Er ergriff seinen Knotenstock, rannte den Berg hinauf und fuhr mit Hilfe seines Stockes mit sonderbarer Leichtigkeit über die steilsten Geröllhalden und Steinrutschen wieder hinab.

Diese Kunstfertigkeit kam ihm besonders zustatten, wenn er mit irgendwelcher Schmuggelware auf der Flucht vor Grenzjägern war. Da setzte er sich dann nur auf seinen Stock und ritt über Berg und Tal davon, so dass man ihn nie auf frischer Tat ergreifen konnte. Bald hörte man aus Tirol, bald aus dem Bayerischen oder Schwäbischen allerlei üble Dinge über den Trenzini. Im Unterland, in Ulm und Neuburg soll er unter seinem Namen als welscher Hexenmeister aufgetreten sein und allerlei Unruhe gemacht haben. Den ganzen Lech entlang, bis über Augsburg hinaus, kommt sein Name in vielen Sagenbruchstücken vor. Stets ist davon die Rede, dass er eine Hexennacht mitgemacht habe und daher selbst ein unsauberer Geselle geworden sei.

Das „Hexenross" oder auch den „Hexenreiter" nannte man ihn in der Gegend von Pflach.

Trotzdem war der Trenzini kein eigentlicher Teufelsbündler; er hatte ja nie einen Pakt unterschrieben. Aber es hatte sich an ihm bewahrheitet, was man allenthalben wusste, dass jemand, der einmal in seinem Leben bei einem Hexentanz mitgetan hatte, seiner Lebtag vom Hexen- und Teufelswesen nicht mehr loskommen konnte.

Als der Trenzini im Sterben lag – es war in einer elenden Heuschinde in der Schongauer Gegend – da soll sich ein Lärmen und Brausen in den Lüften erhoben haben, dass die Leute entsetzt Reißaus nahmen. Die einen meinten, es sei der Widerstreit der guten und bösen Mächte um des Trenzini Seele gewesen; andere aber hielten es für wahrscheinlicher, dass nur die Hexen untereinander gestritten hätten, welche von ihnen dem Teufel den längst erwarteten fetten Höllenbraten bringen dürfe.

Der Weihnachtswald bei Hohenschwangau

Nahe Hohenschwangau heißt ein Waldstück „Weihnachtswald". Die wundersame Begebenheit, wegen der es so genannt wird, erzählt uns Franz von Kobell im 19. Jahrhundert in einem Gedicht:

Es war um die heilige Weihnachtszeit
Der Schnee umhüllte weit und breit
Die Höhe und die Heide;
Da sucht' ein Mägdlein Holz im Wald
(Ach Gott, der Winter ist so kalt!)
Im starren Kleide.

Und wie sie sammelt und sich müht,
Wo's eisig an den Bäumen blüht,
Da rauscht es aus den Bergestoren,
Es stürmt mit dichten Flocken herein;
Geh heim, geh heim, du Mägdelein,
Bist sonst verloren!

Weihnachtsfeier mit Kripperl – Ausschnitt aus Zeichnung

Doch ach! den Weg sie nicht mehr sieht,
Und schnell die Nacht herniederzieht,
Es zittern ihr die Glieder
Und immer wilder tobt's daher
Sie geht und geht und kann nicht mehr,
Da sinkt sie nieder.

Und auf den Knien bang und bleich
Fleht sie laut zum Himmelreich
Und betet um Erbarmen
Und ruft die lieben Engel an;
Durch Tränen die schönen Augen sah'n.
Gott helf der Armen!

Da plötzlich wie vom Mondeslicht
Ein Schimmer durch das Dunkel bricht;
Es schweigt das grause Tosen
Und statt des Schnees ein Blumenflor
An Busch und Baum rankt sich empor
Mit duft'gen Rosen.

Und lieblich grün sprosst Blatt um Blatt
Am Holz, das sie gesammelt hat,
Und dran des Eises Ringe,
Die wurden all' zu blankem Gold
Ein Glanz, wie wenn die Sonne hold
Sie reich umfinge.

Da rafft sie die prächtigen Reiser auf
Und bringt sie heim in freud'gem Lauf,
So wollte Gott es lenken. –
Und jene schön bewachs'ne Hald'
Die heißt seitdem der Weihnachtswald
Zum Angedenken.

Der Schwangauer Freischütz

Ein „Freischütz", ein Schütze dessen Kugeln immer unfehlbar ihr Ziel treffen, hat, so wissen es die Leute, immer einen Bund mit dem Teufel geschlossen. In der Gegend um Schwangau nannte man sie deshalb „Teufelskügler", aber auch „Hoareschütz" oder „Pfanneschütz". Eine tiefe Waldschlucht beim Branderschrofen galt als der Ort, wo die Teufelsbündler ihren Pakt mit dem Bösen schlossen und ihn dann alle sieben Jahre erneuern mussten. Der Teufel erschien in Gestalt eines kleinen Kerls, ähnlich wie ein Venedigermanndl, hatte jedoch einen langen Schwanz, den er siebenmal um den Körper gewickelt trug, keine Hörner und eine Zipfelkappe auf dem Kopf. Er verlangte für seine Dienste die Seele des Schützen und dessen Blutunterschrift unter den Vertrag.

Der Freischütz musste dem Teufel die Knochen ungetauft verstorbener Kinder bringen und daher vor seinem Treffen mit ihm in der Waldschlucht an den Friedhöfen umliegender Dörfer danach graben. Je mehr Knochen er bringen konnte, desto mehr Freikugeln goss ihm der Teufel. Ein Freischütz genoss fortan außer seiner Treffsicherheit noch andere Privilegien: Das Alter konnte ihm nichts anhaben, ja er schien die ewige Jugend geradezu gepachtet zu haben. Zudem hatte er immer genug Geld in der Tasche, war der Wildeste auf dem Tanzboden und die Frauen konnten seiner magischen Anziehungskraft nur schwer widerstehen.

Als einmal ein Teufelsbündler aus Schwangau wieder neue Munition brauchte, in seiner Gegend aber jahrelang kein Kind ungetauft gestorben war, lauerte er einer Frau auf, die gerade ein Neugeborenes zur Taufe trug und erschoss das Kind in deren Armen, um später an dessen Knochen zu gelangen. Solch ein schrecklicher Vorfall trug sich in der Gegend daraufhin noch mehrmals zu. Da wussten die Leute, dass ein Freischütz hinter den Morden stand. Wie es heißt, habe er aber trotzdem den geforderten Kinderknochentribut nicht leisten können, sei deshalb von Teufel geholt worden und schnurstracks in die Hölle gekommen.

Schwangau – Goldene Chronik

Hohenschwangau – Stich von Wening um 1700 (Ausschnitt)

Andere erzählen das Ende der Geschichte anders:

Danach hatte ein Pater des Klosters St. Mang in Füssen in einem alten Buch nachgelesen, wie man solch einem Teufelsbündler seine Macht wieder nehmen konnte, nachdem er erfahren hatte, wie sie dieser gewonnen hatte:

Wer nach einer Beicht ohne Reue und nach gottesräuberischer Kommunion die heilige Hostie an einer blitzgespaltenen Wettertanne befestigte, dann aus sieben Schritt Entfernung in mond- und sternloser Nacht darauf schoss, der war dadurch zum Freischütz geworden.

Solch einen Frevel hatte wohl auch der Schwangauer Freischütz einst begangen. Jener fromme Pater wollte ihn gern sühnen. Da er nicht wusste, bei welchem Baum die Hostienschändung vollzogen worden war, zeigte ihm Sankt Magnus im Traum die Tanne. Mit einem Zug frommer Beter ging er in den Wald, um das Allerheiligste zurückzuholen.

Wie weiter berichtet wird, begegnete die Prozession auf dem Rückweg dem Freischützen, der fröhlich pfeifend daherschritt. Plötzlich aber, vor aller Augen, verwandelte sich der rüstige Mann in einen Zittergreis. Er wankte mit letzter Kraft vor den Priester, fiel vor ihm nieder und bekannte öffentlich seine Untaten. Sterbend erhielt er die Lossprechung und rettete so noch seine Seele vor der Verdammnis.

Der Geist auf der alten Burg Schwanstein

Dort, wo jetzt Neuschwanstein steht, befand sich auf steilem Felsen einst eine Burg, deren Überreste noch vorhanden waren, als König Ludwig II. seinen Traum von einem neuen Schloss verwirklichte. An dieser Stelle, so wird berichtet, war es nie recht geheuer.

Oft sahen Leute, die sich nachts in der Gegend dort aufhielten, um Mitternacht einen Geist. Der wandelte, in ein weißes Priestergewand gekleidet, ruhelos während der gesamten Geisterstunde dort hin und her. Anschließend stürzte er sich vom Felsen in die Tiefen der Pöllatschlucht hinab und ward nicht mehr gesehen – bis zur nächsten Nacht um die Geisterstunde, in der sich der Vorgang wiederholte. Wie es heißt, handelte es sich bei dem Geist um einen untreuen Mönch, der sich eine Frau genommen hatte und mit ihr einst, in der Ruine versteckt, gelebt hatte. In einer wilden Gewitternacht aber hielt er die Qualen seines Gewissens nicht mehr aus und stürzte sich in die Pöllatschlucht hinab, um sein Leben zu beenden. Seither muss er umgehen. Auch die unglückliche Frau soll, nachdem sie einige Zeit alleine gelebt hatte, gleich ihrem Mann Selbstmord begangen haben. Sie sprang ebenfalls von dem Felsen in die Schlucht hinab und fand dort den Tod.

Der Schatzgräber und die Weiße Frau auf der Burg Schwanstein

Früher erzählten die Leute von einem großen Schatz, der tief unten in den unterirdischen Gängen und Gewölben der ehemaligen Burg Schwanstein verborgen liege. Eine Frau in weißen Gewändern sei zur Hüterin desselben bestimmt. Als einmal ein paar arme Tagelöhner in der Nähe der Burg auf einem Acker arbeiteten, erschien sie ihnen und sagte:

Entwurfszeichnung für Neuschwanstein von Christian Jenk

„Ich habe zu meinen Lebzeiten schwer gesündigt und muss darum umgehen. Ihr könntet mich erlösen, wenn ihr den Schatz, den ich bewachen muss, hebt. Das ist ganz einfach, aber ihr dürft nicht furchtsam sein!"

Einer der Leute fragte, nachdem er seinen ersten Schrecken über das plötzliche Erscheinen der Frau – gleichsam aus dem Nichts – überwunden hatte: „Was müssen wir tun, um dich zu erlösen?"

Da erklärte die weiße Gestalt mit einem tiefen Seufzer, dass ganz weit unten in der Burg in einem Gang, dessen Lage sie dem Frager genau beschrieb, eine große Truhe voller Münzen sei:

„Das ganze Geld gehört demjenigen, der die Truhe aufschließt und es herausnimmt. Öffnen kann er sie mit der Tannenwurzel, die davor auf dem Boden liegt. Gelingt das, so bin ich erlöst. Es ist ganz einfach, nur darf er sich nicht vor dem schwarzen Pudel fürchten, der auf der Truhe sitzt."

Nach diesen Worten verschwand die Weiße Frau. Die Leute machten sich sofort auf die Suche und fanden auch den Eingang zu dem Gang, in dem die Truhe stand. Als sie aber den schwarzen Pudel mit gefletschten Zähnen und wild rollenden Augen darauf sitzen sahen, wurden sie von einer unüberwindbaren Furcht erfasst und stürzten Hals über Kopf davon.

Etliche Zeit später machte sich ein Mann aus Schwangau, der von dieser Geschichte gehört hatte, daran, den Schatz zu finden. Er verbrachte fast seine ganze freie Zeit in der alten Ruine und grub und scharrte darin herum, ohne den Eingang zum Gewölbe oder gar die Truhe zu entdecken. Die Leute verspotteten ihn schon wegen seiner vergeblichen Mühen. Er aber ließ sich in seinem Tun nicht beirren. Es verging eine gewisse Zeit, da kaufte sich der Mann, der vorher bettelarm gewesen war, plötzlich ein schönes großes Haus. Er eröffnete darin einen Krämerladen und war seiner Lebtag lang ein reicher und angesehener Bürger. Ob er den Schatz wohl doch gefunden hat?

Der Schatz in der Ruine und der Höllenpudel

Etwas anders wird die Sage von dem Schatz in der Ruine der alten Burg Schwanstein von Karl Reiser 1895 überliefert:

Ein paar Männer aus der Gegend um den Forggensee wollten einmal auf schnellem Weg zu Reichtum gelangen. Darum trafen sie sich neun Nächte hintereinander heimlich bei der alten Burg Schwanstein und gruben dort in der Ruine nach den Schätzen.

Endlich fanden sie ein unterirdisches Gewölbe, in dem eine schöne Dame in Nonnenkleidung auf einer riesigen Kiste saß. Bevor sie verschwand, soll sie den Schatzsuchern noch gesagt haben:

„Nehmt euch den Schatz, aber fürchtet euch nicht vor dem Pudel."

Die Männer versuchten, die Truhe mit vereinten Kräften fortzuschaffen. Es gelang ihnen nicht, öffnen aber konnten sie diese auch nicht, weil der Schlüssel zu den schweren, aus Eisen geschmiedeten Schlössern fehlte.

Da fiel einem von ihnen ein, dass man mit einer Salbeiwurzel, im Volksmund „Springwurzel" genannt, jedes Schloss aufbringen könnte. Gesagt, getan! Einer von ihnen holte solch eine Wurzel herbei und wirklich konnte er mit ihr die Schlösser öffnen.

Wer aber beschreibt das Entsetzen der Schatzsucher, als sie statt des erwarteten Goldes einen riesigen schwarzen Pudel mit rotglühenden Augen vorfanden, der sie mit drohend gefletschten Zähnen anknurrte. Sie erschraken so sehr, dass sie Schatz Schatz sein ließen und in wilder Panik davonrannten.

Wie es heißt, zerbarst daraufhin der Felsen, auf dem die Burg stand, während eines schrecklichen Unwetters und fast die ganze Ruine samt dem Schatz versank in der Erde. Wie es heißt, soll der Schatz aber von Zeit zu Zeit nach oben ans Tageslicht kommen

und sich „sonnen“ (Anmerkung 68). Dann reicht das eine Ende eines Regenbogens genau an die Stelle, wo er sich befindet.
„Schwarzpudel“ war lange ein Spitzname für die Leute aus der Gegend um den Forggensee und es ärgerte diese sehr, wenn man ihnen ein Goldstück zeigte und dazu „Schwarzpudel“ sagte.

Der Teufelssee bei Saulgrub

Ein kleiner See nahe Saulgrub bei Bad Kohlgrub wird „Teufelssee“ genannt. Er soll, obwohl so klein, unergründlich tief sein. Dazu schreibt J. N. Sepp im Jahre 1876:

Das Teufelsseele (Duifelsseele) bei Kohlgrub ist eine unergründete Tiefe, die sich mitten im Moose jäh hinabsenkt, und nicht leicht zufriert. Man kann im Sommer gar nicht, und nur bei Frost in Winterszeit in die Nähe kommen.

Von Werwölfen, Wolfgängern und Wolfshunger

Früher glaubten die Leute, dass manche Menschen sich mit Hilfe von bösen Mächten in bestimmten Nächten in einen reißenden Werwolf verwandeln könnten, dann über unglaubliche Kräfte und Schnelligkeit verfügten und mit einem unstillbaren Hunger, dem „Wolfshunger“, durch die Gegend streifen würden, auf der Suche nach Beute, mit der sie diesen Hunger stillen könnten. Wer einem Werwolf begegnete, der war seines Lebens nicht mehr sicher, gleich ob Mensch oder Tier. Er wurde gnadenlos von der Bestie zerrissen und aufgefressen. Die Werwölfe zogen auch mit dem „Woudl“, dem wilden Jäger und jagten die armen Holzweiblein oder verirrte Wanderer.
Am Tag nahmen sie wieder ihre menschliche Gestalt an und lebten oft lange Zeit unerkannt in ihren Dörfern.
Derjenige, der sich in einen Werwolf verwandeln wollte, musste gewisse Geheimnisse wissen und höchst eigenartige Dinge anwenden. Ein Rezept aus Niedersachsen:
„Man muss sich aus der Haut eines Gehängten einen Gürtel schneiden und diesen mit einer siebenzüngigen Schnalle versehen.

Legt man den Gürtel um und schließt die Schnalle, so ist die Verwandlung vollzogen. Nach dem gleichen Rezept kann man einen Werwolf zurückverwandeln, wenn man ihn unter den Bauch schlägt und dabei so trifft, dass die Schnalle sich öffnet. Dann steht ein nackter Mensch entzaubert da."

Die „Kunst des Wolfens" kann auch erlangen, wer die Hand eines Gehängten und sieben Wolfszähne auf seinem Leib trägt, dabei müssen die Zähne an einer Lederschnur unter dem Hemd um den Hals hängen. Natürlich kann man den Mann, der heimlich ein Werwolf ist, entzaubern und seiner Kräfte berauben, wenn es einem gelingt, das Halsband mit den Zähnen aufzuknüpfen oder auf sonst eine Weise zu lösen. Das ist aber sehr gefährlich.

Im Allgäu konnte nur der ein Wolfgänger werden, der einen Pakt mit dem Teufel schloss, wie der Sagenforscher Chr. v. Schmid im 19. Jahrhundert schreibt:

„Ein besonderer Trick der Verwandlung besteht darin, dass der Wolfer drei geschändete Hostien auf dem Leib trägt, mit denen er täglich irgendwelchen abscheulichen Frevel treiben muss. Im Allgäu entzaubert man einen Wolfer, wenn man ihm etwas Geweihtes in den Leib schmuggelt."

So versuchte man ihn dazu zu bringen, ein Tier, das geweihte Kräuter gefressen hatte, zu verschlingen:

„Auf diese Weise hat man einmal in Zaumberg einen Wolfgänger überführt, der viel Unheil unter dem Vieh angerichtet hatte. Die Überraschung war groß, als der Wolf sich als einer der angesehensten Bauern entpuppte, der immer am meisten über den Wolf geschimpft hatte. Nach drei Tagen starb der Mann an einem schlimmen Fieber; seine Leiche verpestete die Luft derart, dass man ihn sogleich eingraben musste."

Auf dem Weg nach Lenggries fand einmal ein Holzknecht den Aufbruch eines Tieres. Wie viele arme Leute der Zeit hatte er immer Hunger und aß daher die Eingeweide wie sie waren, ohne sie gekocht zu haben. Wie es heißt, waren es aber die Überreste eines Wolfes gewesen und darum plagte den unglücklichen Mann von da an ein unstillbarer Hunger, ein sogenannter „Wolfshunger", wie man das seltsame Phänomen im Volk nannte. Mehrere Wochen wurde er davon gequält und musste dann elend sterben.

Unter Soldaten sollen sich, nach dem Glauben der Leute früher, besonders viele Wolfgänger befunden haben, weil sie auf ihren Kriegszügen oft an Galgen- und Richtplätzen vorbeikamen und sich dort das nötige „Rüstzeug“ beschaffen konnten.

In Trauchgau, Baierniederhofen und Buching ließ man deswegen niemals Soldaten in den Stall. Man räumte lieber die Stube aus und legte dorthinein ein Strohlager.

Ein altes Sprichwort besagt: „Gib dem Soldaten gut zu essen, sonst fällt dich der Wolf an und frisst dich arm!“

Werwölfen wurde früher auch oft das plötzliche Verschwinden kleiner Kinder angelastet.

Der Wau-wau am Kindleinsgraben

Früher drohte man manchmal einem Kind, das nicht artig sein wollte:

„Wart nur, der Wau-wau wird kommen und dich mitnehmen!“

Der Wau-wau war nach dem Glauben der Leute ein bösartiger Geist in Wolfsgestalt aus der Meute des wilden Jägers.

Es ist schon mehr als 240 Jahre her, da führte sich einmal eines der Kinder des Webers von Steigrain den ganzen Tag über recht ungezogen auf. Es machte seinen Geschwistern die Spielsachen kaputt, quengelte, nörgelte und schrie herum, und was auch immer die Mutter sagte, es hörte nicht auf sie und folgte nicht. Diese geriet darüber schließlich in großen Zorn und setzte das Kind, als es sich am Abend immer noch ganz ungebärdig benahm, um es zu erschrecken vor die Haustüre und rief:

„Wau-wau, nimm es mit!“

Zu ihrem unbeschreiblichen Entsetzen aber war das Kind daraufhin tatsächlich verschwunden, so, als hätte es der Erdboden verschlungen. Totenbleich stürzte die Weberfrau ins Haus zurück und berichtete, was vorgefallen war.

„Gehe sofort wieder hinaus und mache ein Kreuz über der Stelle, denn sicher haben die Geister dein Kind verzaubert!“ empfahl ihr eine anwesende Nachbarin. Die verzweifelte Mutter tat, was ihr geraten worden war, doch vergebens: Ihr Kind war und blieb verschwunden. Da trommelte sie alle Nachbarn zusammen und bat sie

Steingaden - Bäuerin in Trauer
Ausschnitt aus Gemälde von Johann Georg v. Dillis

händeringend um Hilfe. Gemeinsam machten sie sich auf die Suche nach dem Kind. Aber so sehr sie sich auch mühten, sie konnten nicht die geringste Spur von ihm finden.

Einige Zeit nach diesem rätselhaften Ereignis ging ein Bewohner des Dorfes - er hieß Niklas Off - auf das Hörnle um Holz zu schlagen. Lustig pfiff er vor sich hin und freute sich des schönen Tages. Doch jählings erstarb ihm das fröhliche Lied auf den Lippen, als er plötzlich mitten im Bergwald eine kleine weiße Gestalt reglos am Boden liegen sah.

Er lief rasch darauf zu und erkannte zu seinem Entsetzen, dass es das vermisste Kind des Webers war. Bleich und tot, das stille Gesichtchen zur Erde gedrückt, nur mit einem dünnen Hemdchen bekleidet, so lag es unter der mächtigen Fichte. Erschüttert hob der Mann das unglückliche Kind auf seine Arme und brachte es ins Dorf zurück. Dort wurde es unter der Anteilnahme aller Bewohner in einem schweigsamen Zug zu Grabe getragen.

Diese Geschichte ereignete sich im Jahre 1767. Das schreckliche Geschehen ließ sich aber nicht so schnell aus dem Gedenken der Menschen löschen. Einige Jahre nachher ließen die Leute des Ortes eine Tafel mit einem Bild anfertigen. Diese zeigte, wie das Kind, das nach allgemeiner Ansicht der wilden Jagd zum Opfer gefallen war, von Niklas Off entdeckt worden war. Außerdem wurde seither der Bach, der nahe an der Fundstelle vorüberfließt, nur noch „Kindleinsgraben“ genannt. Auch erzählte man früher Kindern in der Gegend um Bad Kohlgrub auf ihre Frage nach der Herkunft der Kinder, dass man diese im Kindleinsgraben fände.

Der Herrgott auf der Wies

Anfang des 18. Jahrhunderts lebte im Steingadener Kloster Pater Magnus Straub. Er war ein geschickter und kunstsinniger Mann. Als damals eine Christusfigur für die Karfreitagsprozession gebraucht wurde, die im Jahr 1732 als eindrucksvolle Glaubensdarstellung eingeführt werden sollte, fertigte er eine Statue des Heilandes an der Geißelsäule an, indem er sie aus verschiedenen älteren Teilen zusammensetzte, während ein Ordensbruder namens Lukas Schwaiger sie dann kunstvoll bemalte. Dies soll 1731 (nach anderen 1730) geschehen sein. In den Jahren 1732-1734 wurde das

Standbild, das mit seiner Höhe von 128,5 cm fast Menschengröße erreichte, drei Jahre lang bei den Prozessionen mitgeführt. Nun fürchteten sich aber die Kinder vor dem so arg gemarterten Heiland, den Erwachsenen erschien die Figur zu armselig und dem Abt sagte der ernste, leidende Ausdruck des Heilands nicht zu, weil er so gar nicht in die fröhliche Zeit des Rokoko passte. Darum schenkte er das Standbild dem Gastwirt Jeremias Rehle. Dieser wiederum übergab es vier Jahre später an eine Verwandte, an die Bäuerin Maria Lory, deren Hof „auf der Wies“ in der Nähe von Steingaden stand.

Am 14. Juni 1738, als der Bauer und die Bäuerin mit ihrem Gesinde vor dem Christusbild das Abendgebet sprachen, bemerkten sie, wie mit einem Mal aus den Augen der Statue Tränen quollen (Anmerkung 79). Ein heiliger Schrecken erfasste alle Anwesenden. Scheu nahm der Bauer nach einer Weile ein blütenreines Tuch und tupfte damit das kostbare Nass ab. Das Tüchlein brachte seine Frau sodann dem Steingadener Abt Hyazinth Gassner und berichtete ihm den eigenartigen Vorfall.

Mit Zustimmung des hohen geistlichen Herrn erbaute er gegenüber von seinem Loryhof eine Feldkapelle, in die er das wundertätige Christusbild stellte. Die Kapelle ist bis auf den heutigen Tag erhalten. Rasch sprach sich das wundersame Geschehen herum und bald kamen die Leute aus der ganzen Umgebung zum „Herrgott auf der Wies“, wie sie ihn liebevoll nannten. Sie trugen ihm ihre Bitten und Anliegen vor, erflehten Heilung von schlimmen Krankheiten und Hilfe in seelischen Nöten. Oft fanden sie wunderbare Erhörung. 1744 wurde die Kapelle geweiht und von diesem Zeitpunkt an konnten auch hl. Messen darin gelesen werden.

Bald aber vermochte das kleine Kirchlein den Zustrom der Pilger, die aus allen umliegenden Ländern, sei es aus Deutschland, Böhmen, Ungarn, Frankreich oder Italien kamen, nicht mehr zu fassen. Immer wieder musste es erweitert werden. Inzwischen war jedoch der Wessobrunner Baumeister Dominikus Zimmermann beauftragt worden, an dieser Stelle eine große Wallfahrtskirche zu errichten. 1746 begann und 1754 vollendete er die „Wies“, wie sie im Volksmund nach dem alten Hausnamen des Loryhofes genannt wurde. Sie gilt als das Meisterwerk des bayerischen Rokokos und als eines der schönsten Gotteshäuser Bayerns.

Das Gnadenbild „der Herrgott auf der Wies“ fand seinen endgültigen Platz im Hochaltar der Kirche. Die Wieskirche, wirklich inmitten grüner Wiesen gelegen, erfreut sich nicht nur bei den Kunstfreunden, die aus aller Welt kommen, das reifste Werk Zimmermanns zu bestaunen, großer Beliebtheit, sondern auch beim gläubigen Volk, das dem „Herrgott auf der Wies“ vertrauensvoll seine Nöte und Anliegen vorträgt.

Steingaden – Alter Stich

Der Ulrichritt bei Steingaden

In Steingaden wird jedes Jahr der Ulrichritt abgehalten, entweder am Tag des hl. Ulrich, dem 4. Juni, selbst – wenn dieser auf einen Sonntag fällt – oder am Sonntag danach. Er führt zum Kreuzberg nahe der berühmten Wieskirche. Von allen Seiten strömen die Reiter herbei, wobei sich die meisten zuerst am Marktplatz in Steingaden versammeln.

P. E. Rattelmüller beschreibt den Ritt im Jahr 1956, den er gesehen hat:

Am rechten Flügel der aufgezogenen Reiterformation ein Reiter mit einer Stange, ähnlich einem kleinen Maibaum, in der Größe einer stattlichen Standarte, oben mit einem kleinen Kranz geziert, der mit weißen und roten Bändern aufgehängt ist und deren Enden im Wind flattern. Dann sind zwei andere Bauern angeritten, jeder im schwarzen Anzug mit schwarzem Hut. (Aus: „Pferdeumritte“)

Diesen mit weißblauen Schärpen geschmückten Vorreitern folgte eine lange Kolonne von Reitern. Sie trabten hinauf zum Kreuzberg, wo die Messe von einem mitgerittenen Geistlichen gelesen wurde. Anschließend hielt er hoch zu Ross seine Predigt und spendete Reitern und Pferden den Segen. Dann ritt jeder Teilnehmer dreimal um die Kirche herum und dann dorthin zurück, woher er gekommen war, nach Steingaden, nach Trauchgau oder zu einem Hof in der näheren oder weiteren Umgebung.

Die Messen für die Armen Seelen in Steingaden

In Steingaden wurde lange Zeit, bis hin zur Säkularisation im Jahr 1803, eine Jahrmesse für drei unbekannte Sünder gelesen, die drei Holzfäller aus Lechbruck gestiftet hatten. Dazu war es so gekommen:

In den Sameisterseen bei Lechbruck, die zu der Zeit noch einen einzigen See bildeten, sahen die genannten drei Holzfäller, die dort arbeiteten, einmal drei seltsame Gestalten in langen weißen Gewändern am anderen Ufer im Schlamm sitzen. Diese weinten, jammerten und stießen so herzzerreißende Seufzer aus, dass die Holzfäller, von Mitleid ergriffen, sich daran machten, hinüberzurudern, um ihnen zu Hilfe zu kommen. Plötzlich aber tauchte aus dem Wasser ein teuflisches Wesen mit riesigen Fangarmen auf, das nach den erbärmlich Schluchzenden griff. Die drei Holzfäller aber warteten nicht ab, was weiter geschah, sie ruderten, von panischer Furcht ergriffen, an Land zurück.

Als sie daheim diese Geschichte erzählten, wurden sie zuerst ausgelacht. Dann aber erinnerte sich ein uralter Mann, dass drei Sünder, die vor Jahrhunderten das Kloster St. Mang um wichtige Wasserrechte betrogen hatten, nach ihrem Tod zur Verbüßung ihrer Vergehen in den See gebannt worden seien. Dort müssen sie bis zu ihrer Erlösung ausharren. Als sie dies erfahren hatten, stifteten die drei Holzfäller die Messen für diese Armen Seelen in Steingaden.

Immer wieder aber versuchte der Teufel, ihrer habhaft zu werden, sie auf das trockene Land und damit in seine Gewalt zu bringen. So wollte er auch einmal den See verlanden lassen. Ein Gaukler aus fremden Landen, der in seinen Diensten stand, verstopfte in seinem Auftrag die Quelle auf dem Auerberg, die den See speiste.

Dennoch fand ein kleines Rinnsal seinen Weg hinunter zum See, und die Armen Seelen haben deshalb noch immer genug Wasser.

Noch im Jahr 1820 stand an dieser Quelle ein Kreuz, das sie gegen alle Angriffe des Teufels schützte. Ein Bild, das am Fuß des Kreuzes angebracht war, zeigte drei flehende Gestalten, die bis zur Hüfte im Wasser standen.

Wie der Schmied von Steingaden den Teufel überlistete

Manche Menschen hatten, nach dem Glauben der Leute früher, die Gabe, Lebendiges zu bannen oder zu „g'frören" (erstarren zu lassen), so dass es an Ort und Stelle verharren musste, und nicht imstande war sich zu bewegen, zu rufen oder sonst ein Lebenszeichen von sich zu geben. Der Bann war erst gebrochen, wenn ihn derjenige, der ihn befohlen hatte, rückgängig machte.

Solch ein Zauberer soll einst ein Schmied bei Steingaden gewesen sein, wie in einer alten Schrift überliefert ist:

Ein Schmied in Steingaden oder Lechbruck hatte sich dem Teufel verschrieben. Als Gegenleistung musste der Satan ihm helfen, dass der Schmied nie ein Ross „vernageln" konnte. Denn wenn es ihm niemals mehr widerfuhr, dass er ein Pferd schlecht beschlug, dann war er ja der beste Schmied weit und breit.

Damit ein Hufschlag gerät, muss sich das Pferd möglichst ruhig halten. Oft werden aber, wie man weiß, mehrere gewachsene Männer so einem Ross, das sich nicht beschlagen lassen will, kaum Herr. Der Teufel hatte nun den Schmied gelehrt, wie man die Pferde, bevor sie beschlagen wurden, „g'frören" könne; so ein Tier ist dann ganz starr und bewegungslos und lässt alles über sich ergehen. Nun war es freilich ein recht jämmerlicher Anblick, wenn ein Ross zitternd und schwitzend in den Bann fiel; aber den Rosshaltern war es doch noch lieber, als wenn sie immer in Gefahr standen, von einem unruhigen oder scheuenden Pferd geschlagen zu werden. So war der kunstreiche Schmied bald landauf, landab berühmt und machte ein gutes Geschäft.

An dem Tag aber, als die im Pakt vorgesehene Frist abgelaufen war und der Schmied hätte seine Seele dem Teufel lassen müssen, trat der Leibhaftige in die Schmiede. Ehe er jedoch zu Wort kommen konnte, packten auf ein Zeichen des Meisters die Gesellen den Satanas und hielten ihn über die Glut in der Esse. Der Blasbalg tat ein Übriges und schon fingen Hosenboden und Schwanz des Beelzebub bedenklich zu glimmen an. Da heulte der Teufel laut auf, denn irdisches Feuer war er nicht gewöhnt. Als der Schmied herzutrat, bat ihn der Leibhaftige, er möge ihn doch aus den Händen dieser groben Kerle befreien; er wolle ihm dafür den Pakt aufs Neue verlängern. So kam der Schmied für diesmal um seine Höllenfahrt herum.

Als der Teufel nach Ablauf der zweiten Frist wieder in die Schmiede trat, war diese voller Kundschaft. Der Schmied, der alle Hände voll zu tun hatte, bat den Teufel, ein bissele zu warten. Er solle doch derweil im Garten draußen Nüsse brocken. Das ließ sich der Teufel, der gerne Nüsse isst, nicht zweimal sagen. Voller Freude stieg er auf den nächsten Nussbaum und merkte vor lauter Brocken und Schnabulieren nicht, wie der Lehrbub ihm die Leiter wegzog. Weil aber der Teufel bekanntlich nur den Weg zurückgehen darf, den er gekommen ist, war er nun auf dem Baum gefangen. Der Schmied ließ sich neuerdings die Frist verlängern, ehe er die Leiter bringen und den Teufel vom Baum herunter ließ.

Wieder durchlebte der Schmied Jahre erfolgreicher Arbeit, bis eines Tages der Satan zum drittenmal sein Bocksgesicht in die Schmiede steckte und den Schmied mahnte, es sei Zeit. Der stand diesmal gerade allein am Amboss und bog Hufeisen. Er sagte, er wolle sich dreingeben; nur dieses Eisen, das ihm so besonders schön gelungen sei, möchte er schnell noch vollends zurechtfeilen. Wenn ihm der Herr Teufel helfen würde, es richtig in den Schraubstock zu setzen, wäre er geschwinder fertig. Der dumme Teufel tut's, und im gleichen Augenblick fasst der Schraubstock des Satans Pranken samt dem Hufeisen. Der Geschwänzte ächzte und schrie, machte die tollsten Luftsprünge und heulte und fluchte vor Wut. Unser Meister aber feilte lustig drauf los, bald am Hufeisen, bald an den Krallen des Gottseibeiuns; ja, er soll sogar noch ein Liedlein dazu gepfiffen haben.

Da merkte der mit dem Pferdefuß, dass er bei diesem nicht so leicht aus der Zwickmühle käme, und bettelte und versprach alles Mögliche. Aber der Schmied feilte ruhig weiter. Schließlich tat der Teufel das äußerste Angebot: Der Schmied solle des Paktes völlig entlassen sein und seine Gförkunst überdies behalten, wenn er ihn nur loslasse. Jetzt drehte der Meister den Schraubstock auf, und mit einem Höllengestank fuhr der Teufel aus der Schmiede. Der Schmied aber lachte, dass das Eisen schepperte.

Als schließlich der Schmied eines Tages sterben musste, wusste er nicht wohin, denn es stand weder ein teuflischer noch ein himmlischer Bote bereit, um ihn abzuholen. Aus alter Freundschaft klopfte er deswegen zuerst einmal in der Hölle an. Wie man dort aber durchs Guckfenster schaute und den Schmied erblickte, verrammelten des Teufels Gesellen gleich die Tür und riefen:

„Herrje, lasst bloß den nicht herein, sonst ist die ganze Höll verloren!“

Darauf probierte es der Meister an der Himmelspforte. Aber auch Sankt Petrus wollte nichts von ihm wissen, was man verstehen kann. Ganz scheinheilig sagte da der Schmid:

„Lieber heiliger Peter, lass mich doch wenigstens von außen in die ewige Seligkeit hineinlugen!“

Wie darauf der heilige Türsteher ein Ruckerle aufmachte, warf der Schmied flugs seinen Zwerchsack in den Himmel hinein und sprang ihm nach, als wollte er ihn wieder holen. Sankt Peter schaute ganz verdutzt, aber der alte Schmied saß auf seinem Eigentum und rief:

„Sankt Peter, tu di it vergräme,
Schmeißt du mi naus, müescht' du di schäma!“

Was blieb da dem guten Himmelspförtner übrig, als sich dreinzuschicken!? So ließ er den schlauen Schmied halt in Gottesnamen auf seinem Zwerchsack neben der Himmelstür sitzen. Da soll es ihm nun allerdings manchmal recht langweilig sein, besonders, wenn lange Zeit keiner aus Lechbruck oder Steingaden kommt, der ihm das Neueste von daheim erzählen könnte. (Anmerkung 38)

Die Windsbraut am Illasberg

„Windsbraut“ oder „Windhuttl“ wurde früher ein Wirbelwind oder ein Sturm bezeichnet und war in der Volkssage dessen Verkörperung. Die Windsbraut zog auch mit der Wilden Jagd. In alten Schriften (teilweise vor 1800) steht darüber:

*Am Illasberg östlich von Roßhaupten konnte man lange Jahre kaum heuen. Die Berghofer Bauern, denen die Wiesen gehörten, brachten keinen rechten Schochen (*Anmerkung 39) *zusammen. Jedes Mal, wenn das dürre Heu gehäufelt wurde, fuhr ein Windstoß dazwischen und machte die ganze Arbeit zunichte. Die halbe*

Heuernte hing oft in den Wipfeln der nahen Tannen. Es kam schließlich so weit, dass kein Mensch mehr an dieser Stelle heuen wollte. Da kam einer von Niederhofen auf den Gedanken, es könnte am End die Windsbraut im Spiel sein, und er ging der Sache nach. In einem alten Zauberbuch fand er schließlich den richtigen Spruch:

„Windhuttl, hol mein Healasack,
Laß dös Grummet flacka!
Soll it pfludra,
Tuat it wuachra."

Das will heißen: Windhexe, hol meinem Spreusack und lass das Heu (Grummet) dafür liegen. Es soll nicht fliegen, es ist ja nicht im Überfluss gewachsen. – Dazu musste der Bauer ein kleines Säckchen mit Spreu in die Luft werfen. Nahm die Windhüttl die Spreu aus dem Säcklein an, dann war sie zufrieden und ließ Heu und Grummet in Ruhe. Fiel aber das Säcklein herunter, ohne dass es sich entleert hatte, dann war die Beschwörung misslungen. – Die Berghofer Bauern übten den Zauber von da an fleißig und brachten es mit der Zeit so weit, dass heute am Illasberg so gut geheut werden kann wie anderswo.

Merkwürdige Geschichten von Holzweiblein und Moosleuten

Wie in vielen anderen Gegenden Bayerns, war es auch im Isarwinkel, im Werdenfelser Land oder im Pfaffenwinkel üblich, dass die Holzknechte beim Fällen einer Föhre mit der Axt drei Kreuze auf den stehen bleibenden Baumstumpf einschnitten. So gekennzeichnet, waren sie nach ihrer Überzeugung Freiplätze oder Asylstätten für die Holzweiblein, die Moosleute oder auch für die Seelen im Wald verunglückter oder ermordeter Menschen, die noch immer am Ort ihres Todes umgehen mussten.

Wenn in rauen Sturmnächten das Wilde Heer durch die Wälder jagte und jene Unglücklichen verfolgte, so konnten sie sich auf diese gesegneten Plätze retten. Dort waren sie vor den bösen Höllengeistern in Sicherheit. Die Macht der Dämonen, die sonst jedes

Waldmännlein oder Holzweiblein, dessen sie habhaft werden konnten, unbarmherzig in Stücke rissen und der wilden Hundemeute, die sie begleitete, zum Fraße vorwarfen, war durch das heilige Zeichen des Kreuzes gebrochen.

Holzknechte, die solche Freistätten geschaffen hatten, wollen den Dank der kleinen Waldgeister auf vielerlei Weise erfahren haben. So behaupten manche, die bis in die Nacht hinein gearbeitet hatten, nur mit Hilfe jener freundlichen Wesen aus dem dunklen Forst herausgefunden zu haben, ohne sich zu verirren. Manchmal fanden sie auch an den unwahrscheinlichsten Stellen im Wald herrliche Hirsch- oder Rehgeweihe, die sie für gutes Geld verkaufen konnten. Die sehr stark mit der Natur verbundenen Holzknechte waren felsenfest davon überzeugt, dass dies alles Gesten der Dankbarkeit von Waldgeistern waren.

In der Vorstellung waren Waldmännlein, Holzweiblein oder Moosleute klein von Gestalt und den Zwergen sehr ähnlich. Während aber diese im Innern der Berge hausen, leben die Holz- und Moosleute in den Wäldern. Ihr Leben ist eng mit der Bäume verknüpft, auf denen sie wohnen. Wird der Baum gefällt oder entrindet, so muss das Waldgeistchen, das darauf haust, auch sterben.

Schlecht erging es einmal einem Mann, der das Leben der kleinen Waldgeister gering achtete. Von ihm wird in den Jahren zwischen den beiden Weltkriegen in der „Bergheimat" folgende Geschichte erzählt:

Ein anderer, aber sehr roher und ungeschlachter Bauer hörte einst auf dem Heimwege die wilde Jagd daher brausen. Aus Vorwitz wollte auch er mit jagen helfen und begann zu schreien und zu schnalzen, wie es die Treiber auf der Klopfjagd zu tun pflegen. Da rief ihm der wilde Jäger zu:

„Brav Kamerad! Sollst deinen Teil haben!"

Am andern Morgen, als er in den Pferdestall gehen wollte, hing ein Viertteil eines Moosweibchens an der Tür des Stalles. Erschrocken hierüber ging der Bauer unverweilt zum Pfarrer und beichtete ihm reumütig seinen Mutwillen. Der Seelsorger verwies ihm denselben ernstlich, ermahnte ihn dringend zur Besserung seines Lebenswandels und riet dem Bauern, zu seiner geistigen und leiblichen Wohlfahrt, das Fleisch unberührt hängen zu lassen, auf dass ihn der wilde Jäger hernach nicht darum anfechte. Der Bauer gehorchte dem Rate, und das unheimliche Wildbret kam ebenso unbemerkt wieder fort, als es hingekommen war. Dessen ungeach-

tet konnte der Bauer seines Lebens nicht mehr recht froh werden, und er starb auch nach wenigen Jahren.

Die Holz- und Moosleute, so heißt es, besitzen die Fähigkeit, sich in Nachtvögel wie Eulen oder Käuzchen zu verwandeln. In deren Gestalt warnen sie die Menschen durch ihre schaurigen Rufe vor drohendem Unheil oder mahnen sie an den Tod.

Ausschnitt aus Gemälde von Caspar David Friedrich

„Wenn das Käuzl schreit, muss bald einer sterben!“ raunte früher die Großmutter ihren Enkeln geheimnisvoll ins Ohr und teilte ihre eigene Furcht vor dem Unbegreiflichen, dem Übersinnlichen den Kindern mit. Dennoch waren die Holz- und Moosleute nach Ansicht der Leute gute Geister, die dem Menschen nicht übel wollten und ihn aus reinem Mitgefühl vor dem Tod warnten. Darum versuchte jeder, dem es möglich war, ihnen Freistätten zu schaffen und sie vor dem Wilden Jäger zu retten.

Das Pestmännlein von Rottenbuch

Das Stift zu Rottenbuch hatte früher, wie es damals üblich war, seine eigene Gerichtsbarkeit. Einst war ein Vogt (Anmerkung 40) für die Chorherren tätig, der mehr für seinen Geldbeutel Recht sprach, als für das Gesetz. So kam es, dass die Klosteruntertanen oft unter seinen harten und ungerechten Urteilen zu leiden hatten.

Einmal, als der Richter nach einer üppigen Tafelei gerade sein, wie er meinte, wohlverdientes Mittagsschläfchen hielt, begehrte ein Bauer aus der Umgebung dringend Einlass. Es war ein wilder, ungepflegter Geselle mit fett verklebten schwarzen Haaren, der nur ein paar schmutzige Fetzen auf dem Leib trug. Er wurde allerorts nur „der Filzdraken" genannt. Gleich einem Drachen hatte er nämlich in dem niedrigen Gebüsch eines Hochmoores - genannt Filz -, eine ärmliche Behausung für sich und seine Familie gebaut. Dort lebte er in Not und Elend. Erst ein paar Tage zuvor hatte ihn der Vogt in ungerechter Weise hart bestraft und ihm ohne Grund seine einzige Kuh wegnehmen lassen.

Der Richter erschrak, als er den Bauern erkannte. Und weil sein schlechtes Gewissen ihn sofort an sein Unrecht gemahnte, war er besonders grob und unhöflich zu ihm, denn er wurde nicht gerne an seine Fehler erinnert.

„Wie kannst du es wagen, elender Lumpenkerl, mich in meiner Mittagsruhe zu stören?" fuhr er ihn drohend an. „Wenn du etwas vorzubringen hast, so komme zu einer anderen Zeit, sonst werde ich meine Knechte rufen und dich für deine Unverschämtheit bestrafen lassen!"

Der Filzdraken duckte sich bei der gestrengen Rede zwar, ließ sich aber nicht abschrecken. Er murmelte etwas Unverständliches in das Gestrüpp um sein Gesicht und hielt dem Richter an einer alten Feuerzange einen verbeulten, staubigen Bauernhut hin.

Da schwoll dem Klostervogt erst recht der Kamm. Er riss den Hut herunter, warf ihn zu Boden und trampelte wütend darauf herum.

„Was erlaubst du dir, frecher Mensch, mir solch ein ekliges, schmutziges Ding vor die Nase zu halten!" schrie er, rot vor Zorn. „Das soll dich teuer zu stehen kommen!"

„Nichts für ungut, Euer Ehren", antwortete der Bauer bedächtig und ließ sich durch den Tobenden nicht aus der Ruhe bringen. „Die Sache, wegen der ich gekommen bin, ist von so großer Wichtigkeit, dass ich Euer Ehren sofort darüber unterrichten muss.

Ich will Euch kurz erzählen, was geschehen ist. Gestern hütete der Jürgennaz, mein ältester Bub, die letzten zwei Geißen, die mir Eure Knechte noch gelassen haben. Er hatte großen Hunger und weinte, weil er nichts zu essen hatte. Seit Ihr unsere Kuh habt wegtreiben lassen - ich weiß nicht warum -, ist nämlich Schmalhans bei uns Küchenmeister. Aber wie dem auch sei, als der Bub so heulte und schrie, kam mit einem Mal ein wunderliches Männlein aus dem Wald herbei. Es war fast nackt, hatte nur einen Laubgürtel um die Lenden und ein Hütchen auf dem Kopf. Es war ganz gelb im Gesicht und hatte seltsam glasige Augen. Da fürchtete sich der Jürgennaz und wollte schnell weglaufen. Aber das Männlein hatte ihn schon am Kittel gepackt und hielt ihn fest. Dabei rief es unablässig mit weinerlicher, heiserer Stimme:

'Wehe, wehe aber wehe!'

Als es meinem Buben endlich gelungen war, sich loszureißen, rannte er sofort zu mir und berichtete mir alles, was vorgefallen war. Da bin ich flugs hinausgelaufen, um nach dem Männlein zu sehen. Es war aber nicht mehr da, nur sein Hütchen, das es dem Jürgennaz hatte schenken wollen, lag noch auf dem Boden. Dieses Hütchen nun habe ich Euer Ehren gebracht."

„Ja und, was ist daran so wichtig? Was geht mich der Hut des wunderlichen Gesellen an?" schrie der Vogt aufgebracht.

„Je nun, Euer Ehren, ich bin ja noch nicht fertig!" erwiderte der Bauer. „Wie ich also den Hut gesehen habe, da ist mir mit einem Mal eine alte Geschichte in den Sinn gekommen. Zu Zeiten meiner Großväter, als die Pest im Lande war, soll vor Ausbruch der Krankheit ein hässliches, nacktes Weiblein einem Hirtenmädchen begegnet sein und ihm ein paar Strümpfe geschenkt haben. Das arme Ding soll sie sogleich angezogen haben und kurz darauf an der Pest gestorben sein. Und danach hat das große Sterben im ganzen Land angefangen.

Wie mir nun so diese Geschichte durch den Kopf ging, da dachte ich in meiner Einfalt, dass das wunderliche Männlein womöglich zu dem wunderlichen Weiblein von damals gehört, und dass es uns mit dem Hut wieder die Pest gebracht hat. Es ist meine Pflicht, das sofort zu melden, und darum bin ich gekommen. Damit ich aber nicht gleich selbst an der Krankheit sterbe, habe ich den Hut nur mit einer Zange angefasst. Ich weiß sehr gut, dass jeder, der solch ein verseuchtes Stück auch nur mit einer Fingerspitze berührt, dem Tod verfallen ist."

Während der Rede des Bauern war der Richter weiß geworden, wie eine gekalkte Wand. Mit Schrecken kam ihm zum Bewusstsein, dass er das verderbliche Ding in seiner Wut dem Filzdraken mit beiden Händen entrissen hatte. Auch wusste er, dass die Geschichte von dem Pestweiblein auf Wahrheit beruhte, denn er hatte sie selbst schon in einer alten Chronik des Klosters gelesen. Die Beine versagten ihm den Dienst, und ganz schwach vor Entsetzen sank er auf die Liegestatt, wo er seinen Mittagsschlaf hatte halten wollen.

„Ich bin verloren, ich habe die Pest in mir!“ Mit fürchterlicher Klarheit erkannte er diese erschreckende Tatsache. Da erfasste ihn ein unbezwingbarer Hass auf den Todesboten, der unterwürfig lächelnd vor ihm stand.

„Du hast mein Verderben gewollt, weil ich dir deine Kuh weggenommen habe.“ stieß er mühsam hervor. „Aber freue dich nicht zu früh! Wenn ich sterbe, so sollst du auch nicht davonkommen!“

Er griff nach seiner Dienstpfeife, um seine Knechte herbeizurufen. Er wollte den Filzdraken einsperren und streng bestrafen lassen. Dieser ahnte aber gar wohl, was der Richter vorhatte. Hurtig schlug er ihm daher das Pfeifchen aus der Hand und sprang zur Türe hinaus. Als Abschiedsgruß rief er noch höhnisch zurück:

„Ich wünsch Euch wohl zu sterben, Euer Ehren!“

In ohnmächtigem Grimm musste der Vogt dulden, wie der Überbringer des Verderbens sich ungehindert entfernte. Es hatte ihn mit einem Mal eine seltsame Übelkeit befallen und er fühlte sich so schwach und elend wie noch nie in seinem Leben. Zusehends verschlechterte sich sein Zustand. Auch ein Arzt, den seine Knechte später zu Hilfe gerufen hatten, als sie ihren Herrn so krank gefunden hatten, konnte ihm nicht mehr helfen. Kalter Schweiß brach ihm aus allen Poren, und bald vermochte er weder zu reden noch sich zu bewegen. Bei jedem Atemzug war es ihm, als pressten eiserne Klammern seine Brust zusammen und drückten ihm unerbittlich die Luft ab, nach der er so verzweifelt rang. Da packte ihn schließlich eine so entsetzliche Todesangst, dass sich sein Geist verwirrte.

Noch in der gleichen Nacht starb der ungerechte Richter unter diesen grausamen Qualen.

Über den seltsamen Todesfall entstand in der ganzen Gegend ein großes Gerede. Überall griff die Furcht vor dem Ausbruch der mörderischen Seuche um sich. Aus Angst vor der Ansteckung wurde dem bösen Vogt von Rottenbuch kein ehrenvolles Begräbnis zuteil, sondern er wurde nur vom Schinder (Anmerkung 18) in aller Eile verscharrt.

Die Geschichte vom Auftreten des Pestmännleins und vom plötzlichen Tod des Richters war bald weit über die Grenzen des Klostergebietes hinaus bekannt. Bald wollten viele, die davon gehört hatten, das unheilvolle Gespenst selbst gesehen haben. Einige Hirten behaupteten, es sei ihnen schreiend nachgelaufen. Auch mehrere Leute, die im Wald Holz gesammelt hatten, wollten ihm begegnet sein. In ihrer Todesangst erinnerten sich die Menschen der gefährdeten Gegend wieder mehr an Gott und hielten sich - wie immer in schlechten Zeiten - mehr an seine Gebote. Die Herren wurden barmherziger gegen ihre Untergebenen, weil sie selbst Barmherzigkeit bitter notwendig hatten. Gemeinsam beteten Arme und Reiche, Hochgestellte und Niedrige um die Abwendung der schrecklichen Gefahr.

Und wirklich, außer dem bösen Vogt von Rottenbuch fiel niemand der gefürchteten Krankheit zum Opfer. Da verstummten mit der Zeit die Berichte, wonach das Pestmännlein irgendwo aufgetaucht sein sollte. Es verschwand schließlich ganz und wurde nie mehr gesehen. Wohl wurden nun hier und da Gerüchte laut, die ganze Geschichte sei vielleicht eine Erfindung des Filzdraken gewesen. Der habe damit wegen des ihm zugefügten Unrechts an dem Richter Rache nehmen wollen, meinten die Leute, aber beweisen konnten sie dem Bauern natürlich nichts.

Das Totenmoor bei Rottenbuch

In früheren Zeiten herrschte der Aberglaube, dass Gehängte oder solche, die sich selbst erhängt hatten, Unheil über die Gemeinde brächten, in der sie begraben würden. Aus diesem Denken heraus ist es verständlich, dass jedes Dorf tunlichst vermied, solch einen Unglücklichen in seinem Bereich zur letzten Ruhe zu betten. Man bemühte sich vielmehr, ihn an einen Ort zu schaffen, wo ihm eine unselige Wiederkehr nicht möglich sein würde. Die Moore, die alles, was sie einmal in ihre Tiefe hinab gezogen haben, nicht wieder freigeben, schienen den Menschen daher am besten geeignet, diese unliebsamen Toten zu bestatten. Solche Moore nannte man deshalb auch Totenmoore. Einer dieser unheimlichen Sümpfe ist „die Schnalz“ bei Rottenbuch. Auch böse Geister, vor denen man verschont sein wollte, bannte man früher in Flaschen und warf diese dann dort in ganz bestimmte Wasserlöcher. So entledigte man sich damals unliebsamer Poltergeister im Haus und ähnlicher überirdischer Störenfriede.

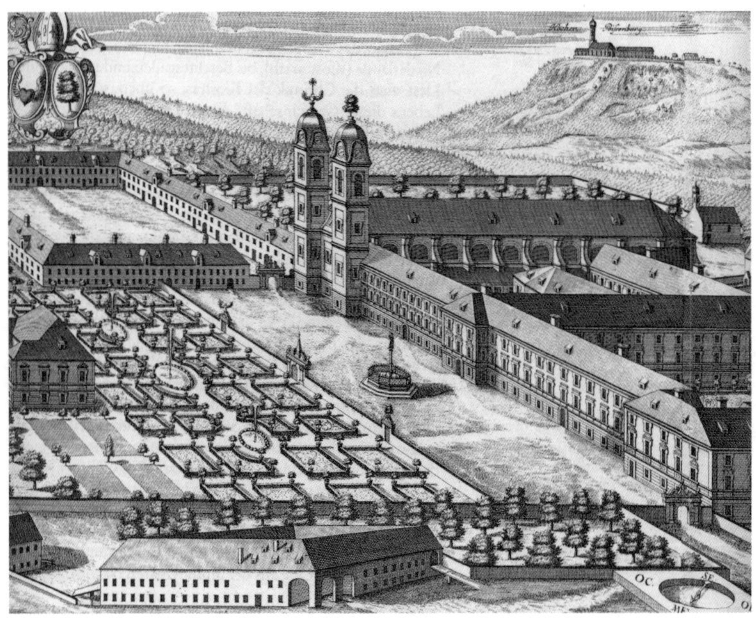

Rottenbuch – Ausschnitt aus Stich v. Wening

Zur Nachtzeit war es nicht ratsam, dieses Moor zu betreten. Dann trieben nämlich die Dämonen ihr Unwesen. In der Gestalt von Fröschen, die aber der menschlichen Sprache mächtig waren, lärmten und rauften sie dort herum, dass jeder, der ihre scheußlichen Stimmen vernahm, blindlings das Weite suchte, in seinem Schrecken den Weg verlor und hoffnungslos in die Irre lief. Manchmal sollen die höllischen Mächte auch als seltsame weiße Schnecken erschienen sein. Die Leute mieden diese unheimlichen Sümpfe bei Dunkelheit ängstlich und warnten auch Ortunkundige immer davor, sie zu den gefährlichen Nachtstunden zu betreten.

Das Frauenbrünndl bei Rottenbuch

Jahrhunderte lang lag, im dichten Wald bei Rottenbuch versteckt, eine Heilquelle, die nur die Bewohner der Umgebung kannten. Das Wasser daraus soll vor allem bei Augenleiden helfen. Früher stand dort ein Bildstock mit einer Darstellung der Gottesmutter mit dem Jesuskind. Daher wurde dieser Ort „Frauenbrünndl“ genannt.

Im Jahr 1688 wurde an Stelle des Bildstocks die kleine achteckige Kapelle Mariä Heimsuchung über dem Heilwasser erbaut. Es fließt, vom Hang kommend, durch die Kirche und ist dann außerhalb, in einer kleinen Tuffsteingrotte, sichtbar. Dort kann es von den Leuten geholt werden. Manche waschen sich darin auch die Augen. Erst Mitte des 19. Jahrhunderts wurde eine Straße zu dieser Kapelle angelegt.

Zur Zeit der Säkularisation 1803 konnte das Kirchlein durch die Ammermüllerin vor dem Abbruch gerettet werden, die behauptete, es als Holz- oder Heulager zu verwenden. Erst dreißig Jahre später trauten sich die Rottenbucher wieder, es als Gotteshaus zu verwenden. Einige Votivtafeln und Opfergaben aus früheren Zeiten wurden hier gefunden und bezeugen den Glauben an die Heilkraft dieses Wassers.

Der Wunderdoktor Frastini beim Sameister

In der Gegend um Schongau wurde früher allerlei Merkwürdiges von einem durch die Lande ziehenden Wunderdoktor erzählt. Man nannte ihn „Frastini“ (Anmerkung 41).

In einer Zeit, in der eine schreckliche Seuche Mensch und Tier gleichermaßen dahinraffte, arbeitete er einige Tage in der Schmiede zu Sameister. Aus den Häuten der verendeten Tiere stellte er eine Wundersalbe her, von der man Mensch oder Tier nur ein wenig hinter die Ohren schmieren musste, dann wurden sie vom Tod verschont. Von weither kamen die Leute, sich dieses Heilmittel zu kaufen. Als die Seuche endlich abgeklungen war, zog der Frastini weiter.

Rottenbucher Bäuerin – J. G. v. Dillis 1805

Er überließ aber den Bauern noch ein Pulver von aschgrauer Farbe, das eine Wunderwirkung hatte. Man brauchte nur ganz wenig davon über einer sumpfigen Wiese in die Luft zu stäuben, dann verwandelte sich diese in guten, fruchtbaren Ackerboden.

Der Markenrücker bei Schongau

Nahe bei der Straße, die von Schongau nach Füssen führt, wurde früher in hellen Vollmondnächten oft ein riesenhafter Mann gesehen, der mit seinen Händen eine Ackerfurche aus dem Boden löste und dann wie einen Baumstamm über der Schulter trug. Anschließend versuchte er, die Furche hinter zwei Grenzsteinen in den benachbarten Acker einzufügen. Dies aber erwies sich als unmöglich, so sehr sich der Mann auch bemühte. Nach vielen vergeblichen Versuchen nahm er jeweils die Ackerfurche wieder auf seine Schulter, brachte sie an ihren ursprünglichen Ort zurück, setzte sich auf einen der Marksteine nieder und weinte bitterlich.

Wie es heißt, hatte er zu Lebzeiten Grenzsteine versetzt und musste nun nach seinem Tod dafür büßen (Anmerkung 8).

Das Lechwiesfüllen

Ein unheimliches Gespenst trieb früher in den Lechwiesen östlich von Bernbeuren, an der Straße von Schongau nach Lechbruck sein Unwesen. Dort zeigte sich in der Nacht oft ein geisterhaftes Pferd ohne Kopf, von den Leuten „Lechwiesfüllen“ genannt. Wer das Pech hatte, ihm zu begegnen, der musste sofort stehen bleiben und durfte keinen Schritt mehr tun. Bis zum nächsten Morgen, wenn es endlich wieder hell wurde, musste er an dieser Stelle verharren, sonst ging er unweigerlich in die Irre. K. Reiser schreibt 1895:

In den „Lechwiesen“, der großen Strecke östlich von Bernbeuren zwischen Lech und der Straße von Schongau nach Lechbruck, ging ehedem das „Lechwiesfüllen“ um, das gar keinen Kopf hatte. Man hatte es schon an verschiedenen Stellen herumspringen sehen, so am Türkenbach, am Egelsee, bei der Achbrücke u.s.w., und wer seiner ansichtig wurde oder gar seine Spuren beschritt, der wurde gewöhnlich vom Wege abgebracht und irregeführt, so dass er die ganze Nacht immer nur im Kreise herumkam. (Nach L. Fischer)

Wie es heißt, versuchte das Füllen schon seit vielen Hunderten von Jahren, einen Menschen zu dem einen Ort zu führen, wo es Erlösung finden könne. Aber das sei immer misslungen, weil die Menschen zu viel Angst hätten. Wer weiß, vielleicht ist es dem Füllen aber inzwischen doch geglückt, denn es ist schon sehr lang her, seit es das letzte Mal gesehen wurde.

Die Hexe als Katze in Burggen

In Burggen bei Schongau soll einst eine Hexe gelebt haben, die sich jederzeit, gleich ob bei Tag oder Nacht, in eine Katze verwandeln konnte. Manchmal zeigte sie sich als zärtliches Schmeichelkätzchen, dann wieder als wilde, kratzbürstige und fauchende kleine Bestie. Wie weiter erzählt wird, hatte sie in der ganzen Umgebung Hexenschülerinnen, die ihr nacheiferten und – getarnt als Katzen – die Menschen und Tiere ärgerten und quälten. So spielte einmal ein Kind fröhlich mit einer kleinen fremden Katze auf der Wiese, lief aber bald mit sieben blutenden Wunden im Gesicht weinend zu seiner Mutter. Die Male sahen aus wie Katzenköpfe und verunstalteten das ganze Gesicht. Verzweifelt wandte sich die Mutter darauf an einen Einsiedler, der nahe Kurzenried hauste, und der aus dem „Hexenhammer“ (Anmerkung 42) ein Gegenmittel kannte, das er anwandte. So wurde es geheilt, ohne dass ihm Narben blieben. Hätte er den Gegenzauber nicht gewusst, wäre das Gesicht des armen Kindes sein Leben lang verschandelt gewesen.

Der Kaufmann und die Katzenhexen bei Burggen

Ein schreckliches Erlebnis hatte einmal ein Kaufmann aus Schongau, der mit seinem Fuhrwerk, über das eine Plane gespannt war, um seine Waren zu schützen, auf der Straße nach Füssen unterwegs war.

Am helllichten Tag überfiel ihn bei Burggen ein ganzes Regiment Katzen. Ein großer Wildkater mit fuchsrotem Pelz sprang dem

Rössle auf den Buckel und fauchte und krächzte die anderen an, dass man gleich merkte, das war der Katzenhauptmann. Es wird wahrscheinlich die Burggener Katzenhexe gewesen sein. Die andern Katzen aber hingen wie ein Bienenschwarm an Fuhrmann und Fahrzeug.

Der Kaufmann meinte, sein letztes Stündlein sei gekommen; er schrie wie am Spieß und schlug verzweifelt mit dem Geißelstock nach allen Seiten; aber auf der menschenleeren Straße kam ihm keine Hilfe.

Endlich brachte ihm das Mittagläuten die Rettung. Das Katzengezücht verschwand wie weggeblasen im nahen Wald. Aber was hatten sie ihm angetan! Jeder Sack und jedes Binkerle, jeder Zuber und jedes Schäffle, alles war zerrissen und zerfetzt, und alle Flaschen und Guttern waren umgestoßen und ausgeschüttet, so dass die ganze Ware verdorben war.

Damit mags zusammenhängen, was man sich noch um 1800 von den Burggenern erzählte, nämlich daß diese eines Tages sämtliche Katzen in der ganzen Gegend zusammengefangen und ersäuft haben (Anmerkung 43).

Nach alter Überlieferung vor 1800.

Der Postillion und die Trud

Eine merkwürdige Geschichte, die den Glauben der Leute an Hexen und Truden belegt, erzählt K. v. Leoprechting 1855:

Es ist schon lange, war in Schongau auf der Post einmal ein Postillion, ein frisches lustiges Leben, der konnte die schönsten Weisen blasen, war darum gar manchem Mädel ihr Auf und Nieder und sonst auch bei allen Leuten gern gesehen. Da auf einmal wurde er traurig, verkümmerte ganz, und seinem Hörnl entklangen keine Stücklein mehr.

Sein Mitgespan tat endlich die Kundschaft, dass er Nacht für Nacht von einer Truden verfolgt werde, deren er sich nit erwehren könne, er möge reiten so weit er wolle, allüberall folge die Trud ihm nach. Da wurden ihm nun Mittel verraten ohne Endschaft, aber die Trud trieb ihr Unwesen nach wie vor.

Nun kamen einmal eines Abends Zigeuner auf die Post, übernachteten auch allda in einem Schupfen, und von deren einem ward nun dem Postillon ein solcher Trost, der ihm geholfen hat und zwar für immer, wie man gleich hören wird.

In einer schönen Mondscheinnacht, wo es auf seiner Kammer licht war wie am Tag, verbarg er sich hinter einen Kasten, und legte statt seiner einen Strohmann in sein Bett. Er stund noch nit lang auf der Pass, sah er seiner Bettstatt zu ein langes weißes Wesen wie eine Schlange aber dünn wie ein Haar zuschweben, das glitzerte ganz blaulecht im falben Schein des Mondes und wand sich dann im Bett in immerwährenden Krümmungen auf dem verkleideten Strohmann.

Da sprang er schleunig heraus aus dem Kasten ein scharfes Messer zur Hand und schnitt das Blendwerk in der Mitten entzwei. Wie er es griff, däuchte es ihm ein Rosshaar, aber es war nur so im Schein, denn Gsicht der Augen war nichts mehr da. Darauf legte er sich ins Bett und schlief endlich nach langer langer Zeit wieder einmal so recht von Herzen gut.

Wie er des andern Morgens in Stall geht, liegt sein Sattelpferd der Länge nach da auf dem Boden, ist krepiert und schon ganz kalt. Im Sattelpferd war die Trud gewesen, und hatte er es am Tag geritten, so ritt die Mären ihn dafür in des Nachts. Aber mit dem Schnitt hatte sie ihren Triff gekriegt, dass es für allzeit aus war mit ihr. Da gleich neben dem Stall des Postillons Schlafkammer gewesen, hatten natürlich auch alle Mittel nit verhelfen können. Aber von der Zeit an war er aller Truden frei und ledig, kam keine mehr über ihn. (Anmerkungen 9 u. 10)

Der Karlsberg bei Schongau und die weinenden Fräulein

Im Karlsberg bei Schongau sind drei weiße Frauen eingeschlossen, die immer auf Erlösung harren (Anmerkung 44): *Lassen die Umwohner nachts ihre Wäsche im Wasser stehen, so kommen jene aus den Bergen und waschen sie unter Weinen und Wehklagen.*

J. N. Sepp 1876

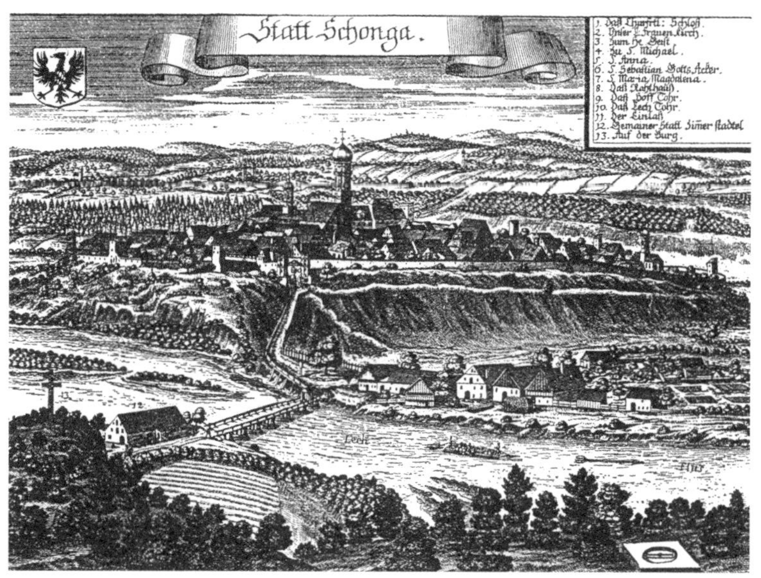

Schongau – Stich v. M. Wening um 1700

Das Wehbartele an der Straße nach Schongau

Nahe Schongau bei dem Ort Erbenschwang war es lange Zeit nicht recht geheuer. Dort musste das „Wehbartele" umgehen.

Als die alte Salzstraße von Schongau nach Markoberdorf gebaut wurde, ärgerten sich viele Leute darüber, dass der Wegbaumeister die Zugtiere auf gotteslästerliche Weise plagte. Wenn sie mit den schweren Wagen voll Schottersteinen an die Steigungen kamen, stand der Baumeister mit einem Mordstrumm Geißelstecken da und schlug auf die armen Pferde ein, dass es einen erbarmen musste.

Eines Tages aber fand man den hartherzigen Tierschinder auf der neuen Straße von Pferden zu Tode gestampft. Niemand hat je erfahren, wie das geschehen ist. Aber in den Nächten soll es darnach lange nicht mehr geheuer gewesen sein auf dieser Straße. Der Bartel, so hatte der böse Wegmeister geheißen, musste geisten. Auf einem Schimmel ritt er die Straße auf und ab. Wenn irgendwo ein verspätetes Fuhrwerk nicht mehr vorwärts kam, dann warf der Geisterschimmel seinen Reiter ab und der Bartel musste dann so lange den steckengebliebenen Karren anschieben, bis es wieder ging. Dabei stöhnte der Geist gar jämmerlich: „Weh, weh!“

Deswegen nannte man ihn das „Wehbartele“. Karl Reiser, 1897

Die Hojemännlen

Über die Hojemännlen, kleine Kobolde, die nach dem Glauben der Leute nicht nur im Pfaffenwinkel, sondern auch anderswo ihr Unwesen treiben, etwa in der Gegend um Erding, schreibt K. v. Leoprechting 1856:

Dieser Name rührt wohl allein von ihrem ungewöhnlichen Schrei Hojo Hoje, wenn sie tanzen oder Räder schlagen. Sie zeigen sich oft und vielfältig, obwohl sie sich aus den Häusern und Städeln beinahe ganz zurückgezogen haben, und nur mehr noch eingegangene Höfe und einsame Waldungen bewohnen. Doch scheuen sie den Menschen nicht sehr und diemalen kann man welchen selbst am lichten Tage begegnen. Sie sind sehr klein, allzeit grün angetan und ihr Haar und Bart ist wie ein graulechtes Mies (grünliches Moos).

Sonderlich im Advent, wo allen Geistern von Allerheiligen Abend bis Dreikönig große Macht gegeben ist sich zu zeigen und vielen Spuk zu treiben, da kann man den Hojemännlen oft begegnen. Sie tun den Menschen nichts zu leide, suchen sie aber zu necken und zu ängstigen. Sie springen dann auf Händen wie auf Füßen und schreien Räder schlagend ihr wehmütig lautendes Hojo Hoje. Sehen sie jemanden, der darob Furcht zeigt, und das ist bei den Mehrsten der Fall, dann stürzen sie mit ihren Sprüngen demselben oft zwischen den Beinen durch und in so rascher, toller Folge, dass Viele vor Angst vergehen möchten und Manche schon recht krank von diesem Spuk geworden sind.

Auch verbergen sie sich gerne in der Nähe menschlicher Wohnungen, sonderlich bei viel aufgerichtetem Holze und weinen nun stundenlang so herzdurchdringend, dass die, so es hören, es auf die Läng nit aushalten können, und darüber selbst recht traurig werden. Solcher Erfolg macht den Hojemännlen großen Gspass, und zeigen sie sich dann gütig, werfen wohl auch denen, die mit dem Weinen ein Mitleid gezeigt, irgendeinen Fund in den Weg, der ihnen wohl nutzbar. Alterlebte Schäfer und Hüter, die ihrer wohl viele gesehen, behaupten, den Hojemännlen fehle alle Kraft, denn sie seien ohne Mark geboren und könnten nur im Verborgenen schaden. Dies ist aber kaum glaubbar, denn sie haben sich noch immer solchen, die sie tratzen wollten oder gar beleidigen, furchtbar an Macht und Stärke gezeigt. (Anmerkung 67)

Der Bierpanscher von Schongau

In Schongau lebte vor mehr als 200 Jahren ein Wirt, der sich dadurch bereicherte, dass er sein Bier verwässerte, vor allem, wenn die Stunde schon vorgerückt war, und er hoffte, seine angetrunkenen Gäste würden den Betrug nicht mehr erkennen:

Die merkens ja doch nimmer, dachte er, und goss Kübel Wasser in das halbleere Bierfass. Wie er nun wieder einmal am Panschen war, bekam das Fass einen Riss, und das verwässerte Bier lief auf den Boden. Der Wirt holte ein neues Fass, war aber vor Zorn so zittrig, dass er beim Anstechen Hahn und Spund zuschanden schlug, so dass jetzt auch noch das gute Bier auf den Boden rann. Weil aber die Gäste nachgefüllt haben wollten, rollte der Wirt ein weiteres Fass herein.

Aber es war wie verhext. Der Wirt konnte nicht mehr anstechen; er zerschlug einen Banzen nach dem anderen, bis er zwölf Fässlein gutes Bier umgebracht hatte. Da wollte er sich aus Verzweiflung mit dem Bierschlegel auf den eigenen Kopf schlagen. Aber ein alter Bauer aus Steingaden bedeutete ihm, hier sei Sankt Mang im Spiele; der dulde in seinem Gäu keinen Bierwässerer; jener Gottesmann habe zu seinen Lebzeiten dem Bier solche Kraft verliehen, dass es aus einem gerechten Krug niemals herauslaufe, sondern eher sich nach oben türme.

Da ging der Wirt in sich und tat dem Heiligen zuliebe, was recht und billig war. Zu guter Letzt ließ er Sankt Magni Bierwunder von einem tüchtigen Maler über seine Haustür malen. Von da an verspürte er des Heiligen Segen. Kein trinkfester Mann ging an seiner Schenke vorbei. (nach alter Überlieferung vor 1800)

Die drei Welfen bei Schongau

Über die Entstehung des Adelsgeschlechtes der Welfen wird folgende Sage überliefert, die Friedrich Panzer 1848 niederschrieb:
Auf dem Schneckenbühel wohnte in alten Zeiten ein Graf, der ereiferte sich sehr, als einst die Frau eines seiner Untertanen drei Kinder auf einmal gebar. Scheltend sagte er, dass ein solches Weib den Tod verdiene. (Früher glaubten die Leute nämlich, bei Geburten von Mehrlingen hätten böse Mächte ihre Hand im Spiel.) *Als er aber im Krieg abwesend war, gebar ihm die Gräfin auch drei Kinder auf einmal. Voller Angst vor dem Zorn des Grafen befahl sie der Amme, die Kinder in den Wald zu tragen und den Wölfen vorzuwerfen. Zur selben Zeit aber kehrte der Graf aus dem Felde zurück und begegnete der Amme, die ihm den Auftrag der Gräfin mitteilte. Er rettete die Knaben und gab ihnen den Namen die „drei Welfen".* (Anmerkung 45)

Das Gnadenbild der Heilig-Kreuz Kirche von Schongau

Vielen Hilfesuchenden hat das Gnadenbild der Heilig-Kreuz Kirche in Schongau die erhoffte Rettung gebracht, wovon Votivtafeln anschaulich Zeugnis geben. Mit dem Bild von 1814 bedankt sich ein Arbeiter, der, als Gehilfe des Sprengmeisters, durch eine explodierende Ladung hätte ums Leben kommen können, für Hilfe in Todesgefahr. Hoch in den Wolken ist das Gnadenbild der Heilig-Kreuz Kirche dargestellt.

Auch auf dem Votivbild, bei dem sich ein bei einem Schiffbruch auf der Rückreise von seinem Einsatz in Griechenland verunglückter Soldat für erhaltene Hilfe bedankt, ist ebenfalls das Gnadenbild zu sehen. Auf der Tafel steht:
Hierher verlobte sich Josef Blum von Kinberg Kl. Soldat der B. Hilfstropen ins Krichenland, auf der zurik reise auf den Niederländischen Meere nach mein Vaterland durch Meersturm mich verunglückt den Fuß gebrochen und in 12 Tagen Zweimal einge richt. Gott und Maria sey dank gesagt. ich hab Wunderbare hilf erlangt. Geschehen den 28. Merz 1834. EXVOTO

Votivbild von 1814

Votivbild von 1834.

Der Scharfrichter von Schongau und der Zauberbesen

In einer Schrift aus dem 19. Jahrhundert wird folgende seltsame Geschichte überliefert, die den berüchtigten Scharfrichter von Schongau (Anmerkung 46), der zahlreiche unschuldige Frauen auf dem Gewissen hat, geradezu harmlos erscheinen lässt:

Der Scharfrichter von Schongau verstand sich – wie ja die Scharfrichter überhaupt – auf alles, was mit Hexen zu tun hatte. Als es nun einmal bei einem großen Bauern mit dem Buttern gar nicht mehr stimmen wollte, als die Rösser krumm gingen, die Rinder verwarfen, die Hennen verlegten, da holte man schließlich den Schongauer Scharfrichter. Der Mann rief die Bauersleute und Ehalten (Knechte und Mägde) *in der Stube zusammen und sagte ihnen, es wäre gut, wenn sich die Hexe, die unter ihnen sei, von selber davonmache, ohne dass er ihr zeige, was sie für eine sei. Da sahen sich alle verdutzt an, aber niemand rührte sich von der Stelle. Jetzt ließ der Scharfrichter alle Türen und Fenster schließen und hieß alle gut Acht geben, dass ja nichts aus Haus und Stall hinaus könne. Kaum hatte er das gesagt, fehlte eine Magd in der Stube. Niemand hatte sie davonlaufen sehen.*

Der Scharfrichter aber hatte seinen berühmten Besen mitgebracht, der aus den Nackenhaaren derer gebunden war, die unters Halsgericht (Anmerkung 47) *fielen. Als er nun anhub, mit dem Besen die Stube auszukehren, versuchte ein kleines Mäuslein verzweifelt, sich durch eine Klumse im Fußboden nach unten durchzuzwängen. Aber es blieb in des Scharfrichters Besen hängen. Der sagte bloß:*

„So Hex, jetzt lass di sehn!“

Und wie er mit diesen Worten das Mäuslein am Hals emporhob, da hatte er plötzlich die verschwundene Magd am Kragen. Es war ausgerechnet die Magd, die allezeit am verlässigsten gewesen war und die alle gern hatten. Da hat sie der Bauer gefragt, warum sie ihm das angetan habe, wo er doch allezeit gut zu ihr gewesen sei. Sie aber sagte unter Tränen, sie habe nicht anders gekonnt, der Böse habe es so gewollt.

Auch hier ließ man Gnade für Recht ergehen, jagte die Arme aber davon und drohte ihr mit Gericht und Feuertod, wenn sie sich jemals erdreisten sollte, noch einmal zurückzukommen.

Die Pest in Altenstadt

Zur Zeit des Dreißigjährigen Krieges wurde Altenstadt von einer verheerenden Pestepidemie heimgesucht. In ihrer höchsten Not wandten sich die Bewohner an die Gottesmutter und versprachen, jedes Jahr eine Wallfahrt nach Lechbruck zu ihrem dortigen Gnadenbild abzuhalten, wenn sie dem Sterben endlich Einhalt gebieten würde. Die Bitte wurde erhört. Seither halten die Bürger von Altenstadt alljährlich dieses Versprechen.

Anlässlich des 300. Jahrestages ihres Versprechens von 1628 stifteten sie eine schöne Votivtafel, auf der die Basilika von Altenstadt, die Wallfahrer, eine riesige Wachskerze mit kleiner Tafel, die Kirche in Lechbruck und das Gnadenbild dargestellt sind. Auf der kleinen Tafel steht geschrieben:

Anno 1628 hat in Altenstadt die Pest so sehr gewütet, dass viele Menschen und sogar Vieh umkam. Deswegen hat die Gemeinde zur Abwendung dieses Übels einen ewigen Bittgang, nebst einer Wachskerze ewig zu erhalten in unserer lieben Frau Gotteshaus nach Lechbruck versprochen und geopfert. Worauf diese schreckliche Seuche aufhörte.

Auf einem Spruchband oben im Votivbild ist zu lesen:

Anno 1928 wurde das 300-jährige Jubiläum des Wallfahrtsganges feierlich begangen, die vielen Altenstadter Wallfahrer wurden bei Steinhaibel mit Kreuz und Fahnen abgeholt, zur Kirche geleitet und daselbst war ein festlicher Dankgottesdienst mit Predigt und Hochamt, abgehalten vom Altenstadter Pfarrer und seinem Kirchenchor. Gott bewahre uns vor Hunger, Pest und Krieg!

Votivtafel von 1928

Am Burkla bei Altenstadt

Der Burglachberg liegt der alten St. Michael-Basilika in Altenstadt gegenüber. Früher waren auf der höchsten Erhebung des Burglachberges drei Kreuze und daneben ein Gedenkstein mit der Inschrift: „Wahrscheinliche Stätte von Escone. Hier stand eine Burg der Tempelritter. Im Jahre 1289 an Kloster Steingaden verkauft.“ (Anm. 48). Die Höhenburg, dieses wertvoll frühgeschichtliche Denkmal wurde leider beim Bau der Flakschule unwiederbringlich zerstört, auch wenn sich das Landratsamt dafür 1940 entschuldigt hat. Der Gedenkstein fand einen neuen Platz in einem der Gebäude. Das „Burkla" galt früher als besonders unheimlicher Ort. F. Panzer schreibt 1848 darüber:

Das Burkla, auch Schlossberg genannt, Steuerblatt: Landgericht Schongau S.W.XV.23 ist ein Hügel von großem Umfang mit Wall und Graben umgeben. Am Fuße des Berges fließt die Schönach vorüber. In dem Schlosse sind nach der Sage Keller und Gänge, wo ein großer Schatz verborgen liegt.

Vor undenklichen Zeiten hausten hier drei Schwestern, welchen der Schatz gehörte. (Anmerkung 52) Einst wollten einige Männer von Niederhofen den Schatz heben. Als sie in den Gängen angelangt waren, sahen sie auf der Kiste ein schwarzes Hündchen sitzen. Dieses sagte: „Einer muss es sein, und sollte es der Gitterweber von Niederhofen sein."

Der Weber rief: „Ach Gott, ich will nicht!" Da versank Hund und Truhe in die Tiefe.

Der Große Gott von Altenstadt und die hl. Kümmernis

Das berühmte romanische Kruzifix in der Basilika von Altenstadt wird wegen seiner Größe und Majestät ehrfürchtig „Der Große Gott von Altenstadt" genannt. Bruno Schweizer schreibt: *...eines der ergreifendsten romanischen Kruzifixe. Es wurde bekanntlich zum Passionsspiel in Oberammergau 1950 von Spielteilnehmern in feierlicher Prozession zum Passionsspieldorf hinaufgetragen.* Der Sagenforscher J. N. Sepp hält es nicht für eine Darstellung Christi, sondern für eine der hl. Wilgefortis, im Volksmund „hl. Kümmernis" genannt (vgl. S. 226, auf der ihre Lebensgeschichte beschrieben wird). „Wilgefortis" ist abgeleitet vom lateinischen „virgo fortis" und bedeutet „die tapfere Jungfrau".

Die Verehrung dieser Heiligen, die meist ans Kreuz geschlagen und mit Bart und Heiligenschein abgebildet wird, war früher weit verbreitet. Sie wurde besonders bei schwerer körperlicher Bedrohung, Verfolgung oder Todesnot angerufen. (Anmerkung 49 u. 70)

Alter Stich der Basilika von Altenstadt

Die Trud von Kinsau

Wie ein junges Mädchen davor bewahrt wurde, eine Trud zu werden, berichtet Bernhard Müller-Hall nach alter Überlieferung:

Nächst Schongau bei Kinsau diente um 1830 bei einem Floßer ein braves Mädel, von noch nit 20 Jahren. Auf den Abend zu verschwand sie oft eine Zeit lang und kehrte dann immer ganz bleich und geisterhaft zurück. Das ward dann endlich den Floßersleuten sehr auffällig, und eines Abends schlich ihr der Floßer einmal nach. Da sah er denn von der Fern wie die Dirn einen im Garten liegenden Schindelbaum (gefällter Lärchenbaum, aus dem Dachschindeln gemacht werden) *mit beiden Armen umfing, sich auf ihn niederlegte und mit einer Weltsgewalt daran druckte.*

Der Floßer teilte das seinem Weib mit, und als die Magd wieder zurückkam, stellte die Frau sie darob zur Red. Da gestand sie dann unter Zannen (Weinen)*, dass schon lange Zeit etwas in ihr sie dränge alles zu drucken und zu truden, sie aber, weil es eine Sünde sei, sich noch niemals über Menschen gemacht habe, auch hätte sie sich geschämt solches zu offenbaren. Da ging nun der Floßer zu einem Landarzt im Schwäbischen, der äußerst geschickt* *war, und kein so Latidl* (Lateiner), *wie die andern, und befragte den um einen Trost. Der kam nun selbst gefahren und brachte einen lebenden ganz schwarzen Hahnen mit; den band er an den Schindelbaum ungesehen und gab ihm etwas ein, dass er ruhig da einschlief.*

Als nun in der Finster richtig das Mädel wieder daher kam, scheu sich umsehend, trudete sie sich schnell an den Baum, und da ihrer unbewusst, druckte sie den Hahn zu Tod. Damit war ihr geholfen, sie fühlte sich wieder wohl und fröhlich, als wenn ihr ein schweres Gewicht genommen wär. Darauf gab ihr der Arzt noch einen guten Trunk aus einer Flaschen, die er bei sich geführt, und sie war geheilt für alle Zeit. Aber erfahren hat sie nichts.

Ohne diese Hilfe zu rechter Zeit wäre sie eine Trud geworden.

Der Klausenumzug bei Peiting

Im Hungerjahr 1816 lebte in Schongau und Umgebung ein seit langem abgeschaffter Brauch wieder auf, den die Obrigkeit fürchtete und am liebsten unterbunden hätte, den sogenannten „Klausenumzug" in der Nacht zum Nikolaustag, den das hungernde Volk nun erneut veranstalten wollte. Aus der gesamten Umgebung, bis aus dem Ammergau, kamen, trotz umfangreicher polizeilicher und sogar militärischer Sicherheitsmaßnahmen, gegen Abend Scharen von Menschen zu Fuß, zu Pferd und auf Heuwagen zusammen. Es war eine anklagende Demonstration der Armut und der Not des Volkes, bei der gebetet und gesungen wurde.

Und es waren recht seltsame Gestalten, keiner so, wie er sonst sich zu kleiden pflegte, sondern jeder, wie es im Bericht des Landrichters heißt, „im gewollten und künstlichen Aufzug des Elends", die einen als lahme Bettler an Krücken, die andern als rosenkranzbeladene Pilger, als jammernde Bettelweiber mit Schlapphüten und Gugelhauben (Anm. 50*), kurzum ein bis dahin nie gesehener Jahrmarkt abenteuerlicher Gestalten drängte sich durch die Straßen und Gassen des Ortes.* (Endrös/ Weitnauer)

Die verkleideten Leute zogen bis nach Burggen und Bernbeuren und kehrten dann über Lechbruck bis in die Gegend von Peiting zurück, wo sie sich zerstreuten und in ihre Häuser heimkehrten. (Anmerkung 51)

Der Uhu – Tierdarstellung von L. Ricasoli Patrizio, Italien aus dem 18. Jahrhundert

Hexentanzplätze bei Peiting

Als sogenannte „Hexentanzplätze“, also Orte, wo sich nach dem Glauben der Leute in der Walpurgisnacht die Hexen der Umgebung versammelten, um mit dem Satan Orgien mit schändlichen Ritualen zu vollziehen (Anmerkung 36), galten in Peiting das Bühlach und die Heide hinter dem Bühlach, der weite Filz, sowie auch der Peißenberg.

Die heutige Bachstraße in Peiting, die früher Hexengasse hieß, erinnerte wohl noch daran, dass eine der im Schongauer Hexenprozess hingerichteten Frauen dort gewohnt hat.

Vom Schlossberg in Peiting und den drei Fräulein

Dieser Schlossberg, eine Waldhöhe, an dem rechten Lechufer hart hinter dem Dorfe Peiting und links neben der Schongauer Straße gelegen, trug bekanntlich das alte Welfenschloß Peitegau, Bitegow, vererbt auf Hohenstaufen und Wittelsbacher, zerstört von den Schweden 1634, jetzt noch erkenntlich in seinen Wallresten.

Am südlichen Abhange des Schlossberges, wo er durch eine Senkung mit dem Kreuzberge zusammenhängt, zieht die alte nun verfallene Hochstraße zum Lechufer nach Schongau, und gerade auf der Höhe dieses Überganges beugt der noch kennbare Fahrweg nach dem Schlosse ab.

Diese Stelle heißt heut noch „An der Burg“. Hier wurden häufig zwei, nach anderen drei Fräulein besonders am frühen Morgen von Leuten gesehen, die nach Schongau gingen, langsam den Schlossberg auf einer Seite herab und im weiten Bogen bei der Burg wieder hinan wandelnd. Auch am hellen Nachmittag sah man sie oft auf den Wällen sitzen oder gehen. Eine soll schwarz, die andere rot gewesen sein (Anmerkung 52).

So schreibt der Sagenforscher Friedrich Panzer um 1848.

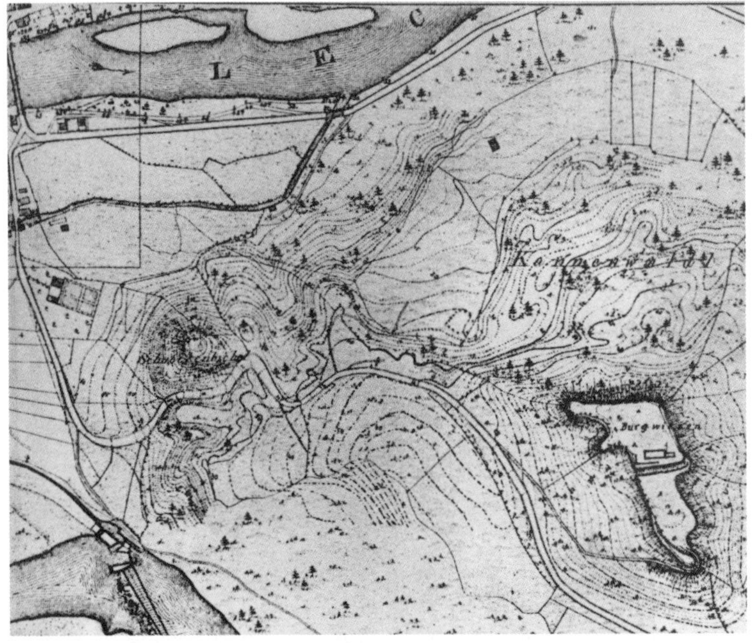

Lageplan der Welfenburg zu Peiting

Der Schatz im Schlossberg von Peiting

Im Schlossberg von Peiting ist ein Schatz verborgen, den aber noch niemand gefunden hat. Er wird von den drei Fräulein und einem schwarzen Pudel bewacht. F. Panzer schreibt 1848 darüber:

Am Schlossberg sitzt ein schwarzer Pudel, als Schatzhüter, mit feurigen Augen. Leuten tut er nichts zuleide. Hunde, die an ihm vorüber kommen, fürchten sich, „denn er ist nichts Rechtes." Auch ein Schatz hat sich dort einmal gesonnt (Anmerkung 68)".

Ein Geißhirt, „der Geißerverri von Tirbl", der zehn Jahre lang am Schlossberg Ziegen hütete und auch oft die Fräulein sah, lief darauf zu, da er ihn von weitem funkeln sah; als er auf die Stelle kam, tat es einen Raßler, und alles war fort und versunken. Allgemein ist der Glaube, dass noch viele Gewölbe und Unterbauten im Schlossberg zu finden wären, auch ein unterirdischer Gang, der nach dem sogenannten, dem Lech näher liegenden, Schneckenbühel führe. Feurige Räder laufen manchmal nachts den Berg herab.

Die Wilde Jagd bei Peiting

Der Schlossberg bei Peiting war von jeher ein sehr unheimlicher Ort, den die Leute, besonders bei Dunkelheit, lieber mieden, nicht nur wegen der Geisterfräulein oder des schwarzen Pudels sondern auch wegen der Wilden Jagd, die dort zu bestimmten Zeiten, vor allem in den Rauhnächten, ihr Unwesen trieb.

Der Sagenforscher Friedrich Panzer schreibt um 1848 darüber:

Von dem Schlossberg bei Peiting in die Amperschlucht nach den Steinernen Stuben zieht das Wilde Gjaid.

Die Steinernen Stuben bei Peiting und das Pestweiblein

Große Höhlen in den Sandsteinfelsen am rechten Ammerufer bei Peiting werden „Steinerne Stuben" genannt. Dort soll es nie ganz geheuer gewesen sein. Der Sagenforscher F. Panzer schreibt Mitte des 19. Jahrhunderts:

Öfters zeigt sich das Pestweiblein, ein gespenstisches Wesen, das überall umher in den Wäldern hauste. Einem Mädchen, das auf dem Felde hütete, erschien es einmal und schenkte ihm ein Paar Strümpfe. Das Mädchen bekam dadurch die Pest und steckte ganz Rothenbuch (Rottenbuch) *und die Gegend an, dass viele Tausend starben, davon noch die Pestfreithöfe, die man abgelegen oft mitten im Wald findet, zeugen.*

Wie eine Magd die Pest in Peiting überlebte

Während der schweren Zeit im Dreißigjährigen Krieg, als plündernde und marodierende Soldaten die Bevölkerung um das letzte Hab und Gut brachten, da gab es auch in Peiting nichts mehr zu essen und jeder musste selbst zusehen, wie er sich mit Kraut, Rüben, Nüssen oder Waldfrüchten durchschlagen konnte.

Ein besonders harter Winter verschärfte die Not noch, und im darauffolgenden Pestjahr 1632 hatten die Menschen den ausbrechenden Seuchen keine Abwehrkraft mehr entgegenzusetzen und starben wie die Fliegen. Karl Fliegauf schreibt:

Man bezeichnete die Seuche in alten Aufschreibungen als „hitziges Fieber“ oder „wildes Kopfweh“. Vermutlich war es der Flecktyphus, der als Folge der Unterernährung und der daraus folgenden Unhygiene diese Epidemie begünstigte. Pfarrer schrieben noch auf, daß sich damals die Menschen Fleischsuppe aus Ratten und Mäusen kochten und dass die Not unvorstellbar war.

In einem einzigen Jahr starben fast 400 Menschen in dem damals noch keinen Ort Peiting. Karl Fliegauf berichtet weiter:

Am handgezogenen Leichenkarren wurden die Räder mit Säcken umwickelt, damit es die Menschen in den Häusern nicht hören sollten, wenn er des Nachts durch die Straßen ratterte. Es ist aufgeschrieben, dass die Leichenfahrer einmal in oberen Riedschaften die Leichen holten und dabei auch eine Magd aufluden, die durch das Fahren über die holperige Straße wieder zum Leben kam, vom Leichenkarren sprang und nach diesem ausgestandenen Schrecken noch sechs Jahre lebte. (Anmerkung 53)

Auch die Nachbardörfer waren in diesem Jahr nahezu ausgestorben. Die Pesttoten wurden am Fuße des Kreuzberges begraben. Auf den Hügeln außerhalb der Orte entzündete man Feuer, um kundzutun, wo noch Menschen am Leben waren. In ihrer höchsten Not versprachen die Peitinger, eine große, mehrere Pfund schwere Kerze auf den heiligen Berg von Andechs zu bringen und der dortigen Kirche zu stiften. Die letzten jungen Burschen, die überlebt hatten, holten aus St. Michael die dortige große Kerze, machten eine Wallfahrt nach Andechs, wobei sie den schweren Wachsstock auf den Schultern hintrugen.

Daraufhin erlosch die Pest. Die wenigen Überlebenden konnten einen Neuanfang machen.

Die Kapelle und der Pestfriedhof bei Peiting

Eine kleine Kapelle bei Peiting, die ihre Entstehung einem Schneider namens Lorenz verdankt, soll auf einem Pestfriedhof errichtet sein (Anm. 54). A. Schöppner berichtet 1852 darüber:

Peiting ist ein Dorf, von dem einen Musketenschuss weit eine Kapelle Unserer Lieben Frauen steht, deren Gründer ein Schneider namens Lorenz gewesen ist, ein Bewohner dieses Ortes. Als der noch ein kleiner Knabe war, hat er oft von seiner Ahnfrau Apollonia gehört, es lägen an jenem Ort diejenigen aus der Pfarr Peiting, die an der Pest gestorben sind, begraben; wenn er groß würde, sollte er auf seine Kosten ein Bild Unserer Lieben Frauen machen und hineinstellen lassen, den armen Seelen zu Trost.

Nach dem Tod der Apollonia ist alles in Vergessenheit geraten, bis den Lorenz, als er schon ein gestandener Mann war, ein großer Schmerz beim Herz ankam, der von Tag zu Tag zunahm, ohne dass ihm ein Mittel helfen konnte. Da wird er im Schlaf ermahnt, ein Muttergottesbild aufzurichten, danach werde das Übel aufhören.

Als er erwachte, ist er des Wortes seiner Großmutter eingedenk alsbald hingangen und hat den ersten Stein zu einem kleinen halbrunden Kirchlein, sechs Schuh hoch und vier breit, gelegt; darauf hat auch der Schmerz angefangen nachzulassen, bis er mit Vollendung der Kapelle völlig verschwunden war.

Darauf hat der Lorenz ein hölzernes Bild Unserer Lieben Frauen hineingestellt; dieses haben die Pilger häufig besucht und Wundergnaden empfangen, und so ist hernach eine richtige, doch nicht große Kirche daraus gemacht worden. Als man das Fundament gegraben hat, fand man Totenbeine, so dass also des Lorenz Ahnfrau recht gesagt hat.

Die Schimmelkapelle bei Herzogsägmühle

Wenn man von Birkland gen Schongau geht, stößt man auf die zwei Bauern in Obland, bevor man zur Herzogs Sägmühle gelangt. Die Kapelle mitten im Feld, dem Lech zu, hat einst einen Schimmel beherbergt, der darin verhungern musste.

So schreibt J. N. Sepp im Jahr 1876 über die Kapelle, die im Volksmund „Schimmelkapelle" genannt wird (Anmerkung 32).

Karl Fliegauf bemerkt dazu: *Diese Version ist unwahrscheinlich, denn ein Pferd schlägt in der Not um sich und das hätte man bestimmt gehört. Man hat gerne an altheiligen Plätzen, an denen man die keltische Pferdegöttin Epona, die auch von den Römern übernommen wurde, oder Wotan mit seinem Schimmel Sleipnier von den germanischen Alemannen verehrt, ein Kirchlein gebaut und sie dann Schimmelkapelle bezeichnet.*

Votivbild von 1704 von Obland

Das Votivbild von Obland in Herzogsägmühle

Aus dieser Kapelle mitten im Feld bei Obland (heute Herzogsägmühler Heime) stammt ein Votivbild aus dem Jahr 1704, wo anschaulich eine zwölfköpfige Familie in ortsüblicher Tracht dargestellt ist, die den hl. Antonius von Padua - über ihnen in einer Wolke mit dem Jesuskind abgebildet – um Hilfe gegen feindliche Soldaten anfleht. Sie hatten sich während des spanischen Erbfolgekrieges, als die Truppen der Österreicher alles in der Gegend plünderten, raubten und niederbrennten, in die Wälder geflüchtet, um wenigstens das nackte Leben zu retten. Sie hatten den Heiligen angefleht, er möge verhindern, dass sie von den Feinden gefunden würden und dass sie später wieder in ihren angestammten Hof zurückkehren könnten.

Aus Dankbarkeit für erlangte Hilfe stiftete der Bauer später das Votivbild. Unter diesem steht geschrieben:

Aus groser Lebensgfahr und Shröcken.
In den feintlichen Zeitten weillen

Die Keisserliche Hüsahren alles
Ausgeblindert und weckhgenomen
Ist Bonhfazy Weckerle allhir
Sambt seiner Lieben Hausfrau Elissabetha
Und al seine Lieb Kinder,
geflohen, nach Langer Zeitt
durch Hilf und Beistand des H. Andoniz deBadua,
glücklich wider den Hof bezogen,
all seine Söhn und Döchter benenn wie folgt
der Nummer nach:
1 Michael, 2 Johannes, 3 Matheis
Die Döchter
4 Maria, 5 Katharina, 6 Walburga,
7 Theresia, 8 Affra, 9 Juliana, 10 Helena.

Wie Kloster Wessobrunn entstand

Herzog Tassilo III. befand sich im Jahre 753 mit zweien seiner treuesten Ritter namens Wesso und Tharingari einmal auf Wildschweinjagd in dem Gebiet, wo heute Wessobrunn liegt. Die Herren liebten diesen Zeitvertreib sehr und durchstreiften frohen Mutes die ganze Gegend. Zur damaligen Zeit aber waren die Wälder wild und unwegsam. So geschah es, dass sich die drei Waidmänner verirrten. Sie konnten den Weg zurück nicht mehr vor Einbruch der Dunkelheit finden und waren gezwungen, die Nacht im Freien zu verbringen.

„Lasst uns hier unser Lager aufschlagen", rief Herzog Tassilo, als er eine riesige Linde sah, deren Krone wie ein schützendes Dach wirkte, „hier sind wir einigermaßen vor Regen sicher. Legt euch nieder und rastet. Ich werde die erste Wache übernehmen!"

Doch die beiden Ritter ließen dies nicht zu. Tharingari bestand darauf, die erste Wache zu übernehmen, weil die beiden anderen bei der Jagd weiter geritten waren und daher auch müder sein mussten als er. Also legten sich der Herzog und Wesso nieder, während der Freund das Lager bewachte.

Tassilo fiel sofort in tiefen Schlaf und hatte einen ganz eigenartigen Traum. Deutlich sah er drei kristallklare Quellen vor sich, die aus drei verschiedenen Himmelsrichtungen entsprangen und an einer bestimmten Stelle zusammenflossen. Es sah aus wie ein Kreuz. An dem Ort aber, an dem sie sich vereinigten, schwang sich eine goldene Treppe ganz schwerelos in die Höhe, immer weiter und weiter, bis sie in einer lichten Wolke verschwand.

Auffindung der Quelle (aus heilige Quellen Strauss)

Engel schwebten darauf auf und nieder. Oben aber stand der heilige Petrus und blickte gütig auf den Schläfer hinab.

„Welch seltsamer Traum“, murmelte Tassilo, als er am nächsten Morgen erwachte, „fast schien er mir Wirklichkeit zu sein, so klar habe ich alles vor mir gesehen“.

Er erzählte seinen Freunden, was er geschaut hatte.

„Wer weiß, ob das alles nur ein Traum war!“ So sprach Tharingari nachdenklich, als der Herzog geendet hatte. „Vielleicht ist dies ein Fingerzeig Gottes und es gibt diese Quellen wirklich!“

„Was hindert uns, die Quellen zu suchen?“ fiel Wesso eifrig ein. „Wenn es sie gibt, müssen sie irgendwo hier in der Nähe sein.“

Von der Begeisterung seiner Freunde angesteckt, machte sich Tassilo mit ihnen auf die Suche. Und siehe da, es währte nicht lange, da hatte Wesso die drei Quellen gefunden. Sie wiesen genau die Kreuzesform auf, die der Herzog im Traum erblickt hatte. Voll Ehrfurcht knieten die Männer an der Stelle nieder und lobten Gott.

Tassilo ließ im gleichen Jahr dort ein Kloster zu Ehren des hl. Petrus errichten, das nach dem Entdecker der Quellen „Wessobrunn" genannt wurde.

Über die drei Quellen wurde im 16. Jahrhundert eine Halle gebaut (Anmerkung 55). In früheren Zeiten verbrachten oft schwangere Frauen eine Nacht in dieser Halle. Sie glaubten, in ihren Träumen an diesem heiligen Ort, Andeutungen über das Schicksal des erwarteten Kindes zu erhalten.

Der mächtige Baum, unter dem Herzog Tassilo seine Vision gehabt haben soll und der über tausend Jahre alt sein muss, steht noch heute und heißt seither „Tassilolinde".

Überlebt hat diese Linde nur, weil der bekannte Historiker und Sagenforscher Prof. Dr. J. N. Sepp im Jahr 1861, als nach der Säkularisation und den folgenden Jahrzehnten bereits große Schäden an der ganzen Anlage angerichtet worden waren, das Kloster samt der Linde kaufte und es erhielt.

Noch zwei weitere Linden, die ebenfalls zu den ältesten Bäumen Bayerns zählen, befinden sich auf dem Gelände des Klosters. Unter einer von ihnen steht auf einer Steintafel, wo er auf Veranlassung von Professor Sr. J. N. Sepp in Jahre 1875 angebracht wurde, der Text des berühmten Wessobrunner Gebets (Anmerkung 59).

Abt Waltho von Wessobrunn

Einst stand dem Kloster Wessobrunn ein vorbildlicher Abt vor, der den Namen Waltho trug. Er war im Jahre 1129 zu dem ehrenvollen Amt berufen worden und führte es über ein Vierteljahrhundert treu und gewissenhaft aus. Seine edle Gesinnung und sein untadeliges, heiligmäßiges Leben waren vorbildhaft für viele Männer, auch aus den höchsten Kreisen, waren Anlass für sie, in sein Kloster einzutreten und gleich ihm ein einfaches, frommes Leben als Mönch in Dienste Gottes zu führen. Über ein Wunder, das er gewirkt haben soll, steht in der „Bavaria Sancta" geschrieben:

Einst litt das Kloster einen so großen Mangel an Wein, dass nicht einmal für das heilige Messopfer einer vorhanden war. Da rief der Abt einen Diener zu sich und befahl ihm, ein Krüglein Wasser aus dem Wessobrunnen zu schöpfen und ihm zu bringen. Als ihm der Diener das Wasser gebracht hatte, segnete es der Abt und augenblicklich war es in Wein verwandelt. Das Krüglein aber, ein großes, weißes, mit blauen Knöpflein verziertes Glas hat man in Wessobrunn zum ewigen Gedächtnis an dieses Wunder aufbewahrt.

Abt Waltho starb im Jahre 1155. Nach seinem Tod soll er, der Legende nach, noch viele Wunder gewirkt haben.

Der unterirdische Gang von Wessobrunn

Der Sagenforscher J. N. Sepp, der Wessobrunn vor dem endgültigen Verfall gerettet hat, schreibt darüber:

Von Hochkreut, dem Stammsitze Wezzo des Torers führte ein verborgener Gang nach dem römischen Monopyrgion von Wessobrunn, der bis um die Mitte des XV. Jahrhunderts benützt wurde.

Woher der Kreuzberg seinen Namen hat

Über eine schreckliche Begebenheit, die sich zur Zeit der Hunnenkriege zugetragen haben soll, berichtet A. Schöppner 1848:

Als der Abt Thiereto von Wessobrunn Nachricht von der Ankunft dieser Barbaren bekam, stellte er seinen Brüdern frei, ob sie sich durch Flucht retten oder auf ihrem Posten den Tod für Jesus erwarten wollten.

Nun blieben sechs Ordensmänner bei dem heiligen Abt, der sich mit ihnen, als die Hunnen nahten, auf einen Hügel begab, wo sie mit christlicher Hingebung sich zum Tod vorbereiteten. Wirklich jagten ihnen die Barbaren nach, da sie das Kloster leer fanden, und ermordeten alle auf einem Stein.

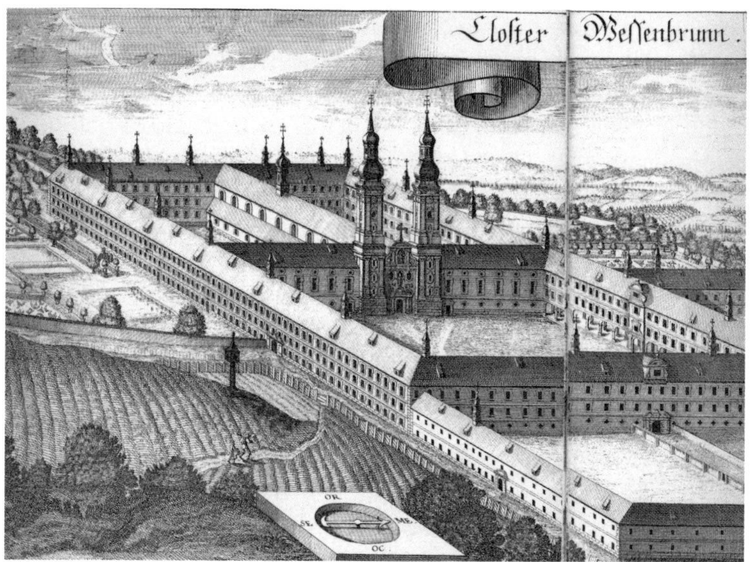

Kloster Wessobrunn – Stich von M. Wening um 1700 (Ausschnitt)

Die Einwohner von Wessobrunn begruben nachher die christlichen Helden auf dem Platz ihres Todes und pflanzten zum Gedächtnis ein Kreuz auf die Grabstätte, von daher kam der Name „Kreuzberg“. Später wurde eine Kapelle aus Holz erbaut und im Jahre 1591 ein Kirchlein aus Stein, aber die Reliquien der Heiligen versetzte man in die Kirche des nahe gelegenen Klosters.

Das Wessobrunner Kreuz

In Wessobrunn hängt ein großes romanische Kruzifix, das in früheren Zeiten von den Leuten ganz besonders verehrt wurde. Es befand sich damals, im ursprünglichen Kirchenbau, über dem sogenannten Kreuzaltar, an dem Abt Waltho einst das Wunder der Wandlung von Wasser zu Wein gewirkt hatte.

Zur Zeit der Säkularisation wurde Wessobrunn einem Vetter des Ministers Montgelas, dem Chevalier De Monte, zur Verfügung gestellt. Jenen Herrn störte an dem altehrwürdigen Kloster besonders das majestätische Kruzifix über dem Kreuzaltar. Es war ihm ständig ein Dorn im Auge. Da ließ er das Kreuz abhängen und wollte es dann eigenhändig zerhacken und verbrennen, um so seinen persönlichen Sieg über Christus zu bekunden.

Sein Kammerdiener, der ihm bei dem Zerstörungswerk behilflich sein sollte, ergriff als erster die Axt und schlug mit aller Kraft auf das Kruzifix ein, doch schon beim ersten Hieb zersprang die Axt und war nicht mehr zu gebrauchen. Nun versuchte es der Chevalier selbst. Aber als er eben das Beil hob und zum Schlag ausholte, befiel ihn plötzlich eine unerklärliche, jedoch derart starke Übelkeit, dass er nicht mehr fähig war, ihn auszuführen. Von tiefer Furcht ergriffen, gab er sein Vorhaben auf.

Von da an versuchte er, das unliebsame Kreuz auf andere Weise loszuwerden, denn er empfand immer größere Angst davor. Eine alte Frau erwarb es schließlich für zwölf Scheite Holz von ihm. Als das Kreuz, an dem noch heute der Beilhieb des Kammerdieners zu sehen ist, später wieder Einzug in die Wessobrunner Klosterkirche hielt, herrschte große Freude unter der Bevölkerung. Seither wird es, wie ehedem, hoch in Ehren gehalten und von vielen Pilgern besucht.

Das goldene Kegelspiel

Kloster Wessobrunn besaß einst ein Kegelspiel von seltener Schönheit und unschätzbarem Wert. Die einzelnen Kegel waren neun Zoll (Anm. 56) hoch und aus purem Gold gearbeitet. Auch die Kugeln bestanden durch und durch aus diesem edlen Metall.

Zurzeit, als die wilden Kriegshorden der Hunnen das Land ärger als eine der „sieben Plagen Ägyptens" heimsuchten, versteckten die Mönche das kostbare Spiel. Auch den Kirchenschatz vergruben sie, wie man sagt in einer Glocke, dem „Herrgottsglöckl", die wegen ihres wunderbaren Klanges von der Bevölkerung sehr geschätzt wurde.

Als die Kämpfe mit den Hunnen endlich vorüber waren und das wilde Reitervolk aus Bayern vertrieben war, da wusste niemand mehr, wo Kegelspiel und Glocke verborgen waren.

Einige glaubten, die Schätze befänden sich unter der alten Kirche oder in irgendwelchen geheimen Gängen unter dem Kloster. Andere behaupteten, sie lägen im „Königsbruch“, einem Steinbruch, der im Besitz der Mönche von Wessobrunn war. Niemand aber wusste wirklich Bescheid über ihr Verbleiben.

Viele haben seither auf eigene Faust versucht, den kostbaren Schatz zu finden, doch keinem ist es gelungen. Ein armer Schneider, dem ein Stückchen Land neben dem Königsbruch (vgl. S. 194) gehörte, forschte sein Leben lang danach.

„Wenn ich das Spiel finde, habe ich ausgesorgt für mein Leben!" Das soll er oft geäußert haben. Aber wie die Glocke, blieb es verschwunden und ist bis auf den heutigen Tag nicht wieder ans Licht gekommen. So blieb denn auch der Schneider ein armer Mann.

Das Gnadenbild von Wessobrunn

Der Legende nach soll der künstlerisch besonders begabte Benediktinermönch Innozenz, der aus Kloster Prüfening bei Regensburg kam, das berühmte Gnadenbild Mariens, das sie als Mutter der schönen Liebe darstellt, nach den Zügen einer bayerischen Prinzessin gemalt haben. Eine andere Vermutung über die Frau, die für das weithin bekannte Gemälde als Vorbild gedient haben soll, schreibt Prof. Dr. Sepp 1876:

Ein kunstreicher Klosterbruder zu Wessobrunn malte Tassilos Tochter, als es galt dem Bilde den letzten hauch zu geben, hieß er sie nicht mehr zu kommen. So entstand die berühmte Wessobrunner Muttergottes, deren Fest auf Maria Schnee begangen wird.

Mit „Tassilos Tochter" ist wahrscheinlich die Tochter von Tassilo Zöpf, einem anderen Künstler der 18. Jahrhunderts, gemeint.

Das Gemälde stammt aus der Zeit um 1706 und wurde wegen seiner Schönheit und des außergewöhnlichen Liebreizes der mit Blütenkranz dargestellten Madonna häufig kopiert. Zahlreiche Wallfahrer kamen hierher und beteten um Erhörung in ihren Anliegen. Im Jahr 1711 wurde eine Bruderschaft gegründet.

Das frühere Gnadenbild von Wessobrunn, eine 1,13 Meter hohe romanische Steinskulptur der Madonna aus der Zeit um 1250, die einen großen Wert hat, war nach der Säkularisation lange verschollen und wurde erst 1888 in dem Ort Hofstetten von Dr. Hager, der später Generalkonservator für Denkmalspflege wurde, wieder aufgefunden. Sie befindet sich heute im Wessobrunner Saal des Nationalmuseums in München.

Gemälde v. Bruder Innozenz 1706 gemalt in Prüfening
Titel: Mutter der schönen Liebe

Die selige Herluka am Hüttenleithenberg

Von der Straße, die von Wessobrunn nach Apfeldorf führt, biegt bei Ried ein Weg nach links zu einem kleinen Höhenrücken ab. Dort sollen im Mittelalter einige Einsiedler aus Wessobrunn in kleinen Hütten gelebt haben, weshalb der Hügel „Hüttenleithenberg" genannt wird.

Der Legende nach soll sich hierher in ein einfaches Haus auch die selige Herluka, eine Fürstentochter aus einem schwäbischen Adelsgeschlecht, zurückgezogen haben, wovon jedoch weder ein Denkmal noch irgendwelche Baureste Zeugnis geben. Wie überliefert wird, soll sie mit Pfarrer Adalbert von Rott, welcher der Sekte der Nikolaiten angehörte und daher nicht ehelos leben wollte, in Streit gewesen sein, weil er sich eine Frau genommen hatte, ohne auf ihre Mahnung zur Entsagung zu achten. In einer Vision soll sie seinen Tod gesehen haben, und wie er vom Satan selbst geholt worden sei. Wie es heißt, wollte sie ihm noch zu Hilfe eilen, sei aber zu spät gekommen, weil er schon gestorben war. Die Bauern der Gegend lasteten ihr die Schuld am Tod ihres Pfarrers an. Sie wurde angefeindet und von ihnen vertrieben. Soweit die Legende.

Die selige Herluka, eine fast vergessene fromme Edelfrau, die im 12. Jahrhundert lebte, soll sich nach einem Leben in Nichtstun und Eitelkeit bekehrt und viel Gutes getan haben. Sie wurde früher von den Menschen besonders bei Augenkrankheiten und Blindheit oder auch zur Hilfe gegen böse Gedanken angerufen. In der Bavaria Sancta heißt es über sie:

Herluka wandelte die Wege der Welt. Dann aber schickte Gott ihr ein hartes Leiden, sie erblindete auf beiden Augen. Flehentlich bat sie nun Gott um Hilfe. Sie wurde erhört und bekam ihr Augenlicht wieder. Jetzt kam die Umkehr. Der Kleider Pracht verschwand, anstatt der eitlen Lust andern zu gefallen, nahm sie sich nun verlassener Kinder an und leistete ihnen die geringsten Dienste.

Herluka verbrachte den größten Teil ihres Lebens in Epfach, ihre letzten Jahre jedoch in einer engen Zelle nahe bei Kloster Bernried am Starnberger See. Sie starb im Jahre 1142 (nach anderen Quellen 1127). Der Legende nach soll sie sich auch einige Zeit auf der Turminsel bei Schöngeising aufgehalten haben, wahrscheinlich während der Zeit, als sie, nachdem sie „von heidnischen Barbaren" aus Epfach vertrieben worden war und eine neue Bleibe suchte, die sie dann später in Bernried fand. Wegen ihrer Weissagungen – sie soll das Schicksal vieler berühmter Persönlichkeiten ihrer Zeit und auch Geschicke von Teilen des Deutschen Reiches oder Klöstern vorausgesagt haben, die sich später als richtig erwiesen – erlangte sie großes Ansehen. In einer Schrift in der Bibliothek in Heidelberg, die Kurfürst Maximilian I. dem Papst schenkte, sollen diese Prophezeiungen überliefert sein. Ebenso war sie berühmt dafür, dass sie viele wissenschaftliche oder religiöse Werke der damaligen Zeit abschrieb und damit vervielfältigte.

Der heilige Eibenwald von Paterzell und die heilige Quelle

Die Straße nach Paterzell, die westlich vom Zellsee von der Hauptstraße zwischen Wessobrunn und Weilheim abzweigt, führt durch ein Gebiet, wie es sonst keines mehr in ganz Bayern gibt: Es ist ein uralter Wald, in dem es neben anderen Baumarten ganz besonders viele – wie es heißt 2000 - Eiben gibt. Diese sind teilweise bis zu 700 Jahre alt und manche von ihnen haben Kronen im Durchmesser bis zu 10 Metern (Anmerkung 57). Als Einzelbäume in bizarren Formen oder in ganzen Gruppen wachsen sie in großer Zahl in diesem Wald.

Dieser bestand schon in heidnischer Vorzeit und wurde damals als heilig angesehen. Eiben wurden früher um die heiligen Plätze gepflanzt, auf denen Priester ihre Rituale abhielten und wo Gerichtsverhandlungen stattfanden. Für die Vermutung, dass es sich bei dem Eibenwald von Paterzell um solch ein uraltes Kultgebiet handelt, spricht, dass es in Paterzell auch eine heilige Quelle gibt, die schon im 10. Jahrhundert bestanden und deren Wasser gut bei Augenleiden sein soll. Es gab sie wohl schon in früherer Zeit, sie soll aber, der Legende nach, erst vom hl. Ulrich im Jahr 964, als dieser sich zum zweiten Mal auf Romreise befand, gefunden worden sein. Er soll damals an den steilen Abhang oberhalb vom heutigen Paterzell gekommen sein. In einer alten Chronik aus Wessobrunn steht darüber:

Da der Tag sehr heiß war und der hl. Gottesmann, vom Durst gequält, vergebens nach einer Quelle sich umsah, habe er im gläubigen Gottvertrauen mit dem Finger auf die Erde ein Kreuz-

zeichen gemacht, worauf ein Quell entsprang, der seitdem nie mehr versiegte und dem hl. Manne zu Ehren St. Ulrichsbrünnlein genannt wurde.

Der Name „Paterzell" soll von „Baltherzell" herstammen, von einem Einsiedler aus Wessobrunn namens Balther, der hier in einer Zelle gehaust haben soll. Als die Kapelle daneben *„durch Ungunst der Zeiten zerfiel"* wurde 1865 mitten im Dorf eine neue errichtet, in die man die Figur des hl. Ulrich stellte. Den früheren Standort der Kapelle bei der Quelle kennzeichnet heute ein großer Bildstock.

Nach dem 1. Weltkrieg soll die letzte bekannt gewordene Heilung dort stattgefunden haben. Ein Mädchen aus dem Rheinland, das nach Bayern evakuiert worden war, soll dort durch regelmäßige Waschungen der „zugeklebten" Augen, Heilung erfahren haben.

Der Königsbruch im Forst, das verschwundene Schloss von Eck und die Teufelskuchel

Nahe Forst, beim sogenannten „Königsbruch" soll einst Schloss Egg gewesen sein; und als es zur Ruine zerfallen war, soll sich dort eine „Teufelskuchel" (Anmerkung 74) befunden haben.

Bruno Schweizer schreibt dazu:

Eine Teufelsküche besteht neben der sogenannten Römerstraße bei Schloss Egg im Forst nächst Wessobrunn, wo in Kriegszeiten die Kostbarkeiten versteckt wurden. Vor Hunnen und Schweden hat sich das Volk dahin geflüchtet. Eine Mutter genas da sogar ihres Kindes. Der Königsbruch unterhalb (zu Paterzell) und die Ulrichsquelle deutet auf uralten Bau, aber wahrscheinlich hat der „abgestürzte Berg"(Sepp vermutet beim Erdbeben 1755) einen Teil der Höhle mit hinabgerissen. Auch in der „Hoysappen" am nahen Schlittbach (Schlippach) ist eine Teufelskuchel.

In dem „Königsbruch" soll auch das verschollene goldene Kegelspiel das Kloster Wessobrunn einst besaß, verborgen liegen (vgl. S. 188).

Votivtafel von 1772 in St. Leonhard im Forst

Die St. Leonhardkirche in Forst

In der St. Leonhardkirche in Forst am Fuße des Peißenberges hängt eine Votivtafel aus dem Jahr 1772, von den Peitinger Bürgern gestiftet, weil der Viehpatron eine schreckliche Viehseuche, die, wie sie meinten, vom „Viehschelm" (Anmerkung 66) ausgelöst worden war, zum Erlöschen gebracht hatte: Darunter steht:

In dem Jahr 1758 verlobte sich die löbliche Gemein der Pfarr zun Peiting und dazugehörigen Riederschaften wegen gräulich grasierender Pferd- und Hornviehsucht, wo alle menschlich Hülfe vergebens, anhero zu dieser wunderwürkenden Bildnuß des großen hl. Leonhard am Forst, als absonderlicher Nothelfer des schädlichen Viehfalls, alljährlich am St. Maria Magdalenafest anhero zu wallfahrten, dann einiges Wachs zu opfern und zwar unter demselbigen Dorffiehrer, des ehrbaren Johann Michel Baddr Pauern. Dass aber die Ehre dieses Schutzheiligen noch mehr befördert werden sollte, so hat sich mehrmalen ein löblich Pfarrgemein mit ihrem wohl Ehrwürdigen Herrn Seelsorger Georg Heinrich Rott fürtigist verbunden, die Ehr dieses hochheiligen Hauses noch mehr zu befördern und eine größere Tafel malen, dann eine große von Wachs überzogene Kärzen mit angehängter Gemainwappen machen zu lassen, das dadurch durch den Heiligen Leonhard Gott noch mehr gelobet werde, amen. So geschehen im Jahr ein Tausend siebenhundert und zwey und siebenzig am Fest Maria Magdalena der Büsserin, durch den ehrbaren Gmain Führer Paul Anderle, Paurn und Franz Meringer, Söldner.

J. N. Sepp 1876 zum dortigen Leonhardiritt (Anm. 37): *Nach St. Leonhard am Forst kamen bei 300 Pferde bis von Weilheim, Ober- und Unterpeißenberg, Birkland, Haid und Wessobrunn zur Roßweihe zusammen, die mit Lection von Gebeten, mit Kreuzpartikel und Weihbrunn vollzogen ward. Dabei pflegte der Prälat von Steingaden immer vor dem Hochamte die Rosse zu benediciren.*

Die Burgen und der unterirdische Gang vom Peißenberg

Am Fuße des Peißenbergs befanden sich laut Sage zwei Burgen und ein unterirdischer gang, wie J. N. Sepp 1876 noch wusste:

Vom Jais am Peißenberg, einer alten Besitzung der Seefelder ist ein verborgener Gang über St. Margarethen nach Grasla, ihrem ursprünglich gestifteten Kirchlein vor Weilheim ausgegraben.

Am Fuße des Peißenbergs, wo zwei Höfe noch die Burgstaller heißen, haben drei Jungfrauen ihre Burg gehabt.

Vom Gold im Peißenberg

Im Peißenberg soll - laut Überlieferung aus alten Zeiten - ein Loch, gefüllt mit lauter Gold verborgen liegen. Der Sagenforscher J. N. Sepp schreibt im Jahr 1876 darüber:

Von den Ammerhöfen bei Peißenberg, erzählt mir der Vesterbauer, wanderten einmal ein Manns- und Weibsbild zum Goldsuchen dahin, da sie aber keinen Vorweis (Genehmigung) *hatten, kamen sie leider auf dem Schub* (Anmerkung 58) *zurück. Das Goldloch beruht doch nur auf einem allgemeinen Gespräch.*

Wie die Wallfahrtskirche auf dem Hohenpeißenberg entstand

Der Hohenpeißenberg ist mit seinen 1000 m einer der höchstgelegenen Wallfahrtsorte in Bayern. Seit 1514 wird an diesem Gnadenort ein spätgotisches geschnitztes Marienbild aufbewahrt, das einst der herzogliche Pfleger von Schongau, Georg von Pinzenau gestiftet hatte. Die Bauern der Umgebung wollten die Kirche, in die dieses Gnadenbild gestellt werden sollte, zuerst am Fuße des Berges errichten. Sie schafften das nötige Baumaterial dafür herbei und begannen mit der Errichtung des Gotteshauses. Am nächsten Tag aber, so berichtet die Legende, war alles Baumaterial verschwunden und fand sich erst nach langem Suchen auf dem Gipfel des Berges wieder. Dies nahmen die Leute als einen Fingerzeig Gottes, die Kirche hier zu errichten, was sie dann auch taten, obwohl es mühsam war, alles dafür Notwendige auf den Peißenberg zu befördern.

Noch im gleichen Jahr erfuhr ein Bauer aus Peiting, der Unsere Liebe Frau auf dem Peißenberg wegen einer Tierseuche, die ihn an den Rand des Ruins gebracht hatte, um Hilfe bat, Erhörung durch Hilfe die Gottesmutter. Dies sprach sich rasch in der ganzen Umgebung herum und schon bald kamen viele Wallfahrer mit ihren Nöten und Bitten zur Kirche auf den Hohenpeißenberg.

Während des Bauerkrieges 1525 kamen ein paar Hundert Bauern aus der Umgebung des Hohenpeißenbergs zusammen und schworen ihre Treue zum Katholizismus und zum Herzogtum Bayern, sowie ihre Heimat mit Leib und Leben zu verteidigen.

In den Jahren 1582-1611 wurde die Kapelle um ein Langhaus, das westlich angebaut wurde, erweitert. Wolfgang Berghofer, damals Propst von Kloster Rottenbuch, dem diese Kirche gehört, stiftete dafür einen neuen Hochaltar. Auch ein Gasthaus für die Wallfahrer wird erbaut.

Bald ist die Kapelle für den Ansturm durch die Wallfahrer zu klein. Probst Georg Siesmair lässt deshalb von 1616-1619 im Osten der Kapelle eine neue Wallfahrtskirche mit Turm und Wohnhaus für den Priester anbauen. Für den Kirchenbau spendet das Herzogshaus großzügig. Bekannte Künstler wie der Bildhauer Bartholomäus Steinle und der Maler Elias Greiter d. Ä. beide aus Weilheim, gestalten das Innere der Kirche.

Altes Wallfahrerbildchen vom Hohenpeißenberg

Im 18. Jahrhundert kommen bis zu 40 000 Wallfahrer aus weitem Umkreis hierher. 1717 wird ein prächtiger barocker Hochaltar mit zwei Seitenaltären errichtet und es werden reich gefasste Reliquien für die beiden Kirchenteile erworben, 1747-1748 erfolgt die Rokokoausstattung. Die berühmtesten Künstler aus der Umgebung wirkten damals an der Kirche mit: Baumeister war Josef Schmuzer aus Wessobrunn, sein Sohn fertigte die Stuckaturen, Franz Xaver Schmädl arbeitete als Bildhauer (lebensgroße, ergreifende Figur des Kerkerheilandes) und der 1705 als Sohn eines Bauern in Tritschenkreit am Nordosthang des Hohenpeißenbergs geborene Matthäus Günther, der bedeutendste Freskenmaler des ausgehenden Rokoko im Raum Bayern fertigte die Fresken.

Als im Jahr 1755 ein Blitz in den so exponiert auf hohem Berg stehenden Turm einschlägt, können durch die tatkräftige Mithilfe der Anwohner am Hohenpeißenberg beide Kirchen gerettet werden. 1781 wird am Hohenpeißenberg „das älteste ständig besetzte Bergobservatorium der Erde“ errichtet und es werden erst von den Chorherren des Stiftes Rottenbuch, dann ab 1805 durch die dortigen Pfarrer und seit Mitte des 20. Jahrhunderts durch den staatlichen Deutschen Wetterdienst die regelmäßigen meteorologischen Beobachtungen und deren Aufzeichnungen durchgeführt.

Hoher Peißenberg – Ausschnitt aus Gemälde von Wagenbauer

Die Zerstörung der Gnadenstätte durch die Säkularisation 1803 wird dadurch verhindert, dass 1805 dort eine „Pfarrei Hohenpeißenberg“ gegründet wird, die nach damaligem Gesetz ihre „Pfarrkirche“ behalten darf.

Noch heute pilgern jedes Jahr viele Tausende auf den Hohenpeißenberg um der Gottesmuter ihre Sorgen und Nöte anzuvertrauen und um Hilfe zu bitte, wie zahlreiche Einträge in das aufliegende Buch in der Gnadenkapelle beweisen.

Wie Carl Spitzweg in Bad Sulz zum Maler wurde

Der später so berühmte Maler Carl Spitzweg hielt sich im Jahre 1833 nach einer schweren Erkrankung zur Erholung in Bad Sulz am Fuße des Hohenpeißenberges auf. Er war damals gerade 25 Jahre alt, hatte im Jahr zuvor das Examen als Apotheker mit Auszeichnung an der Universität bestanden und in München eine Stelle als Provisor angenommen, wobei er langfristig das Ziel, eine eigene Apotheke zu führen, verfolgte.

Während er sich nun in Bad Sulz befand, veranstaltete der damalige Besitzer des Kurbades, wohl auf Anregung der „Pollinger Landschafter“ – eines Malerkreises, der sich unter Führung von Christian Hanson mehrfach in Polling traf – einen kleinen Malwettbewerb „nach der Natur“, der seinen Kurgästen die Zeit vertreiben sollte.

Mehrere der Gäste, darunter berühmte Persönlichkeiten beteiligten sich an dem Wettbewerb und legten am Abend das Ergebnis ihrer Arbeit vor. Carl Spitzweg hatte einen Kachelofen (manche Quellen sprechen auch von einem Kalkofen) gezeichnet und erntete damit höchste Bewunderung durch das Gremium der Maler, das die Bilder auswertete, und natürlich den 1. Preis. Wie es heißt, ist diese Zeichnung erhalten geblieben.

Diese Begebenheit in Bad Sulz, bei der ihn die Pollinger Maler dazu ermuntert haben sollen, soll mit den Ausschlag gegeben haben, dass Carl Spitzweg seinen schon lang gehegten Wunsch, Maler zu werden, tatsächlich verwirklichte. (Anmerkung 61)

Die Russengräber am Peißenberg

Während der napoleonischen Kriege wurden nach der Schlacht bei Zürich am 19. Sept. 1799, bei der Österreicher und Russen vom französischen General Massena geschlagen worden waren, viele der verwundeten Russen nach Kloster Polling ins dort untergebrachte Feldspital verlegt:

Über 40 derselben starben und wurden von ihrem Popen (Anmerkung 65) *außerhalb der Gemeindewiesen, die man Gemeindslüssen nennt, begraben. Die ersten 20 oder mehr beim sogenannten Rehbichl, die übrigen beim St. Wolfgangsee neben den Fußweg, der nach dem Dorf Hausen führt gleich außerhalb genannter Wiesen. Ein Kreuz neben einer dort entspringenden Quelle bezeichnet den Ort, wo sie von einer Eiche überschattet, in 7 Hügeln ruhen.“*

So ist in den Pfarrchroniken vermerkt.

Das genannte Grundstück befindet sich gleich oberhalb der Straßengabelung Murnau - Peißenberg, das Kreuz gibt es nicht mehr und daher weiß man auch heute den genauen Platz der Kriegsgräber nicht mehr, weil in dieser Gegend mehrere Quellen entspringen. Zum Gedenken ließ im Jahre 1911 E. Weinbuch eine Lourdesgrotte am Waldrand erbauen.

Der Pestfriedhof St. Jakob bei Polling

Hier soll sich einst, wie Propst Töpsl in Tagebuchaufzeichnungen berichtet, ein Pestfriedhof (Anmerkung 54) befunden haben, den er aber im Jahr 1746 habe einebnen lassen. Wie es heißt, wurden damals 30 Skelette ausgegraben und auf den heutigen Friedhof überführt.

Ob es sich wirklich um Pesttote gehandelt hat, ist nicht erwiesen, denn möglicherweise war der - wie alle Pestfriedhöfe etwas außerhalb des Ortes gelegene „Pestfriedhof“ - die Fortsetzung eines Grabfeldes aus der Merowingerzeit, das ebenfalls bei St. Jakob gefunden worden ist.

Frauentracht in der Gegend bei Weilheim
Ausschnitt aus Bild von Neureuther

Die Achberg Madonna von Polling

In Achberg bei Oberhausen nahe Weilheim stand einst eine Marienkapelle, die von einem frommen Bauern, wohl in Erfüllung eines Gelübdes, errichtet worden war. Bald schon zogen viele Menschen aus der näheren und weiteren Umgebung zu dieser Kapelle, um der Himmelsmutter vor dem dortigen Marienbild ihre Sorgen und Wünsche vorzutragen.

Auf Anordnung der Behörden musste diese Kapelle jedoch wieder beseitigt werden. Das Gnadenbild von Achberg würde daraufhin in die Reliquienkapelle von Polling gebracht, wodurch diese den Namen „Achbergkapelle" erhielt. Heute wird sie wirkliche Achbergmadonna im Hl. Kreuzkirchlein zu Polling aufbewahrt. Dazu B. Schweizer 1956:

Auf dem Altar der Pollinger Reliquienkapelle steht eine andere spätgotische Marienstatue, die 1661 von Justina Töpslin aus München dem Kloster geschenkt wurde.

Die „Hungerwies" bei Polling

„Hungerwies" heißt ein Ortsteil von Polling. Wie aus einer Notiz eines früheren Pfarrmesners namens Ludwig Stoll hervorgeht, soll einmal eine so schreckliche Hungersnot in Polling und Umgebung geherrscht haben, dass der Besitzer des Hofes, der auf dieser Wiese stand, diesen für einen Laib Brot verkauft habe, um nicht verhungern zu müssen (vgl. S. 105).

Die Regenbogenschüsselchen

„Regenbogenschüsselchen" werden im Volksmund gebogene keltische Münzen genannt, die man überall im ehemals keltisch besiedelten Raum findet. Der Sage nach sind sie so entstanden:

Schon seit alter Zeit wird erzählt, dass solche goldenen Münzen einst von einem Regenbogen herabgetropft sein sollen oder dass diese oft seltsam verzierten Goldstücke von zwei Engeln an der

Stelle hingehalten wurden, wo ein Regenbogen auf die Erde auftreffen würde, damit er diese nicht berühren müsse.

Oder man erzählt sich im Volke auch, dass man dort, wo ein Regenbogen auf die Erde niedergeht, solche Münzen finden kann.
M. Biller

Wie St. Wolfgang bei Polling gegründet wurde

Einst stand auf der Anhöhe neben dem ehemaligen Schwaighof „St. Wolfgang" eine dem hl. Wolfgang geweihte Kapelle aus dem Jahr 1484. Wie überliefert wird, hatte der damalige Probst von Polling, Johannes Vendt, der an einer schweren Krankheit litt, das Gelübde getan, diese Kirchlein zu errichten, wenn er genesen würde. Und er hielt sein Versprechen und ließ mit dem Bau 1483 beginnen, 1484 wurde die Kirche geweiht. Georg Rückert schreibt in seiner „Pfarrgeschichte" von 1938:

Am 13. August 1484 vollzog Weihbischof Ulrich von Augsburg die feierliche Konsekration dieser Kirche und ihrer drei Altäre. Der Hochaltar war dem hl. Wolfgang und der hl. Ottilia, der eine Seitenaltar dem hl. Martyrer Sigismund und der andere dem hl. Martyrer Vitus geweiht. An den Festen dieser Heiligen und dem der hl. Elisabeth wurde dort Gottesdienst gehalten. Das Fest der Kirchenweihe fiel auf den Sonntag nach Mariä Himmelfahrt.

Der Stock, den der Probst wegen seines schlimmen Gichtleidens hatte benützen müssen, hing noch im 18. Jahrhundert neben dem Hochaltar. Nach der Säkularisation wurde St. Wolfgang leider abgebrochen. (Anmerkung 62)

Am Fest des hl. Vitus wurde früher bei St. Wolfgang jedes Jahr ein Markt abgehalten, zu dem die Leute aus weitem Umkreis zusammenkamen.

Weil die Kirche sehr einsam gelegen war, wurde in der Nähe ein Wohnhaus erbaut, in dem wohnte seit 1510 ein Klausner, später der Mesner.

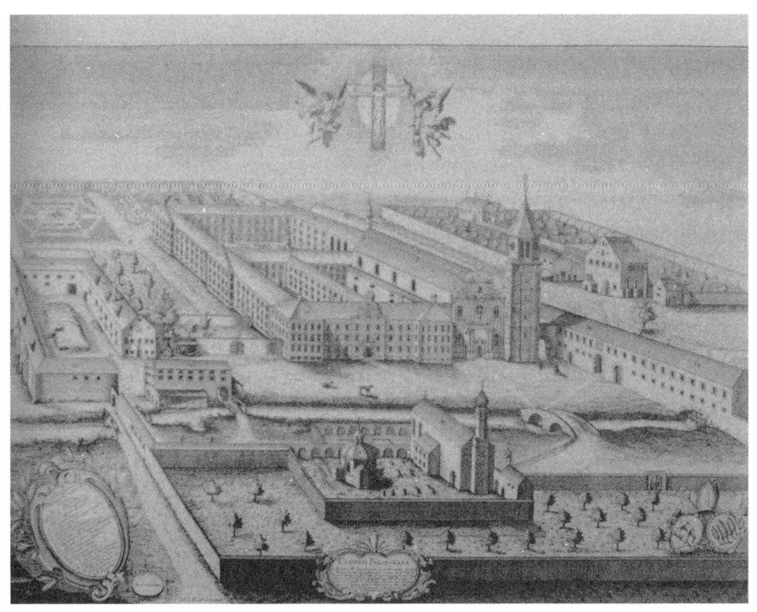

Ansicht von Kloster Polling aus der Zeit um etwa 1730-1740

Die Klostergründung von Polling und das Heilige Pollinger Kreuz

Über die Entstehung von Kloster Polling schreibt A. Schöppner: *Eines Tages ergötzte sich Herzog Tassilo II. auf der Jagd. Da geschah es, dass die Rüden der Spur eines Wildes folgten, das unversehens verschwand. Es hatte die Erde aufgescharrt und sich in eine Höhle verkrochen. Als nun der Herzog mit seinem Gefolge auf dem Platz erschien, befahl er, sogleich nachgraben zu lassen. Da fand man drei große Kreuze nebst vielen Reliquien. Danach beschloss der Fürst ein Kloster zu bauen – wie es dann auch geschehen ist.*

Dies soll sich im Jahr 750 zugetragen haben. Die Darstellung dieser Auffindungsszenen befindet sich auf einem Gemälde, das in der Alten Pinakothek in München hängt.

Das berühmte wundertätige „hl. Kreuz von Polling“, heute in der Stiftskirche, besteht im Kern aus Eiche, ist „sehr morsch und wurmzerfressen“ und soll aus der Zeit der Auffindung stammen.

Es hat eine Höhe von 2,50 m und misst in der Breite 1,86 m. Die Christusfigur ist 1,76 m groß und seltsamerweise auf Tierhaut (Anmerkung 78) gemalt und über den Holzkern gespannt. Laut Untersuchungen durch Kunsthistoriker soll das Kreuz aber nicht aus dem 8. sondern erst aus dem 12. Jahrhundert stammen.

Während des Spanischen Erbfolgekrieges 1704 wurde es nach München in Sicherheit gebracht, dann in einer feierlichen Prozession am 23. April 1705 dort wieder abgeholt und in der Stadtpfarrkirche von Weilheim sechs Tage lang ausgestellt und von den Bürgern hochverehrt. Viele tausend Gläubige geleiteten es anschließend am 1. Mai nach Polling zurück.

Weil sich früher viele Pilger einen Splitter des als wundertätig geltenden Kreuzes mitgenommen haben, ließ Propst Töpsl 1771 das Kreuz mit einer hölzernen Verschalung und unter einem Glasdeckel sichern. So ist es auch heute noch zu sehen.

Unsere Hohe Frau von Polling

In der Stiftskirche von Polling befindet sich ein spätgotisches Marienbild, „Unsere hohe Frau von Polling“ genannt, das der berühmte Bildhauer Hans Leinberger von Landshut 1526/27 eigentlich für die ehemalige Pollinger Pfarrkirche „Unserer lieben Frau“ geschnitzt hatte. Der Überlieferung nach wurde dieses Bild, als die Kirche im Zuge der Säkularisation im Jahre 1804, in der 2 Kirchen im gleichen Ort als zu viele angesehen wurden, zu Gunsten der Stiftskirche zum Abbruch freigegeben und zerstört wurde, versteigert, aber später der jetzigen Pfarrkirche wieder zum Geschenk gemacht.

Bei einer Restaurierung im Jahr 1918 stellte sich heraus, dass sogar noch die alte Fassung, die laut Urkunden von Jörg Greimolt, einem Maler aus Weilheim, stammt, erhalten geblieben ist. Der ebenfalls von Leinberger geschnitzte Schmerzensmann „Erbärmdechristus“ genannt, aus dem gleichen Entstehungsjahr wie die Madonna, befindet sich heute im Weilheimer Stadtmuseum, seine Figur des Johann Baptist ist leider verschollen.

Altes Andachtsbild vom wundertätigen Pollinger Kreuz

Der Kirchenschatz von Polling in Wildenberg

In einem unterirdischen Gang unter der Ruine Wildenberg sollen während der Dreißigjährigen Krieges die Schätze des Pollinger Klosters versteckt worden sein. A. Schöppner schreibt 1849 darüber:

Eine kleine Stunde oberhalb des ehemaligen Klosters Polling liegt die Burgruine Wildenberg, ehemals den mächtigen Grafen von Weilheim gehörig. Von dieser Burg stehen noch heutigentags Trümmer von Grundmauern und Schatzgräber haben schon öfter Nachgrabungen angestellt, da die Sage geht, es hätten die Mönche des obenerwähnten Klosters zur Zeit des unheilvollen Dreißigjährigen Krieges kostbare Kirchenparamente hierhergebracht und in einem unterirdischen Gang der Burg aufbewahrt. Die Schatzgräber fanden nun wohl mehrmals antike Gegenstände, wie Münzen, Waffen etc., aber noch nie die vermeinten Kirchenschätze.

Der Spiegelschwabe in der Pollinger Hölle

Im Jahr 1835 erschien in München das Büchlein „Abenteuer des Spiegelschwaben“, eine Sammlung von skurrilen Schelmengeschichten aus dem Leben des „Spiegelschwaben“, dessen Streiche ähnlich denen des berühmteren Eulenspiegel aus dem norddeutschen Raum sind. Einer dieser Schwänke spielt in der Gegend von Polling:

Eine Stunde außerhalb Weilheims, auf dem Weg nach dem heiligen Berg Andechs, fiel ihm ein, gehört zu haben, dass in Polling extra gutes Bier zu trinken sei. Also scheute er nicht den Umweg, und ging wieder zurück und dahin.

Und es schmeckte ihm gut. Das hörte der Abt des Klosters, ein leutseliger, niederträchtiger Herr, und es wurde ihm hinterbracht: Im Trinkstüble sitze ein Schwab, der könne saufen trotz einem Bayern. Der Abt sagte, man solle ihm genug geben, und umsonst. Und der Spiegelschwab profitierte auch von der gnädigen Erlaubnis, und er trank und sagte eins ums andere Mal:

Das müsse man sagen, und es sei wahr: Im Kloster ist ein Leben wie im Himmel. Und er guckte so oft und so lange in die Bierbüt-

sche, bis sein Himmel, das Kapitolium (Anmerkung 63) *sternvoll wurde und er bewusstlos dalag; wie ein Schwein.*

Das wurde dem Abt hinterbracht; und der sagte: „Weil denn der Schwab den Himmel verkostet, so solle er auch die Hölle verkosten.“ Und also ließ er ihn in ein tiefes, kuhfinsteres Kellerloch tragen. Des anderen Tags, wie der Spiegelschwab er wachte und sich den Rausch aus den Augen rieb, standen zwei kohlschwarze Männer vor ihm mit Fackeln in der Hand, und auf die Frage des Spiegelschwaben:

„Wo bin ich denn?“, sagten sie: „In der Hölle“. Und sie gaben ihm allsogleich den Willkomm, wie's im Zuchthaus und in der Hölle herkömmlich ist. Dann ließen sie ihn allein in der schrecklichen Finsternis und es war allda Zähneklappern; und er hatte nun abermals Zeit, wie unter den Zähnen des Melak (Anmerkung 64) *über sich und das menschliche Elend nachzudenken.*

Um Mittag kamen die beiden Teufel wieder und brachten ihm einen Laib Brot, das schier aussah, wie ein Pechkuchen. Der Spiegelschwab sagte: Es täte ihn nicht hungern, wohl aber dursten. Und er dachte sich: Ach hätte ich nur ein Tröpflein Gerstensaft von gestern!

Die Teufel aber gingen abermals fort, ohne ein Wort zu sagen: Und der Spiegelschwab saß wieder allein da in der Finsternis der Hölle, und es wurde ihm auch Höllenangst.

Er fing nun an, an dem Brotlaib mehr zu zutzeln, als zu beißen: Aber es schmeckte wie pures Salz und es dürstete ihn noch ärger, also, dass er an dem feuchten Gemäuer umherkroch und die Wassertropfen, die daran hingen, ableckte. Indem er so in der Finsternis umhertappte, da stieß er an etwas, das sich anfühlte wie ein Fass. Und es war auch eines, und zwar ein volles. Er zapfte es sogleich an – und das Anzapfen verstand er – und soff wie ein Bürstenbinder, und wurde in dem Maße voll, wie das Fass leer wurde. Und so fanden denn abends die beiden Männer wieder das alte Schwein; und sie trugen ihn fort und hinaus in den Straßengraben, wo sie ihn im Dreck liegen ließen.

Des Morgens, wie er erwachte, und sich auf das besann, was ihm begegnet, schwor er Stein und Bein: Er wolle sich vor dem bayerischen Bier in acht nehmen, und keinen Tropfen mehr trinken, als höchstens sechs Mäßle auf einen Sitz.

Der Römerstein bei Etting

Die alte Römerstraße, die vom Brenner über Mittenwald und Ammersee nach Augsburg führte, ist in manchen Teilen auch heute noch sichtbar. Die etwa 200 n. Chr. erbaute Straße ist eine verkürzte, etwa parallel gelegene Strecke zur berühmteren „Via Claudia“. Bei Bozen zweigt sie von dieser ab und vereinigt sich bei Augsburg wieder mit ihr. Unter anderen Spuren fand man Reste eines Mauerringes einer spätrömischen Siedlung am heute zerstörten Moosberg bei Murnau, auch im Wald gegenüber von Etting (nach der Druckerei Tafertshofen) ist die alte Römerstraße als dammartige Erhebung noch gut erkennbar. Bei Etting stand früher auch ein römischer Meilenstein. Wie es heißt, soll er um 1700 dort noch zu sehen gewesen sein der nördlichste, der bis jetzt von dieser Straße bekannt geworden ist.

Der Stein ist längst verschollen, aber wir wissen von ihm aus Aventin und Apian und aus dem Bericht eines ehemaligen Pollingers, des Augustinerchorherrn Rasso Mannhardt, der im Jahre 1739 zu Dießen im Alter von 65 Jahren starb. In der Chronik dieses Klosters wurden Aufzeichnungen von ihm aufgenommen, die sich auf die Römerstraße beziehen. Sie lauten: Der dieses schreibet, (hat) noch als junger Knab in einem Holz auf dem Spitz der sogenannten Bergleuthen, wohinaus man von Weilheimb und Kloster Polling nachher Murnau und Partenkirchen zureist, einen fast großen Turm oder steinerne Spitz-Säule (doch schon damahlen in etwas zerfallen) mit Augen gesehen, darauf zu lesen war: Marcus Antonius Imperator Augustus. Georg Rückert

Der Hungerbach von Huglfing

Solch einen „Hungerbach“ (Anmerkung 19) gibt es auch bei Huglfing. Es gilt als schlechtes Vorzeichen, wenn er anschwillt. Früher kamen die reichen Kornbauern bis aus Niederbayern um nachzuschauen, wie viel Wasser der Bach führte (vgl. S. 105).

Votivbild von 1831 in der Hardtkapelle von Haunshofen

Die Fußspur Christi in Haunshofen

Einst entbrannte zwischen der Stadt Weilheim und der Gemeinde Haunshofen ein erbitterter Streit um ein Grundstück, auf das beide Parteien Anspruch erhoben. Als alle Versuche einer gütlichen Regelung fehlgeschlagen waren, kam die Sache vor Gericht. Die Beteiligten wurden unter Anwesenheit von hohen Amtspersonen auf der umstrittenen Wiese zusammengerufen. Dort vertraten sie nacheinander lautstark und unter heftigen gegenseitigen Beschuldigungen ihre Standpunkte. Anschließend mussten sie ihre Aussagen vor dem Richter beschwören.

Die Weilheimer rückten mit einem großen Aufgebot von Sachverständigen und Anwälten an und versuchten dadurch den Unparteiischen zu beeindrucken. Und es schien fast, als werde ihr Vorgehen von Erfolg gekrönt, denn die Haunshofener Bauern waren ungeschickt und schwerfällig in der Verteidigung ihrer Angelegenheit.

Da ereignete sich mitten in der Verhandlung ein unerklärbarer Vorfall: Längs des Baches, der sich durch die umstrittene Wiese schlängelte, näherte sich der Versammlung plötzlich eine hohe, majestätische Gestalt. Es war ein allen unbekannter Mann, der einen großen Stein auf seinem Haupte trug. Er strahlte eine solch zwingende Macht aus, dass alle Anwesenden ganz unvermittelt verstummten und ihn anstarrten.

Mit einem Mal erkannten sie in dem Ankömmling zu ihrem höchsten Erstaunen unseren Herrn Jesus Christus. Ehrfürchtig sanken sie, gleich ob Bauer oder Städter, Knecht oder Richter, auf die Knie nieder.

Christus aber blickte ernst auf die zerstrittene Gesellschaft und nahm dann den Stein von seinem Haupt. Er legte ihn auf die Wiese nieder und stellte leicht seinen Fuß darauf. Dabei sprach er:

„So wahr ich tritt auf diesen Stein,
so gehört der Grund der Haunshofer G'mein!“

Nachdem er dies verkündet hatte, entschwand er ihren Blicken. Lange verharrten die Leute in tiefem Schweigen und wagten nicht, sich zu bewegen. Erst als sie sich vom Staunen über das Wunder, dessen Augenzeugen sie geworden waren, etwas erholt hatten, eilten sie zu dem Stein und betrachteten ihn ehrfürchtig.

Da entdeckten sie zu ihrer Überraschung, dass sich ein Abdruck des Fußes Christi darauf befand, gleichsam eine zu Stein gewordene Besiegelung seines Richtspruches. Und seltsamerweise passte jeder Schuh in diesen Abdruck, ob jemand nun einen großen oder einen kleinen Fuß hatte.

Ein heiliger Schrecken erfasste alle, die das sahen. Wortlos fügten sich die Weilheimer dem himmlischen Schiedsrichter und überließen den Haunshofenern freiwillig das umstrittene Grundstück. Die Bauern bauten aus Dankbarkeit und zur Erinnerung an diese

Begebenheit ein kleines Gotteshaus darauf, die „Hardtkapelle“, wie sie genannt wird. Noch heute befindet sich darin beim Altar ein Gemälde, auf dem das Ereignis farbenprächtig dargestellt ist.

Die neidische Schwester auf dem Gögerlberg

Auf dem Gögerlberg in der Nähe von Weilheim stand einst ein mächtiges Schloss. Dort wohnte ein Graf mit seinen fünf Kindern, drei wohlgeratenen, tapferen Söhnen und zwei außergewöhnlich schönen Töchtern. Das jüngste Mädchen war noch lieblicher als seine Schwester, aber es war blind. Dennoch war es immer freundlich und guter Dinge und versuchte mit seinen anderen Sinnen die Großartigkeit der Welt zu erfassen, die zu sehen ihm verwehrt war. So wurde es durch seine Liebenswürdigkeit und seine heitere Natur bald der Liebling seines Vaters und seiner Brüder.

Eines Tages brach ein unseliger Krieg über das Land herein und führte Tod und Vernichtung mit sich. Der Graf und seine Söhne wurden zu den Waffen gerufen und folgten ihrem Herrscher auf das Schlachtfeld, um die Heimat zu verteidigen. Das Schloss mit all seinen Schätzen blieb in den Händen der Töchter zurück, die es bis zur Rückkehr des Vaters verwalten sollten.

Doch sie sahen ihn niemals wieder, denn schon bald musste er sein Leben im Kampf mit den Feinden lassen. Und auch die Brüder kehrten nicht mehr zurück. Einer nach dem anderen fiel. Als ein Bote die Nachricht ins Schloss brachte, dass auch der jüngste Bruder nicht mehr lebte, wollte der blinden Schwester schier das Herz brechen vor Leid. Sie hatte ihren Vater und ihre Brüder innig geliebt und konnte sich ein Leben ohne sie nicht vorstellen. Untröstlich schloss sie sich in ihre Kammer ein und weinte so bitterlich, dass ihre Augen blind geworden wären, wenn sie es nicht schon gewesen wären.

Die ältere Schwester aber fühlte nicht wie sie. Sie war habgierig und böse und hatte sich bisher nur verstellt. Der Tod ihres Vaters und ihrer Brüder bedeutete ihr wenig; im Gegenteil, sie freute sich sogar, dass nun der ganze Besitz ihr gehörte und sie nicht mit ihnen teilen musste. Wohl vergoss sie auch ein paar Tränen, doch das tat sie der Dienerschaft wegen, um dem Gerede vorzubeugen, nicht aus echter Trauer heraus.

Tag und Nacht sann sie nun darüber nach, wie sie das Erbe des Vaters ganz an sich bringen könnte, ohne ihre Schwester zu beteiligen. Als sie endlich einen Weg gefunden zu haben glaubt, ging sie in die Kammer der Blinden, sprach beruhigend auf die Unglückliche ein und erklärte dann:

„Liebe Schwester, wir haben unseren Vater und unsere Brüder nun genug betrauert und müssen auch an unsere Zukunft denken. Du bist blind und kannst daher das Schloss nicht verwalten. Ich halte es darum für besser, wenn du es mir überlässt. Außerdem bin ich ja die Ältere. Was meinst du dazu?“

„Tue was du willst, mir soll es recht sein“, antwortete die Blinde unter Tränen, denn so kurz nach dem Tod des geliebten Vaters stand ihr der Sinn nicht nach diesen Dingen und sie wollte ihre Ruhe haben.

Sie Schwester, die das wohl erkannte, gönnte ihr aber keine zeit zur Besinnung und sprach listig weiter:

„Den Goldschatz des Vaters wollen wir gerecht in zwei Hälften teilen, eine für dich und eine für mich. Dann habe ich die Mittel, das Schloss zu erhalten und du hast genug Geld als Heiratsgut. Bist du mit meinem Vorschlag einverstanden?“

Das arme Mädchen nickte ergeben und sagte:

„Ich will zufrieden sein. Behalte du das Schloss und gib mir die Hälfte des Schatzes.“

„So komm, liebe Schwester, wir wollen gleich teilen“, rief da die Ältere scheinheilig. „Überzeuge dich selbst davon, dass es dabei gerecht zugeht!“

Sie führte die Blinde in den Turm, wo der Vater sein Gold verwahrt hatte. Dort nahm sie zwei leere Kästen und stellte einen neben die Blinde und einen neben sich. Dann öffnete sie schwere Schatztruhe, holte einen Metzen (Anmerkung 34) und füllte ihn bis zum Rand mit Geldstücken. Nun bat sie ihre Schwester mit der Hand darüber zu streichen.

„Spürst du, dass das Maß voll ist?“ fragte sie und als diese nickte, leerte sie es in ihren eigenen Kasten. Nun drehte sie den Metzen um und füllte listig nur dessen Bodenvertiefung mit Gold. Wieder ließ sie die Blinde mit der Hand darüber streichen und sagte scheinheilig:

„Spürst du, liebe Schwester, das Maß ist voll.“

Und als das Mädchen dies bestätigte, leerte sie die Goldstücke in dessen Truhe. Auf diese Weise teilte sie den ganzen Schatz. Die

Ältere hatte ihren Kasten bald randvoll, während bei dem der Jüngeren kaum der Boden bedeckt war. Als sie fertig waren, sprach die Ältere hartherzig:

„So liebe Schwester, nun pack deine Sachen, nimm dein Gold und suche dir eine andere Bleibe. Es ist nicht gut, wenn du hier bei mir im Schloss bleibst. Es könnte böses Gerede und Streit geben."

Sie ließ sich nicht von den Bitten der armen Blinden erweichen, sondern wie sie unbarmherzig aus dem Haus. Die beiden Schwestern aber waren bei ihrem Tun von einem alten treuen Diener beobachtet worden. Als nun die Jüngere auf Geheiß ihrer Schwester mit ihren wenigen Habseligkeiten, schmählich um ihr rechtmäßiges Erbe gebracht, das Schloss verließ, entdeckte er der bitterlich Weinenden den Betrug. Da wandte sich das arme Mädchen am Tor um und verfluchte ihre betrügerische Schwester.

Diese aber sollte sich nicht lange an dem unrecht erworbenen Gut erfreuen. Sie starb bald darauf an einer rätselhaften Krankheit und konnte in ihrem Grab keine Ruhe finden.

Seither irrt sie als unsteter Geist auf dem Gögerlberg umher und sucht verzweifelt jemanden, der sie erlöst. Oft erscheint sie den Wanderern, die zu nächtlicher Stunde über den Hügel gehen. In einem wallenden weißen Gewand mit schwarzem Gürtel tritt sie ihnen unvermutet gegenüber. Die langen blonden Haare hängen ihr gelöst über die Schultern und an den Füßen trägt sie gelbe Schuhe. Ein riesenhafter Fuchs folgt ihr auf Schritt und Tritt.

Viele haben die verwunschene Schlossherrin schon gesehen und haben vor Schrecken eiligst das Weite gesucht. Manch ein beherzter Mann aber ist, gerührt durch ihre zauberhafte Schönheit, stehen geblieben. Oft hat sie dann mit leiser Stimme zu sprechen begonnen und gefleht:

„Oh Fremdling, befreie mich von dem Fluch meiner Schwester! Ich werde dir den großen Schatz, den ich besitze, schenken. Wenn es dir gelingt, mich von diesem Berg herab zu tragen, so bin ich erlöst und alles soll dir gehören!"

Da hat manch einer das schöne Geisterfräulein auf die Arme genommen und ist mit ihm den Hügel hinab gestiegen. Aber es ist noch keinem gelungen, die Aufgabe zu erfüllen. An einer ganz bestimmten Stelle wurde das Fräulein jedes Mal schwerer und schwerer und lastete wie eine riesige Truhe voll Gold auf ihrem Befreier.

Noch ein jeder brach unter diesem Gewicht zusammen und war nicht fähig, das Fräulein bis hinunter zu tragen. Immer, wenn wieder ein Befreier aufgibt, setzt sich das verwunschene Mädchen, verzweifelt und in seinen Hoffnungen betrogen, auf einen Stein und weint bitterlich, bevor es verschwindet. So liegt der große Goldschatz noch immer im Gögerlberg verborgen und keiner weiß, an welcher Stelle. Es hat ihn aber noch niemand gefunden.

Das Gögerlfräulein zu Weilheim

Über das geheimnisvolle Fräulein auf dem Gögerlberg bei Weilheim wird auch folgende Sage erzählt:

Die Schwester des Ritters Joseph Diethalm von Wileyhin, des letzten Abkömmlings des Grafen von Wileyhin, der 1211 starb, hatte den Schleier genommen und lebte als Nonne im Kloster Wessobrunn. Doch sie brach ihr Ordensgelübde. Aus Reue und Scham darüber floh sie auf die Burg am Gilgenberg, der später Gögerlberg genannt wurde. Dort versteckte sie sich in einem unterirdischen Gang, mied alle Menschen und ernährte sich nur von Wurzeln und Kräutern. Nicht lange danach starb sie.

Im Gedenken des Volkes aber lebte die unglückliche Nonne weiter. Sie wurde des Nachts oft gesehen, wie sie in ihren langen weißen Gewändern weinend auf den Ruinen der Burg saß und ihre Untreue geklagte.

Noch um 1800 war es in Weilheim gebräuchlich, dass junge Leute auf dem Weg zum Burgplatz Fichtenzapfen in eine große, schüsselartige Vertiefung warfen. Ob sie dadurch das arme Gögerlfräulein befreien wollten? Wer weiß es?

Der unterirdische Gang von Weilheim

Steinalte Leute behaupten, dass von den ehemaligen Patrizierhäusern Weilheims aus ein verfallener Gang unter der Erde in den Hügel führen soll. Am Ende desselben soll sich ein Schatz befinden. Der Sagenforscher J. N. Sepp schreibt 1876 darüber:

Der Gang vom Göggele bis zum Peißenberger Haus in Weilheim berührt das alte Schloss oder heutige Landgericht, die Hofgasse und den Platzbrunnen. Einst hat man eine eiserne Truhe daraus zu Tage gefördert, die Ahnfrau des H. Pfarrers, meines Erzählers, war dabei. Ein Bauer „vergrub" seinen ganzen Hof, den Schatz am Göggele zu finden.

Porträt der Maria Gistl von 1850 – Museum Weilheim

Weilheimer Schelmenstreiche

Die folgenden Geschichten erzählte man sich zu einer Zeit, da die Bürger von Weilheim einen ähnlichen Ruf genossen, wie die von Schilda, einer Zeit also, die schon sehr lange Vergangenheit ist.

Der Rathausbau zu Weilheim

Das Rathaus von Weilheim war einmal so herunter gekommen und derart baufällig, dass es die Bürger nicht länger mit ansehen konnten.

„Dieses Bauwerk ist eine Schande für unsere Stadt!“ empörten sie sich. „Wir brauchen ein neues Rathaus!“

Als der Stadtrat seine Ohren nicht länger vor den dringenden Forderungen der Weilheimer verschließen konnte, gab er endlich den Auftrag zum Bau. Die beauftragten Handwerker arbeiteten fleißig und schon nach kurzer Zeit stand das neue Gebäude. Voll Freude versammelten sich die Leute davor und bestaunten es. Der Bürgermeister und die Ratsherren der Stadt schritten, nachdem sie viele und lange Ansprachen gehalten hatten, in denen sie ihre Verdienste um den Bau hervor hoben, stolz in ihr neues Amtsgebäude. Doch obwohl draußen hellster Tag war, empfing sie zu ihrem Erstaunen tiefste Dunkelheit.

„Da haben doch die Handwerker vergessen, Fensteröffnungen zu lassen“, stöhnte einer von ihnen entsetzt, als er der Ursache für diese Finsternis auf den Grund gekommen war. „Was machen wir jetzt?“

„Nur ruhig Blut“, beschwichtigte ihn der Bürgermeister, „wir sind schon mit ganz anderen Schwierigkeiten fertig geworden. Uns wird schon etwas einfallen!“

Nach kurzem, aber angestrengtem Nachdenken hatte der pfiffige Mann auch schon die Lösung gefunden:

„Jeder von uns muss sich einen großen Sack holen, sich eine Schaufel, eine Kelle oder ein anderes geeignetes Gerät besorgen und damit so viel Tag wie möglich in seinen Sack schöpfen. Wenn wir genügend solcher Säcke voll Licht in das Rathaus gebracht haben, wir es schon hell genug sein!“

Das leuchtete den Ratsherren ein und die machten sich sogleich daran, den Vorschlag ihres Bürgermeisters auszuführen. Viele Leute, die das seltsame Tun der Stadtväter beobachtet und sie nach dem Grund dafür befragt hatten, beteiligten sich ebenfalls eifrig an der „Tagschöpferei“.

Doch so sehr sie sich auch mühten, es gelang ihnen nicht, Licht ins Rathaus zu schaffen.

Da blieb ihnen zu guter Letzt nichts anderes mehr übrig, als das Dach des Gebäudes abzudecken, dass es wenigstens von oben erleuchtet wurde.

Der Ochse auf der Stadtmauer

Einst wuchs auf der Stadtmauer von Weilheim das Gras so hoch und üppig zwischen den Steinen, dass der Anblick bald allen Bürgern ein ständiges Ärgernis war.

„So kann es nicht weitergehen", stellte der Bürgermeister auf einer Versammlung fest, die er aus diesem Grunde einberufen hatte. „Jeder muss unsere Mauer für ganz baufällig und somit nutzlos halten, wenn wir das Unkraut derart darauf wuchern lassen. Wir müssen einen Mann finden, der es für uns abmäht!"

„Das ist aber recht gefährlich", gab einer der Stadtväter zu bedenken, „leicht kann derjenige dabei herabstürzen und zu Rode kommen. Ich glaube nicht, dass jemand sich freiwillig für solch eine halsbrecherische Arbeit bereit erklärt."

Dieser Einwand leuchtete allen Ratsmitgliedern ein. Schweigend saßen sie da und zerbrachen sich die Köpfe darüber, wie das Ärgernis sonst aus der Welt zu schaffen wäre. Plötzlich kam einem von ihnen die Erleuchtung.

„Freund, hört mich an! Ich weiß, wie wir den lästigen und unschönen Bewuchs unserer Stadtmauer leicht und schnell loswerden!" verkündete er eifrig und vor Freude über seine eigene Klugheit strahlte er über das ganze Gesicht.

„So rede doch, rede doch endlich!" drängten ihn die anderen, denn sie waren begierig zu hören, welche Lösung er gefunden hatte. Der Schlaumeier warf sich in die Brust und erklärte stolz seinen Plan:

„Wie jeder weiß, ernährt sich das liebe Rindvieh von Gras und Kräutern. Wenn wir nun ein solches Tier auf unsere Stadtmauer hinauf schaffen, so kann es dort in aller Ruhe das Gras abfressen. Damit haben wir sogar zwei Fliegen mit einer Klappe geschlagen: Zum einen sind wir das Unkraut los, zum anderen braucht das Tier einige Tagen nicht gefüttert zu werden!"

„Was für ein kluger Kopf du doch bist!“ bewunderten ihn die anderen Stadtväter und machten sich sogleich an die Ausführung des pfiffigen Planes.

Einer von ihnen lief nach Hause und holte seinen kräftigsten Ochsen aus dem Stall. Unter der Anteilnahme der ganzen Bevölkerung führte er das Tier zur Stadtmauer. Nun aber war guter Rat teuer, denn wie sollte es dort hinauf gebracht werden? Da halfen sie alle zusammen, sie schoben hinten und zogen vorne, sie ächzten und stöhnten, doch trotz aller Anstrengungen wollte es ihnen nicht glücken.

„Lasst mich nur machen!“ rief der Stadtrat, der schon einmal die richtige Lösung gefunden hatte und drängte sich geschäftig durch die Menge. Er ließ sich ein langes Seil bringen, band das eine Ende dem Ochsen um den Hals, warf das andere Ende über die Mauer und befahl dann den zehn stärksten Männern, auf der anderen Seite aus Leibeskräften daran zu ziehen.

Unter den Jubelrufen der Schaulustigen gelang es diesen, das Tier Stück für Stück höher zu wuchten. Eines aber hatten die guten Leute außer Acht gelassen: Es dauerte nicht lange, da hatte der Strick dem armen Vieh die Luft abgewürgt, und es war elendiglich erstickt. Wohl sahen alle, wie seine Zunge immer weiter und weiter heraushing, aber sie deuteten dies falsch.

„Schaut nur, wie gierig der Ochse schon seine Zunge nach den frischen Gras herausstreckt!“ riefen sie freudig und feuerten ihre Gefährten jenseits der Mauer an:

„Macht nur weiter so, bald ist es geschafft!“

Die Männer verdoppelten unter diesen Zurufen ihre Anstrengungen und es gelang ihnen schließlich, das schwere Tier auf die mauer zu bringen.

„Hurrah, Hurrah!“ schrien alle und jubelten laut.

Doch anstatt das Gras zu fressen, nachdem er scheinbar so gierig geleckt hatte, stürzte der Ochse wie ein Sack von der Mauer herab und lag tot vor den Füßen der törichten Leute. Diese kratzten sich verwundert die Köpfe, bis sie begriffen, warum das arme Tier verendet war.

Da wandte sich ihr Zorn gegen die „klugen“ Ratgeber und sie hätten ihn windelweich geprügelt, wenn sie ihn gefunden hätten. Er aber hatte es vorgezogen, sich aus dem Staub zu machen, als er erkannt hatte, was er angerichtet hatte.

Die Weilheimer mussten sich nun nach einer anderen Möglichkeit umschauen, das Unkraut von ihrer Stadtmauer zu beseitigen. Ob sie noch eine gefunden haben, darüber wird nichts berichtet.

Die verschobene Kirche bei Weilheim

Eingeschlossen von zwei hohen Hügeln und einem kleinen See stand einst in der Nähe von Weilheim ein schönes Kirchlein. Die Leute aus der Stadt gingen gerne dorthin beten, ärgerten sich aber jedes Mal über den weiten Umweg, den sie wegen der Berge und des Sees machen mussten.

„Das muss ein Ende haben", sagten sie eines Tages zueinander, „wir müssen Abhilfe schaffen!"

Sie verabredeten sich bei der Kirche, um an Ort und Stelle zu beraten, was zu tun sei. Das Gotteshaus abreißen und an einem anderen Platz wieder aufzubauen, erschien ihnen nicht richtig. Darum suchten sie angestrengt nach einer besseren Lösung.

„Die Kirche ist ja klein, wenn wir alle zusammen helfen", schlug einer von ihnen nach einer Weile vor, „dann müsste es uns doch gelingen, sie etwas zu verschieben!"

Bedächtig nickten die anderen Bürger mit den Köpfen und dachten über das Gesagte nach.

„Das ist ja recht und schön", ließ sich nach einiger Zeit einer von ihnen vernehmen, „wir müssen dabei aber sehr aufpassen, dass wir sie nicht zu weit verschieben!"

„Ei", rief da ein besonders kluger Kopf, „das ist ganz einfach!" Ich lege meinen Mantel vor die Kirche, dann können wir immer daran abmessen, wie viel wir schon geschoben haben."

Gesagt. Getan! Die guten Bürger stellten sich alle hinter das Gotteshaus und schoben und drückten aus Leibeskräften, dass ihre Gesichter puterrot anliefen und ihnen der Schweiß aus allen Poren brach. Während sie sich abmühten, ging ein fremder Mann vor der Kirche vorbei. Er sah den Mantel liegen und hob ihn auf.

„Was für ein schönes Kleidungsstück", freute er sich, „das kommt mir gerade recht!"

Ohne zu zögern hängte er den Mantel um seine Schultern und machte sich davon. „Wer solch ein gutes Stück einfach herumliegen lässt, verdient nicht, es zu besitzen!" dachte er sich dabei.

Als nun die Weilheimer Bürger genug geschoben hatten und beim besten Willen nicht mehr konnten, lief einer von ihnen nach vorne, um zu schauen, wie viel sie bereits geschafft hatten. Voller Freude kam er kurz darauf zurück und rief:

„Hurrah, es ist gelungen! Wir sind fertig! Die Kirche steht schon ganz auf dem Mantel und es lugt nicht einmal mehr das kleinste Stückchen von ihm heraus!“

Da ließen es die braven Bürger genug sein und gingen zufrieden nach Hause.

Wirtshaustanz – Radierung v. Hans Ulrich Franck 1656

Das Stadttor zu Weilheim

Ein Bauer wollte einmal auf einem Wagen einen Baumstamm nach Weilheim bringen. Aber trotz mehrmaliger Versuche gelang es ihm nicht, das Stadttor zu durchqueren. Immer wieder blieb er daran hängen, weil er den Stamm nicht der Länge sondern der Breite nach auf sein Fuhrwerk geladen hatte.

Da schwoll ihm der Kamm und schimpfte lauthals:

„Das soll ein Tor sein? Ein Mauseloch ist das! Wofür ist das Tor gut, wenn man doch nicht hindurch kommt. Das Tor ist viel zu schmal!“

Mit ständig wachsendem Zorn versuchte er immer wieder, das Stadttor zu passieren. In kurzer Zeit hatte sich, wie das bei derlei Anlässen zu geschehen pflegt, ein Auflauf von Neugierigen um den fluchenden Bauern gebildet. Diese sahen seinen vergeblichen Bemühungen eine Weile zu, gaben ihm gute Ratschläge und boten ihm ihre Hilfe an. Aber es nützte alles nichts, das Fuhrwerk kam nicht durch das Tor.

„Der Bauer hat recht“, erkannten da die braven Bürger, „das Tor ist zu eng, viel zu eng sogar.“

„Da muss etwas geschehen“, mischte sich ein dicker Mann entrüstet ein, „wie sollen wir mit unseren Nachbarorten Handel treiben, wenn die Leute nicht einmal ihre Waren durch unsere Tore bringen können!“

„Jawohl, eine Misswirtschaft ist das, das Tor muss verbreitert werden!“ empörte sich ein anderer.

In ihrer gerechten Entrüstung schritten sie Leute sogleich zur Tat, schleppten Äxte, hacken und andere Werkzeuge herbei und rissen damit das Bauwerk auf der Stelle ein.

Nun war der Bauer zufrieden. Er konnte ungehindert in die Stadt hineinfahren und endlich seine Geschäfte erledigen

Der Richter und das Ei vom Esel

Es ist schon lange her, da lebte in Weilheim ein Landrichter, der einen Esel kaufen wollte. Er war jedoch ein rechter Geizkragen und jedes Mal schien ihm der Preis, der für solch ein Tier gefordert wurde, entschieden zu hoch. So kam es, dass er noch immer keinen hatte. Eines Tages zog ein Mann aus Tirol mit einem sehr prächtigen Esel an seinem Haus vorüber.

„Ei, lieber Herr“, rief der Richter, als er ihn erblickte, Ihr habt da einen schönen Esel! Ist er Euch feil?“

„Freilich“, antwortete der Mann, „für 50 Gulden will ich ihn Euch wohl lassen.“

„Oh je, das ist ja viel zu teuer“, jammerte der Richter, wie er es immer tat, wenn ihm ein Preis genannt wurde.

„Doch sagt“, fuhr er fort, „was habt Ihr da für große gelbe Kugeln auf Eurem Wagen? Wahrhaftig, dergleichen habe ich meiner Lebtag noch nicht gesehen!“

„Wie ist das möglich?“ fragte der Tiroler scheinbar aufs Höchste erstaunt, „Solltet Ihr wirklich keine Eselseier kennen? Diese hier sind natürlich besondere Prachtstücke. Mein braver Grauer hat sie erst gestern in der Nacht gelegt!“

„Wenn er mir eines davon für billiges Geld überlässt, da ziehe ich mir meinen Esel selber groß“, dachte der Richter listig bei sich und rechnete geschwind nach, wie viel er sich dabei sparen konnte.

„Wie viel kostet denn solch ein Ei?“ fragte er dann.

„Nun, unter 12 Gulden kann ich es nicht geben“, meinte der Tiroler bedächtig, „aber wenn Ihr bedenkt, dass Ihr in kurzer Zeit einen richtigen Esel haben werdet, so ist das kein schlechter Preis!“

Sie wurden schnell handelseinig. Der Verkäufer gab dem Richter noch den Rat, das Ei auf den Gögerlberg zu tragen. Dort sei er ungestört, könne sich darauf setzen und es gut wärmen. Dann würde der kleine Esel rascher ausschlüpfen. Dann zog der Fremde munter seines Weges und freute sich über das gute Geschäft, das er gemacht hatte. Das vermeintliche Eselei war nämlich nur ein unreifer Kürbis.

Auch der Richter lachte sich ins Fäustchen und beglückwünschte sich selbst zu seiner Klugheit, durch die er so billig zu einem Esel kommen würde, auch wenn dieser noch nicht ausgebrütet war. So rasch er konnte, lief er auf den Gögerlberg, suchte sich einen versteckten Platz und hockte sich dort geduldig auf sein kostbares Ei.

Er wartete und brütete und brütete und wartete, aber es geschah nichts. Mit der Zeit wurde ihm die Stellung ein wenig unbequem, denn er war nicht mehr der Jüngste und seine Glieder wurden schon ganz steif. Da beschloss er, sich etwas anders hinzusetzen. Doch als er sich mühsam erhob, rollte ihm der Kürbis zwischen den Beinen hindurch und kugelte munter den Berg hinab. Er fiel in ein Gebüsch, in dem ein Häschen friedlich geschlummert hatte. Entsetzt sprang das kleine Tierchen davon.

Der Landrichter, der seinem Kürbis laut schreiend nachgelaufen war, hielt den Hasen für den ausgeschlüpften jungen Esel und rief voller Freude:

„Eselchen, komm her zu mir, Eselchen, so komm doch!“

Das Häschen aber hüpfte, was es hüpfen konnte und suchte schleunigst das Weite.

An dem Hoppeln nun erkannte der Genarrte endlich, dass es ein Hase und kein Esel war. Da wurde er sehr zornig, fuchtelte mit den Fäusten in der Luft herum und schalt den Verkäufer einen elenden Halunken und Betrüger. Dann rannte er mit dem Kürbis als Beweisstück nach Hause, um den Übeltäter zur Rechenschaft zu ziehen. Der Tiroler jedoch war schlau genug gewesen, sich rechtzeitig aus dem Staub zu machen, und so hatte der dumme Geizkragen das Nachsehen.

Das Kümmernisbild in Töllern bei Weilheim

Im altdeutschen Leprosenkirchlein zu Töllern („bei den Tälern") bei Weilheim hängt auf der Rückseite des Altares ein Kümmernisbild auf Leinwand, worauf die gekrönte Heilige mit dem goldenen Schuh am Fuße über einen Altar mit zwei Leuchtern zur Verehrung vorgestellt ist. Ein Geiger kniet davor, in der Ferne ist ein Galgen sichtbar, das Bild gilt für die Hl. Wilgefortis.

So beschreibt Bruno Schweizer im Jahr 1950 die Darstellung der heiligen Kümmernis in der kleinen Kirche. Von dieser Heiligen berichtet die Legende:

Kommeria war die Tochter eines portugiesischen Königs und lebte im 5. Jahrhundert n. Chr. Sie bekannte sich trotz aller Widerstände ihrer heidnischen Angehörigen zum christlichen Glauben. Da beschloss ihr Vater, sie mit einem den alten Göttern anhängenden König zu verheiraten, der sie vom Christentum abbringen sollte. Als Kommeria, die außergewöhnlich schön war, dies erfuhr, betete sie in ihrer Not zu Gott und bat, er möge ihr Gesicht so verunstalten, dass der Freier keinen Gefallen an ihr fände und sie nicht mehr zur Frau begehre. Und ihr Wunsch wurde erhört, denn als der Tag gekommen war, an dem sie ihrem Bräutigam begegnen sollte, da war ihr über Nacht ein Bart gewachsen.

Der König geriet darüber in maßlose Wut. Ohne auf die Bitten seiner Gattin und der Freunde seiner Tochter zu hören, ließ er sie, weil sie sich so unbeirrbar für Christus entschieden hatte, den gleichen Tod erleiden wie ihren angebeteten Gott und ließ sie ans Kreuz schlagen. Nach ihrem Opfertod aber wurde die Prinzessin in allen Landen wegen ihrer Standhaftigkeit im Glauben hochverehrt.

Weilheim auf einem Votivbild von 1737, Hohenpeißenberg

Auf zahllosen Bildern und Schnitzereien erinnerten die Künstler an dieses Geschehen. Weil die Heilige königlicher Abstammung war, wurde sie häufig, zwar am Kreuze hängend, jedoch mit einer Krone auf dem Haupt, in kostbare Gewänder gehüllt und mit goldenen Schuhen an den Füßen dargestellt. (Anmerkung 49)

Über den Geiger, der davor kniend dargestellt ist, berichtet die Legende:

Einst spielte ein blinder Geiger, der sich auf Wanderschaft befand, zu Ehren der tapferen Jungfrau vor ihrem Bild. Als er seine Weise beendet hatte, warf ihm diese zum Dank einen ihrer Goldschuhe herab. Überrascht tastete der arme Musikant, der das Geschenk ja nicht sehen konnte, nach dem Gegenstand, der da vor seine Füße gefallen war, und hob ihn auf. Und siehe da, im gleichen Augenblick war ihm das Augenlicht wiedergegeben. Fassungslos stammelte er:

„Ich kann sehen, oh Gott, ich kann sehen!"

Er lachte und weinte zugleich und drückte den Schuh fest an seine Brust, weil er glaubte, das Herz müsse ihm zerspringen vor Glück. Und als er die übergroße Freude nicht mehr alleine ertragen konnte, barg er das kostbare Geschenk unter seinem zerschlissenen Gewand und rannte in die kleine Stadt, die sich in der Nähe befand. Dort schritt er durch die Straßen und spielte dabei auf seiner Geige. In seiner überglücklichen Gemütsverfassung musizierte er schöner als je zuvor. Alle, die ihn hörten, blieben wie verzaubert stehen und starrten ihm nach. Als er am Rathaus der Stadt vorbeikam, sah er, dass darin ein Fest gefeiert wurde.

„Ich will ihnen zum Tanz aufspielen!" beschloss er, weil er alle an seinem übergroßen Glück teilhaben lassen wollte. „Ich will ihnen Musik machen, dass sie alle ihre Sorgen vergessen können!"

Aber sein guter Wille wurde ihm schlecht gelohnt.

„Was will denn der Bettler hier!" rief einer der Gäste ungehalten, als er den Musikanten in seinem ärmlichen Gewand hereinkommen sah. „Werft ihn hinaus!"

Sofort stürzten sich zwei kräftige Diener auf den ungebetenen Eindringling und schleppten ihn aus dem Saal. Dabei fiel der goldene Schuh der hl. Kümmernis zu Boden. Rasch bückte sich der Geiger um sein kostbarstes Gut wieder an sich zu nehmen. Aber es war zu spät. Einer der beiden Lakaien war schneller gewesen.

„Ja, was hast du denn da, du Galgenvogel?" schrie er. „Wie kommt so ein Habenichts wie du zu einem goldenen Schuh?"

„Er gehört wirklich mir!“ beteuerte der Geiger. „Gebt mir meinen Schuh wieder, bitte, gebt mir meinen Schuh wieder!“

„Gewiss hast du ihn gestohlen!“ fuhr ihn da der Diener an und verstärkte den Griff, mit dem er ihn festhielt. „Komm mit, wir bringen dich zu unserem Herrn zurück.“

Trotz seiner verzweifelten Gegenwehr und seiner Bitten schleppten sie ihn wieder in den Saal und berichteten dort den Vorfall.

„Aber das ist doch der Schuh der hl. Kümmernis!“ schrie einer der Gäste empört, als der Diener das umstrittene Beweisstück in die Höhe hielt. „Was für ein Lump ist das, der sich nicht einmal schämt, eine Heilige zu bestehlen!“

„Nein, nein, es war alles ganz anders, ich habe ihn nicht gestohlen!“ beteuerte der arme Geiger. „Sie hat ihn mir geschenkt, als ich ihr zu Ehren ein Lied spielte!“

„Geschenkt hat sie ihn dir also?“ höhnten die anderen. „Hat man schon jemals so eine freche Lüge gehört? Als ob Heiligenbilder Geschenke machen könnten! Fort mit dem Halunken!“

Sie packten ihn grob und zerrten ihn vor den Richter der Stadt. Obwohl der Geiger unter Tränen immer wieder und wieder seine Unschuld beteuerte, glaubte ihm dieser ebenso wenig wie alle anderen und verurteilte ihn wegen Kirchenraubes nachdem damaligen Gesetz zum Tode.

Der Unglückliche wurde gebunden und zum Galgen geführt. Die Richtstätte aber lag ganz in der Nähe der Kirche mit dem Bild der hl. Kümmernis. Als man den Verurteilten fragte, was sein letzter Wunsch auf dieser Erde sei, bat er:

„Lasst mich noch einmal vor der Heiligen spielen.“

Obwohl sie dieses Ansinnen als Frevel empfanden, konnten sie ihm den letzten Wunsch doch nicht abschlagen. Der Henker band ihn los, reichte ihm seine Geige und geleitete ihn vor das Bild. Dort setzte der Todgeweihte den Bogen an und spielte, wie er noch nie in seinem Leben gespielt hatte. All sein Leid, seine Angst und seine Verzweiflung legte er in sein Abschiedslied von dieser Welt.

„Hier habe ich mein größtes Glück erfahren“, dachte er, „hier erfahre ich auch mein größtes Unglück.“

Da ging plötzlich ein bestürztes Raunen durch die Menge. Vor aller Augen warf das Heiligenbild auch den anderen goldenen Schuh zu dem Verurteilten hinab.

„Ein Wunder, ein Wunder!“ schrien alle Leute und konnten nicht fassen, was sie doch mit eigenen Augen gesehen hatten.

Nun war der Geiger gerechtfertigt, und seine Aussage vor Gericht, die ihm keiner geglaubt hatte, hatte sich als wahr erwiesen. Im Triumph führten ihn die Bürger in ihre Stadt zurück. Diejenigen aber, die ihn vorher geschmäht und seinen Tod gefordert hatten, jubelten ihm nun am lautesten zu. Die Stadtväter erwogen sogar, ihn zum Ehrenbürger zu ernennen. Er wollte jedoch von all dem nichts wissen. Dankbar für sein gerettetes Leben und für die Gnade, wieder sehen zu können, spendete er die Goldschuhe für die Armen der Stadt und zog dann weiter seines Weges. (Anm. 70)

Das Kiket bei Töllern und am Osberg bei Weilheim

Manche Quellen versiegen ohne einen ersichtlichen Grund in bestimmten Jahren, in anderen sprundeln sie nur so von Wasser. Sie galten früher als Vorzeichen für gute oder schlechte Jahre.
Es scheint der Name Queck, Kek oder Kiket zu Missverständnis (Anmerkung 77) *Anlass gegeben zu haben. Merkwürdig altertümlich ist der Name dieser Kiket wie zu Töllern bei Weilheim. Der Bauer heißt so die Kelchbrunnen auf den Bergen, welche die Vögel im Winter aufsuchen, und von wo die Quellen ins Tal fließen. Auch mit dem Kiket am Osberg oder Nosberg im Murnauer Moose ist es etwas Wunderbares; wenn ein reiches Jahr in Aussicht steht, fließt es reichlich, folgt ein teures, so vermindert es sich. Man hat schon mit Bäumen und allem Möglichen den Ursprung zu ergründen versucht, ist aber auf keinen Grund gestoßen.* J: N: Sepp

Die verschwundene Stadt Damasia

Vor Urzeiten lag dort, wo sich jetzt der Ammersee erstreckt, eine schöne, stolze Stadt namens Damasia. Sie war so groß, dass sie vom heutigen Weilheim bis nach Wartaweil zur weißen Säule reichte. Am Rande der Stadt wohnten einst zwei Schwestern, die sich zur Aufgabe gemacht hatten, das sumpfige Land ringsum urbar zu machen. Die beiden jedoch vertrugen sich wie „Hund und Katze“ und lebten ständig in Streit und Unfrieden miteinander. Eines Tages brach auf ein eben mühsam gerodetes Stück Acker durch die Unachtsamkeit der jüngeren Schwester das Wasser erneut ein und zerstörte alles. Da geriet die Ältere in schrecklichen Zorn. Sie ballte die Fäuste gegen den Himmel und stieß einen bösen Fluch aus:

„Ich wollte, alle Felder und Wiesen hier würden zu Wasser! Dann hätte die elende und unnütze Schinderei ein für allemal ein Ende!"

Sie hatte die Verwünschung kaum ausgesprochen, als sich auch schon bei noch heiterem Himmel plötzlich dunkle, schwere Wolkenmassen drohend zusammenballten. Dann brach ein Unwetter los, wie es die Welt noch nicht erlebt hatte. Blitze zischten herab und der Donner erfüllte die Luft mit solch lauten Schlägen, dass sich alles Lebendige in Todesangst verkroch. Dann öffnete der Himmel seine Schleusen und der Regen stürzte gleich einer Wasserwand hernieder. Überall riss die Erde auf und aus allen Spalten quoll das Wasser in Strömen hervor und bedeckte in kurzer Zeit das ganze Land ringsum.

Immer höher stieg die Flut und immer neue Wassermassen wälzten sich heran. Sie schwappten in die Straßen der schönen Stadt, überschwemmten Häuser und Gärten, unterspülten Mauern und rissen an allen Befestigungen, bis diese den entfesselten Naturgewalten nicht mehr widerstehen konnten und zusammenkrachten. Fast alle Gebäude von Damasia versanken in der Tiefe und wurden von dem unersättlichen Wasser verschlungen.

Als die Elemente endlich zu toben aufhörten, lag anstelle der stolzen Stadt ein riesiger See da. Nur ein paar Häuser, die hoch auf einem Hügel standen, hatten die schreckliche Katastrophe überdauert. So ist, laut Sage, der Ammersee entstanden. Der Rest der ehemals riesigen Stadt Damasia aber ist das heutige Dießen, das behaupteten noch viele alte Leute im 19. Jahrhundert (Anm. 71)

Die feurigen Männchen

Früher erzählten die alten Leute viel von den feurigen Männchen (Anmerkung 72), die besonders bei Fischen, Pähl oder Raisting ihr Unwesen getrieben haben sollen. Viele glaubten, dass es sich um Arme Seelen, die ihre Sünden noch verbüßen müssten, handelte.

An Samstagen wurden die Männchen ungewöhnlich häufig gesehen. Da kamen die Bauern aus der ganzen Umgebung beim Wirt zusammen, tranken dort nach der schweren Arbeit während der Woche einige wohlverdiente Maße Bier und besprachen wichtige Angelegenheiten und Begebenheiten aus den einzelnen Ortschaften. Vor dem Heimweg grauste den meisten ein wenig, denn dann zeigten sich fast immer die feurigen Männchen. Sie erhoben ganz plötzlich sich aus dem Moor neben dem See und wirbelten durch die Luft, dass sie aussahen wie brennende Räder. Auch bei Wegkreuzen wurden sie häufig gesehen. Oft versammelten sie sich auch auf den alten Eichen und rauften dort oben miteinander, dass die Funken nur so stoben. Wenn sie genug davon hatten, sprangen sie herunter und begleiteten die Bauern nach Hause. Sie tanzten um sie herum, schlugen Purzelbäume und trieben allerlei Schabernack, bis diesen angst und bang wurde.

Die Fischener Bauern haben sich dann gedacht: „Wenn ich nur das Steglein erreicht hätte" wo man über die Ammer hinüber ist, vor man auf Fischen kommt übers Moos hinüber.

Die Feuermännchen griffen aber niemals Menschen an oder fügten ihnen Schaden zu. Da verloren die Leute mit der Zeit ihre Furcht vor den kleinen Geistern und nahmen sie als ganz selbstverständliche Naturerscheinung hin. Die aufgeklärten Leute heutzutage behaupten zwar, dass es sich nicht um Männchen sondern nur um Ausdünstungen des Moores gehandelt habe, die von den berauschten Bauern für Geister gehalten worden seien, diejenigen aber, die ihnen selber begegnet sind, sind davon überzeugt, dass es wirklich Geister waren, eben solche, die den Menschen nichts tun.

Die Geister in der Lichtenau

Moore erschienen früher den Menschen, ganz gleich welcher Gegend, unheimlich und bedrohlich. Man vermutete dort die Eingänge zur Unterwelt. Es ist deshalb nicht verwunderlich, dass die Leute versuchten, böse Geister dorthin zu bannen, wo sie ihrer Meinung nach hingehörten. Auch von noch nicht erlösten Armen Seelen behauptete man früher, dass sie als ängstliche Lichtlein auf den Mooren umherirren müssten. Als solch ein Toten und Geistermoor (Anmerkung 73) gilt die Lichtenau bei Raisting.

Böse Geister, vor denen man verschont sein wollte, bannte man ehemals mit allerlei Zaubersprüchen kurzerhand in Flaschen, versiegelte diese und warf sie dann in der Lichtenau in ein bestimmtes Wasserloch, das als grundlos galt und wo sie für immer versanken. Besonders die Weilheimer, aber auch die Leute aus Dießen und der übrigen näheren Umgebung, entledigten sich auf diese Art und Weise öfter unliebsamer Geister.

Einst soll in Dießen eine Arme Seele lange Zeit als Klopfgeist umgegangen sein. Da wussten sich die Leute nicht mehr anders zu helfen, als den nächtlichen Ruhestörer in ein kupfernes Gefäß zu verwünschen. Dieses wurde fest verschlossen und versiegelt und dann unter größten Vorsichtsmaßnahmen in die Lichtenau befördert. Zwei Herren, die an der schwierigen Beschwörungszeremonie teilgenommen hatten, ließen sich von einem mutigen Kutscher, der die Gegend genau kannte, auf das Moor hinausbringen. Unterwegs mahnten sie ihn eindringlich:

„Fahre nur immer zu und schau dich nicht um, was immer auch passiert, sonst geht es uns schlecht!“

Als sie mitten im Moor waren, nahe bei der Stelle, an der die Flasche versenkt werden sollte, konnte der Mann aber seine Neugier nicht länger bezwingen und wandte den Kopf. Da erblickte er eine ungeheure Anzahl grauenvollster Gespenster. Sie verfolgten das Gefährt und versuchten immer wieder, es aufzuhalten. Dem armen Kutscher standen vor Entsetzen die Haare zu Berge und er war nicht mehr fähig, weiterzufahren. Den beiden Herren gelang es glücklicherweise, den Wagen selbst nach Dießen zurückzubringen, sonst wäre womöglich Fürchterliches geschehen.

Es heißt, dass sich der Mann seiner Lebtag lang nicht mehr von diesem Schrecken erholt hat.

Der Mann ohne Kopf

Die alte Frau Off, Bäuerin aus Stillern, erzählte etwa um 1920 von einem gruseligen Gespenst, das früher in den umliegenden Wäldern sein Unwesen getrieben haben soll. Ihr Großvater hatte ihr davon berichtet. Es handelte sich um einen großen Mann ohne Kopf mit einem riesigen Hund mit feurigen Augen. Nach dem Gebetläuten erschreckte er häufig Leute, die sich verspätet hatten, fast zu Tode, wenn er ihnen mit seinem furchterregenden Begleiter auf einem der einsamen Waldpfade begegnete und ihnen den Weg versperrte. Weil er sich immer im Wald blicken ließ, wurde er „Holzherr“ genannt. Besonders Sonntagskinder hatten darunter zu leiden und die Fuhrwerker, denen die Rosse, wenn sie ihn sahen, keinen Schritt mehr weitergingen.

Wie es heißt, handelte es sich bei dem Unheimlichen um den unseligen Geist eines Hofmarkrichters aus Wessobrunn, der ein richtiger Leuteschinder war und dem wegen seiner ungerechten Urteile viele den Tod an den Hals wünschten. Als er einmal rücklings einen hohen Abhang hinunterstürzte, sich den Kopf entzweischlug und so ums Leben kam, trauerte kein Mensch um ihn. Alle waren froh, dass es ihn nicht mehr gab.

Aber sie hatten sich zu früh gefreut, denn von Stund an spukte er in den Wäldern.

Manch mutiger Geistlicher hat versucht, den Spuk zu vertreiben, aber immer umsonst, bis es endlich einem neugeweihten Benediktiner von Wessobrunn gelang, ihn eine kupferne Flasche zu bannen und ihn in der Lichtenau im Moor zu versenken.

Seither hat man vom „Holzherrn“ nie mehr etwas gehört.

Die Nebelfrau bei Stillern

In der sumpfigen Gegend um Raisting und Stillern treibt des Nachts die Nebelfrau ihr Unwesen. Sie ist von Kopf bis Fuß in schneeweiße spinnwebfeine Schleier gehüllt, ihr Gesicht kann man nicht sehen. In der Zeit vor Weihnachten ist sie besonders häufig unterwegs und führt späte Wanderer in die Irre. Wenn das Christfest vorbei ist, muss sie jedoch wieder verschwinden und darf erst in den Nebelmonaten des nächsten Jahres wieder kommen.

Einmal war ein Mann spät am Abend noch hinauf in den Forst von Stillern. Natürlich hatte er von der Nebelfrau gehört, aber er kannte die Gegend wie seine Hosentasche und glaubte daher, sich nicht verlaufen zu können. Er war noch nicht lange unterwegs, da begegnete ihm eine zarte Frau, ganz vermummt mit weißen Gewändern und Schleiern, die sie umwehten. Ohne ihn um Erlaubnis zu fragen, gesellte sie sich zu ihm. „Ich weiß schon, wer du bist, “ sagte der Mann mit lauter Stimme, wie um sich selber Mut zu machen, „aber bei mir bist du an den Falschen geraten. Scher’ dich weg, ich werde mich nicht von dir in die Irre führen lassen!“

Er blieb nicht stehen und verharrte, wie man es eigentlich tun soll, wenn man der Nebelfrau begegnet, bis ihr das Warten zu langweilig wird und sie sich wieder verzieht, nein, er schritt unverzagt weiter.

Da hob das Geisterweiblein die Arme und ließ die Schleier flattern. Federleicht hoben sie sich in die Luft und wurden immer länger und dichter. Sie wehten so nah vor den Augen des Wanderers, dass er nicht mehr sehen konnte, wohin er trat. Wütend wischte er die feinen Gespinste fort und beschleunigte seine Schritte. Doch die Nebelfrau wich nicht von seiner Seite. Sie begann vielmehr leichtfüßig um ihn herum zu tanzen. Ihre wirbelnden Schleier verdeckten ihm immer mehr die Sicht, bis er wie blind durch die Dunkelheit tappte.

Er stolperte über Wurzeln und Steine, fiel in Pfützen und rannte gegen Bäume. Da schlug er nach dem Gespenst, das ihn so hartnäckig narrte, aber seine Hände verfingen sich nur in den Ästen und Zweigen und trafen niemals die Nebelfrau.

„Geh weg, du böser Geist, geh endlich weg!“ schrie er das Weiblein in ohnmächtigem Zorn an. Aber es kümmerte sich nicht im Geringsten um seinen wachsenden Groll sondern blies ihm immer mehr und mehr von dem feinen Gespinst vor sein Gesicht.

Da blieb der Mann in seiner Verzweiflung stehen, um nicht noch weiter in die Irre zu laufen. Er war jedoch von dem feinen durchdringenden Nebel nass bis auf die Haut und begann so erbärmlich zu frieren, dass er dann doch lieber wieder weiter durch die Finsternis stapfte, um sich durch die Bewegung wenigstens ein bisschen zu erwärmen. Immer wieder befahl er der Nebelfrau, ihn doch in Ruhe zu lassen, aber es nützte nichts. Zuletzt wusste er nicht mehr, was er tun sollte und wie er sich des boshaften Gespenstes erwehren sollte. Es trieb unbarmherzig die ganze Nacht hindurch sein grausames Spiel mit ihm.

Er hatte keine Ahnung, wie lange es schon währte, als er in der Ferne leise die Glocken einer Kirche zum Gebet läuten hörte. Da blieb das Nebelweiblein ganz unvermittelt stehen, fing an, sich aufzulösen, wurde immer durchsichtiger und unwirklicher und war bald ganz von der Dunkelheit aufgesogen. Verwirrt blickte der Mann um sich und sah, dass er sich nicht weit ab von dem Weg befand, den er eigentlich hatte gehen wollen. Nun kam er rasch nach Hause.

Nicht nur ihm ist es so ergangen. Wie erzählt wird, mussten schon viele eine ganze Nacht unfreiwillig mit der Nebelfrau umherirren. Erst beim Gebetläuten am nächsten Morgen verlor sie die Macht über ihre Opfer, und die Genarrten konnten endlich wieder dorthin, wohin sie eigentlich wollten.

Wie die St. Johann Kapelle bei Raisting entstand

Die kleine Kapelle St. Johann auf Heiligenstätten bei Raisting, die 1428 erstmalig erwähnt wird, ist eine Wallfahrtskirche. Neben ihr steht ein schöner alter Spitzahorn. Im Jahr 1811 stürzte bei einem fürchterlichen Unwetter der Turm der Kirche ein. Mann nimmt an, dass der Baum während der folgenden fünfzehn Jahre, in denen die Kirche wieder Instandgesetzt wurde, gepflanzt wurde. Damals wurden auch 25 Obstbäume und ein weiterer Ahorn um das Kirchlein herum eingesetzt. Überlebt hat nur der Spitzahorn, der mitsamt der kleinen Kapelle und den technischen Anlagen der Erdfunkstelle heute charakteristisch für Raisting ist.

Der Legende nach steht die Kirche auf einem sehr geschichtsträchtigen Ort. Hier soll eine wichtige Kreuzung zweier Römerstraßen gewesen sein. Auch erzählt man eine ähnliche Legende wie von der Gründung Wessobrunns, dass sich nämlich Tassilo III. bei der Jagd verirrt habe und aus Dankbarkeit, weil er an dieser Stelle eine lebensrettende Quelle fand, eine Kirche habe bauen lassen - natürlich eine Vorgängerin und nicht die jetzt bestehende, die ja jüngeren Datums ist.

Das Nachtgejaid um Stillern und Raisting

Hier und in den umliegenden Gebieten der Lichtenau und der Moore von Stillern soll die Wilde Jagd ganz besonders heftig ihr Unwesen getrieben haben sie wurde hier aber „Nachtgejaid“ (in alten Schriften lat. venationes nocturnae) genannt. Pfarrer Gailer, ein gebürtiger Raistinger, berichtet um 1750 in der „Vindelicia Sacra“ in lateinischer Sprache:

Von Gespenstern und Erscheinungen war hier früher viel die Rede und die Angst davor war so allgemein, dass sich unsere Vorfahren sorgsam hüteten, nächtlicher Weile heimzugehen. Besonders oft hörte man und bisweilen sah man auch die Gespenster in dem benachbarten wilden Gehölz „Lichtenau“ genannt, wie sie in laut lärmender Jagd, als wie mit Hunden, den ganzen Wald durchstreiften und weitum einen ungewöhnlichen Schrecken verbreiteten. (Übersetzung Dr. Bruno Schweizer)

H. Rathgeber aus Dießen erzählte dem Sagenforscher 1923:

Gedroht hat man uns alleweil: „S' Nachtglaot nimmt enk!“. “Vor Gebetläuten kommt mir alles herein und nach Gebetläuten keines mehr raus!“ war bei uns eine alte Regel. Da hab ich als Mädchen schon davon gehört. Das (Nachtgejaid) *hat gesungen und gejodelt. Da hat man sich niederlegen müssen. Einmal, das war am Saniklas, da hat eine zu Raisting ihr Kind zum Fenster hinausgehebt „Seh Saniklas“ hat sie gesagt, „nimm's nur mit! Dann hat es das*

Nachtgloat mitgenommen. Ist nimmer zum Vorschein gekommen. Einmal ist beim „Nebl“ ein Uhu vom Kamin herausgefallen. Wir wären bald närrisch geworden; wir haben gemeint, das Nachtgloat kommt herab. Aber der arme Vogel hat sich halt verflogen.

Fr. Tauber erzählte ihm ebenfalls 1923: *Wie ich zu Raisting gedient habe, da haben sie besagt, dass zu Stillern draußen eine vor Gebetläuten gemistet hat. Da haben sie dahergesungen und dann ist sie hingestanden und hat zugehorcht. Da haben sie's gepackt und mitgenommen. Dann hat man aber gleich drauf Gebet geläutet. Derweil ist sie aber schon bis im Hart drüben gewesen* (etwa 2 km weiter). *Fallen lässt es die Leute, wos gerade ist, ganz gleich überm Wald, überm Wasser oder wo es ist.*

Der Bauer, wo ich in Wielenbach gewesen bin, der hat es auch immer gesagt. Wisst ihr die Hartkapelle, da sind einmal die Männer zum Mähen hinaufgegangen und die Dirn ist nachgekommen, die ist als letzte fort. Dann haben sich die vorderen immer gedacht, was hat die Dirn nur, dass sie heute so singt und sie hat gemeint, was haben denn die da vorne heute für einen Gesang. Dann haben sie auf den Bäumen droben gehört, dass etwas herumflattert und ganz sicher hätte es (das Nachgejaid oder Nachtgloat) *sie mitgenommen – aber im selben Augenblick haben sie das Gebet geläutet. Und sobald man die Glocken anzieht, lässt sie es fallen. Die singen und machen Musik, grade lustig kommen sie daher.*

Die Teufelskuchl und das Räubernest bei St. Johann

Viele wilde Schluchten werden von den Leuten „Teufelsküchen“ genannt, oft sind es Räuberhöhlen. (Vgl. S. 194 und Anm. 74)

...und man erzählt von ihnen der grausigen Begebenheiten viele. In ihnen hat der Böse Herrschaft, die Hexen und die Truden fahren gerne dahin zur Zusammenkunft. K. v. Leoprechting um 1853

Von der „Teufelskuchel“ bei St. Johann erzählte 1923 der alte Bürgermeister Kölbl von Raisting dem Sagenforscher Bruno Schweizer:

Oberhalb von der Kreut-Höhe in der Nähe von St. Johann heißt man es „in der Teufelskuchel“. Woher der Name kommt, weiß ich nicht. Einmal war hier ein Jäger in unserer Gegend, der die Jagd in pacht hatte, der hat dann da droben einmal gespeist, damit er dann sagen konnte, er hat in des Teufels Küche gespeist. Das war so um1850-60 herum. Unterhalb von der Teufelskuchel ist die „Greithöln“ (Kreut-Höhle), *da soll früher eine Räuberhöhle gewesen sein, es liegt am „Greitgraben“, wo das Moos zu Ende und der Lehm beginnt. Man soll dort am frühesten Siedlungsrand schon Skelette gefunden haben. Und gleich unterhalb davon, etwa 10 Minuten von der Greithöhle, hat man ein Schiff ausgegraben. Um 1806 wurden die Klostergründe verteilt, jeder Raistinger bekam etwa 8 Tagwerk. Und da hat man halt Gräben aufgemacht, um zu wissen, wo das „March“* (Grenzmarkierung) *ist. Und auf dem „Pfeffer“*(ältester Name von Raisting) *seiner Wiese gerade auf der Grenze, da haben sie ein eichenes Schiff ausgegraben und im Ort lange Zeit aufgehoben. Schließlich hat mans halt zusammengeschlagen und verbrannt. Aus einem Stück ist es gemacht gewesen* (wohl ein Einbaum).

Es wird vermutet, dass der Einbaum von einem ehemaligen Klosterweiher herstammte, der nach dem Dreißigjährigen Krieg in Vergessenheit geraten war.

Das Sühnekreuz bei Raisting

In der Gegend um den Ammersee wie auch in vielen anderen Gegenden Bayerns gab es früher viele Sühnekreuze aus schwerem Stein, oft mitten in einem Feld. Einige davon sollen nach Zweikämpfen zwischen Rittern oder nach einer Bluttat, bei der jemand ums Leben kam, errichtet.

Früher wurde ein Mord oder Totschlag nicht zwingend mit der Todesstrafe geahndet, vielmehr musste der Täter eine hohe Summe Geldes an die Hinterbliebenen seines Opfers zahlen und an der Stelle des Verbrechens ein Sühnekreuz aus Stein errichten. Hochgestellte und reiche Leute mussten auf Kreuzzüge gehen, Klöster oder Kirchen stiften, um ihre Schuld zu begleichen. Hier sei an Herzog Ludwig den Strengen erinnert, der aus blinder Eifersucht seiner völlig unschuldigen jungen Gemahlin Maria von Brabant das Haupt hatte abschlagen und ihr Hoffräulein ebenfalls hatte ermorden lassen, und der zur Sühne für die Bluttaten Kloster Fürstenfeld erbauen ließ, weil er nicht nach Jerusalem reisen wollte, um sein Herrschaftsgebiet nicht zu lange alleine lassen zu müssen.

In Raisting wurde einmal bei einem solchen Sühnekreuz nachgegraben und man fand alte Knochen und Waffen, was den Schluss nahelegt, dass der im Kampf unterlegene an Ort und Stelle begraben wurde.

Sühnekreuze durften früher nicht versetzt werden, auch wenn sie mitten in einem Feld oder an sonst einem ungünstigen Platz waren, weil – nach dem Glauben der Leute – sich der Tote dann rächen würde. Aus diesem Grund wurden viele Sühnekreuze, die besonders störend im Weg standen oder in unseren Tagen den Betrieb der landwirtschaftlichen Maschinen beeinträchtigten, an der Stelle, wo sie sich befanden, in der Erde vergraben. (Anmerkung 64)

Die Geistermesse in Pähl

Es wird von vielen Kirchen oder Kapellen behauptet, dass dort „Geistermessen", also Messen von den Verstorben abgehalten worden seien (Anmerkung 75). Bruno Schweizer schreibt:

Im Friedhof („älter Freithof", jünger „Gottesacker") haben die Toten ihr Reich und zu bestimmten Zeiten feiern sie, wie die Lebenden, ihre Gottesdienste...

Lebende, die irrtümlich oder durch Zufall in solche Gottesdienste geraten, sind in ernster Lebensgefahr, wenn sie nicht rechtzeitig die Versammlung verlassen...

Oft erkennt der lebende Besucher im Nachbar einen längst verstorbenen Verwandten, der ihm einen guten Rat zur Rettung seines Lebens gibt.

Beim Wandlungsläuten muss er die Kirche verlassen, und wenn er merkt, dass ihm einige folgen, muss er den Mantel oder sonst ein Kleidungsstück zurücklassen. Das findet sich dann am nächsten Morgen in lauter kleine Stückchen zerrissen vor und jedes Stücklein liegt auf einem der Gräber.

Die alte Frau Bleicher aus Dießen erzählte dem Sagenforscher 1923 folgende Geschichte über eine Geistermesse in Pähl:

„Mein Bruder, der ist in Pähl neun oder zehn Jahre lang Nachtwächter gewesen. Er lebt nicht mehr, hat ihn der Schlag getroffen. Der hat immer gesagt, in der Zeit, wo die Engelämter (Anm. 76) *sind, da ist in der Kirch einmal die ganze Nacht Licht gewesen und*

so schön gesungen haben sie, als wenn halt lauter Engel singen täten.

Hinein hat er nicht können. Gefürchtet hat der nichts, wenn auch die Geister im Freithof wären drinnen gestanden, der hätt' sich schon hineingetraut. Weil er halt nicht hinein hat können, jetzt hat er durchs Schlüsselloch hineingeschaut. Aber gesehen hat er da nichts. Bloß singen hat er hören, so schön, dass es nichts Schöneres nicht geben kann. Georgelt ist worden und gespielt, er hat sich gar nicht genug hören können. Hat ihn gar kein Schauder nicht angefallen, gar it. Hat gemeint, er muss etwas sehen, aber gar nichts!"

Das Nachtgejaid bei Pähl

Die Magd des Glasbauern von Pähl hütete einmal in der Nähe des Ammersees Kühe. Es war spät und die Dunkelheit war schon hereingebrochen. Mit einem Mal vernahm sie ein eigenartiges Brausen hinter sich und ein wirres Gelärme erfüllte die Luft. Sie erschrak zutiefst und wandte entsetzt den Blick, um die Ursache des unheimlichen Getöses zu ergründen.

Doch ehe sie sich versah, war das wilde Heer bereits über ihr und riss sie mit unwiderstehlicher Gewalt in die Höhe. Vor Angst schwanden ihr fast die Sinne und sie meinte, ihr letztes Stündlein habe geschlagen. Um sie herum war ein Schreien und Toben, so schrecklich, wie sie es sich in ihren schlimmsten Träumen nicht hatte vorstellen können.

Sie wusste bald nicht mehr wo oben und unten war und wurde so herumgewirbelt, dass ihr ganz schlecht wurde. Verzweifelt flehte sie zu allen Heiligen und wünschte, das grausame Spiel, das mit ihr getrieben wurde, möge endlich aufhören. Plötzlich hörte sie mitten in dem teuflischen Lärm von Ferne die Glocken einer Kirche zum Gebet rufen.

Da war der Spuk mit einem Mal wie ausgelöscht. Sie stürzte sausend aus den Lüften herab und fiel in ein dichtes Unterholz. Wohl zerkratzten sie die Äste ganz jämmerlich, aber sie dämpften ihren Fall und so langte sie ansonsten einigermaßen unverletzt am Boden an.

Die arme Magd befand sich nun in einem Wald, den sie nicht kannte und in einer ihr völlig fremden Gegend. Da setzte sie sich nieder und schluchzte bitterlich, weil sie nicht wusste, was sie anfangen sollte. Als sie sich ein wenig gefasst hatte, erhob sie sich und lief durch den Wald, in der Hoffnung, irgendwo auf Menschen zu treffen. Weinend rannte sie immer weiterund weiter, bis sie endlich zu einem Haus kam. Verwundert sahen die Bewohner des Bauernhofes das ihnen unbekannte und völlig verstörte Mädchen herantaumeln.

„Wer bist du und was ist dir passiert?“ wollten sie von ihr wissen.

Sie aber war am Ende ihrer Kräfte und nicht imstande, eine Antwort zu geben. Mühsam lallte sie einige unverständliche Worte und brach dann wieder in hemmungsloses Schluchzen aus. Da drangen die gutmütigen Leute nicht weiter in sie. Sorgsam führten sie die Fremde ins Haus, gaben ihr zu essen und zu trinken und ließen sie dann ausruhen.

Einige Tage lang benahm sich ihr Gast so verschreckt und seltsam, dass die Bauersleute fürchteten, sie sei nicht recht bei Verstand. Nach einer Woche erholte sie sich endlich und konnte ihnen mitteilen, dass sie aus Pähl stammte und beim Glasbauern dort in Dienst stand. Da schlug die Bäuerin verwundert die Hände über dem Kopf zusammen und fragte:

„Ja wie bist du denn da in einer Nacht bis zu uns nach Moorenweis gekommen?“

Nun erzählte die Magd, was ihr zugestoßen war.

„Oh je, da bist du dem Nachtgejaid in die Hände gefallen!“ erschrak die Frau, als sie das hörte. „Hast du denn nicht gewusst, wie man sich da verhalten muss?“

Als die Magd den Kopf schüttelte, erklärte die Bäuerin:

„Du hättest nicht umschauen dürfen, als du den Lärm gehört hast! Du hättest dich sofort auf den Boden werfen und Hände und Füße kreuzweis übereinander legen müssen. Dann wäre das Nachtgejaid über dich hinweggezogen und hätte dir nichts anhaben können.

Der gute Rat kam jedoch zu spät. Wohl kehrte die arme Magd, als sie sich einigermaßen erholt hatte, wieder nach Pähl zu ihrem Bauern zurück, aber sie konnte das schreckliche Erlebnis nicht vergessen. Nie mehr war sie so fröhlich wie früher und blieb still und in sich gekehrt ihr Lebtag lang.

Prophezeiungen

Bruno Schweizer überliefert eine Weltendeprophezeiung von Ammerseegebiet um 1850:

Der Türke muss erst noch seinen Schimmel im Ammersee tränken. Dann wird eine Zeit kommen, wo die Dienstmägde beim „Schafflreiben" (das Holzgeschirr der alten Zeit musste täglich mit weißem Tuffsand blank gescheuert werden) ein Diadem aufsetzen und einen Hut von Krepp. Dann werden die Leute braune Mäntel tragen und spitzige Hüte und Röllelein (kleine Glöcklein) an den Schuhen. Wenn es einmal so weit ist, dass man mit einem Wagen, wo kein Ross dran gespannt ist, an jede Haustür hinfahren kann, dann geht die Welt unter.

1923 erzählt Trenkler aus Dießen*: Sie haben früher erzählt, dass die Zeit schlimm kommen wird. Die Leute werden einen eisernen Kopf aufhaben. Denn die Sachen, die kommen werden, sind so schlimm, dass nur diejenigen durchkommen, die einen eisernen Kopf aufhaben. Nur die werden das überwinden, was da kommt. Ich hab einmal ein Verslein gehört, da ist darin vorgekommen:*

„bal' di roatn Strimpf un die grean Hiat
der Entachrist (Antichrist) bald zu Ende geaht...

Aus Raisting ist aus dem Jahr 1923 von Kölbl überliefert:
Da habe ich davon gehört, wenn einmal das Salz weniger wird und das Wasser ausgeht und wenn die Tage plötzlich kürzer werden, dann werden die Leute rote Schuhe tragen, dann geht die Welt unter – aber ich meine es gibt ja jetzt schon lange Schuhe in allen Farben, da müsste also die Welt schon lange untergehn.

Ich hab einmal eine Dirn aus St. Georgen gehabt, die hat fest dran geglaubt, am 20. November geht die Welt unter. Von einer Klosterfrau von Dießen hat sie ein Gebet mitgebracht, die Mutter Gottes hat es ihr geoffenbart, hat es geheißen.

Die Mutter hätte es bald auch noch geglaubt auch und hätte auch das Beten angefangen, aber der Vater hat gesagt, das weiß niemand, wann die Welt untergeht. Die Dirn hat alle Tage zur Nacht gebetet und geweihtes Wachs angezündet und Zettel ausgeteilt, auf denen das Gebet gestanden ist. Dann ist der 20. November gekommen – da hätte am Abend um 5 Uhr die Welt untergehn sollen, dann hat mein Vater die Dirn geneckt und gesagt: „So jetzt richt nur dein Zeug alles zusammen, dass du es bei der Hand hast, wenn die Welt einen Purzelbaum macht.“ Wir haben sie alle recht ausgelacht und am Abend ist ein wunderschönes Wetter geworden mit Abendrot („hat sich gleich d’ Sunn ausbrennt“).

Danke

allen, die mir bei meinen Nachforschungen behilflich waren, die mir die einzelnen Örtlichkeiten, an denen die Geschichten spielen, gezeigt haben (auch wenn sie dabei durch unwegsames Gelände gehen oder durch dichtes Unterholz schlüpfen mussten, um mir etwa den Eingang zu einem unterirdischen Gang zu zeigen); allen, die mir beim Wiederfinden schon fast vergessener Sagen behilflich waren; allen, die mir Material, wie Fotos oder alte Bücher und Texte, zur Verfügung gestellt haben; allen die mir Geschichten erzählt haben, die in ihrer Familie lange Zeit hindurch tradiert worden sind oder die mich mit Menschen bekannt gemacht haben, „die auch noch was wissen könnten“; allen Mitarbeitern von Archiven und Heimatzeitungen, die mich stundenlang in ihren Schätzen stöbern ließen; allen, die mir mit Zeichnungen für das Buch, durch Lektorarbeiten oder durch EDV-Unterstützung geholfen haben; allen, die durch ihre Mithilfe dieses Buch erst ermöglicht haben. Dieser Dank gilt vor allem meinem Mann Heinz Schinzel, meiner Mutter Edmunda Penth, meinen Töchtern Isabella von Wissmann und Cordula Weidenbach, meinem Cousin Reinhold Peloso, meiner Freundin Antonie Schuch, dem Schriftsteller Klaus Höldrich sowie Gerti Thilo vom Schilcherhof in Oberammergau, Christian Gindhard aus Peiting und Wolfgang König aus Dießen.

Fasching in Mittenwald – Zeichnung v. E. Bachrach-Barée 1894

1) Christiane Oldach im Tölzer Merkur vom 20.08.2002 darüber: *Geschichten über Venediger-Männlein finden sich nicht nur im ganzen bayerischen Voralpenland, sondern auch im Bayerischen und Thüringer Wald, im Harz, im Spessart und in Tirol. Die Männlein sollen Alchimisten sein und unter der Erde wohnen. Wen sie mögen, dem schenken sie eine Henne aus Blech, die Goldstücke legt, und wer ihnen einen Dienst erweist, bekommt einen goldenen Hirschen. Manchmal führen sie auch Menschen unter die Erde und lassen sie erst nach einigen hundert Jahren wieder frei.*
Im angrenzenden Tirol gibt es folgende Überlieferung zu den Venedigern:
Es gibt wohl kein Tal in ganz Tirol, in welchem man nicht von „Venediger Manndln" zu erzählen weiß. Denn das an edlen Metallen und Mineralien reiche Land lockte schon früh, besonders die Venezianer an, um die Schätze der Erde zu Tage zu fördern. Sie kamen gewöhnlich im Frühjahr, arbeiteten während des Sommers

in den Bergen und Schluchten der Gebirge und zogen im Herbst, mit Schätzen beladen, heim nach Venedig. Schiestl. S. 12

Ein Gedicht von Kobell dazu:

Die wälschen Venediger
Wissen gar guat
Ein Schatz, wo er z'finden is'
Heben wie man thuat.

Erzsucher im Gebirge

2) Ein Erdspiegel ist ein ungemein kostbares Gut. Mit ihm konnte man - nach dem Glauben der Leute – die Schätze im Innern der Erde oder im Gebirge sehen. Die Venediger Manndln waren im Besitz von Erd- und Bergspiegel, darum waren sie so unermesslich reich. Einmal ließen sie einen Zimmermann aus Wackersberg bei Kochel, der eigens deswegen nach Venedig gekommen war, hineinschauen: Da wurden die Berge durchsichtig wie Glas, und er sah alle verborgenen Schätze.

Ist ein wunderbares Ding um einen Erdspiegel, glückt selten einen richtigen zu erhalten, nutzt aber auch dann den wenigsten, die ihn haben. Wer nit an einem goldnen Sonntag in der zwölften Stunde unter einem gar seltnen Zeichen geboren worden, dem nutzen die besten nichts, der aber in solch glücklicher Stellung geboren, der vermag alles zu sehen, was er nur immer begehren will, doch muß man allzeit den Spiegel nach einer Kirchen richten, darinn Sanct Johann der Gottestaufer rastet. Zwischen einem Erdspiegel, der aus einer runden Metallscheiben und einem Bergspiegel, der aus einem Uringlas, darin ein hochgeweihter Weihbrunnen, besteht einiger Unterschied im Gebrauch und im Anrufen, und will letzterer für den besseren gehalten werden... Karl v. Leoprechting 1856. Der Sagenforscher K. Reiser Nr. 155 im Jahr 1895 zum gleichen Thema:
Unter dem Erd-, Wasser- und Venedigerspiegel ist der letztere der richtige und beste; denn man kann in ihm alles sehen, was man nur wünscht. Man erhält ihn, wenn man einen Spiegel mit dem Blute einer schwarzen Katze, einer schwarzen Henne und eines Bergraben bestreicht und die richtigen Gebete hersagt. In diesem Spiegel sieht aber nur derjenige, der ihn gemacht hat, alles, während im Erd- und Wasserspiegel, zu welch' letzterem man dreierlei Weihwasser braucht, auch andere Leute etwas sehen können.

3) Früher galt als eine Möglichkeit, kugelfest zu werden, auf die in dieser Sage wohl angespielt wird, das Einwachsen lassen einer konsekrierten Hostie in die Handfläche. Viele Wilderer wandten diese Methode an und glaubten, dass dadurch die Kugeln der Jäger, die auf sie abgefeuert werden würden, fehlgeleitet würden.
Eine andere Möglichkeit, diese begehrte Eigenschaft zu erringen, wird in der Bergheimat Jhrg. 1937 Nr. 6 S. 24 beschrieben:
In der Münchner Gamswildschau erregte nun außer dem weißen Gamsbock noch ein anderer Ausstellungsgegenstand die besondere Aufmerksamkeit der Besucher. Es ist eine etwa pfirsichgroße, braunpolierte Kugel, eine „Gamskugel" oder ein sogenannter deutscher Bezoarstein. Kugeln dieser merkwürdigen Art sind steinharte Gebilde, die, aus unverdauten Futterresten und Haaren zusammengeballt, sich gelegentlich im Magen der Gemsen, aber auch der Steinböcke und Pferde vorfinden. Selbstredend sind diese Gamskugeln ein willkommener Gegenstand des Aberglaubens. Die Kugelform legt nahe genug, daß Teilchen vom Bezoarstein, unter

das Kugelblei gemischt, zielsichere Kugeln ergeben mußten, oder aber, anders benutzt, den Mann kugelfest machten. Der fremdartige Ausdruck Bezoar wird von dem persischen padsahr abgeleitet, was soviel wie Gegengift bedeutet.

4) vgl. Arzweibl S. 29; Badweibl S. 55; Lachenweibl S. 44, bei denen es sich um ähnliche Erscheinungen handelt.

5) Vgl. S. 67 bzw. 12 hier wie dort geht der Brauch der feurigen Räder möglicherweise auf die Erinnerung an einen Meteoriteneinschlag im Chiemgau in der Bronzezeit, der bis ins Werdenfelser Land durch Feuererscheinungen am Himmel zu sehen war, zurück.

Geigenbauer in Mittenwald
Zeichn. v. Michael Sachs 1883

6) Auch im angrenzenden Tirol kennt man diese Sagengestalten, dort „Faien" genannt. Schiestl S. beschreibt sie so: *Frauen in ewiger Schönheit und Jugend, Liebe, Milde und Weisheit. Sie können zürnen, aber nie verderben; Zauber üben, aber guten, wohltätigen; sie zerstören den schädlichen der Hexen, wie sie dagegen „faien", schirmen. Sie zeigen sich selten sichtbar und Wenigen. Küssen sie* *ein Kind, so kann es die Faien sehen, wie solche, die einen ihrer Talismane tragen, und die Sonntagskinder. Im Unterland aber nennt man die Feen „Salige“ oder die „saligen Frauen“. In die Häuser, in die sie einkehrten, brachten sie Wohlstand, Glück und Segen, heilten Kranke und unterrichteten die Mädchen besonders in der Flachswirtschaft.*

7) vgl. S. 18, S. 44 u. S. 55, sowie Anmerkung 67 Hojemännlen

8) Das Verbrechen des Grenzpfahl- oder Grenzsteinversetzens war in früheren Zeiten nur schwer nachweisbar. Es entsprach dem Gerechtigkeitsempfinden der Leute, dass solche Missetäter wenigstens in der Ewigkeit dafür zur Rechenschaft gezogen wurden, wenn es die irdische Gerichtsbarkeit nicht konnte. Daher sind Sagen von Grenzsteinversetzern aus dem ganzen deutschsprachigen Raum und weit darüber hinaus bekannt.
Dazu Dr. Bruno Schweizer:
Schon im Muspilli, dem altbairischen Gedichte in Stabreimen, das um 870 niedergeschrieben wurde und den Weltuntergang behandelt, kommen die ergreifenden Worte vor:

...Denne daz preita wasal allaz verprinnet
(Dann verbrennt die ganze weite Welt)
enti vuir enti luft iz allaz arfuipit
(und Feuer und Sturm fegt alles hinweg)
War ist denne diu marha, dar man dar eo mit sinen magon piehe?
(Wo ist dann der Grenzpfahl, um den einer dereinst mit seinen Verwandten stritt)
diu marha ist farprunnan; diu sela stet pidwungan.
(Der Grenzpfahl ist verbrannt; die Seele aber steht geängstigt da.)

...Deshalb glaubt das Volk, daß einer, der den Grenzpfahl versetzt oder verrückt („übermarcht“) hat, solange umgehen muß, bis man ihn erlöst und das kann nur geschehen, wenn das Verbrechen der Grenzsteinveränderung wieder gut gemacht wird.

9) dazu Lüers S. 28: *...zu der Überzeugung gekommen, daß der Hexenglaube einer der urältesten Bestandteile unseres Volksglaubens überhaupt ist, dessen Ursprung sich wohl kaum jemals zeitlich genau wird festlegen lassen, da seine Herkunft über die Zeit greifbarer Überlieferung unseres Volkes hinausgeht.*

10) Leoprechting S. 39:
Dies ist eines der geheimnißvollsten Zeichen aus dem tiefsten Altertum voll wunderbarer Kraft gegen jedwede Art von Zauberei.

a) *b)*

Er besteht meist aus zwei wie in a) ineinander gefügten Dreiecken, doch kann man ihn, besonders in älteren Zeiten, auch wie b) abgebildet finden. Er wird zwar aus allen möglichen Stoffen gebildet, oder nur auf solche hingemalt, doch am gewöhnlichsten und liebsten macht man ihn aus rothem Wachs, und zwar aus dem an Maria Kerzenweih geweihten rothen Wachstocke der Frauen. ...Schon der Name dieses Zeichens deutet darauf hin, wozu es am kräftigsten gebraucht wird. Gegen die Truden. Man findet daher den Trudenfuß an Häusern, Stallungen und besonders an Bettstatten.

11) Im Würmtal, nur wenige Gehminuten von der früheren S-Bahnhaltestelle Mühltal kommt man auf einem Forstweg entlang der Bahn zu keltischen Hügelgräbern. Dort befindet sich auch das Grab einer Druidin, die für ihre Zeit ungewöhnlich groß (1,80 Meter) war und mit einem Sonnenrad in ihrer rechten Hand gefunden worden war.
Dieses Grab ist heute erneut eine Kultstätte geworden, denn Menschen aus unserer Zeit, die sich selbst als Hexen oder Hexer bezeichnen und die sog. „Weiße Magie“ betreiben, lassen dort Bilder oder Hexenbändchen im Wind flattern. Quelle: TZ 04.03.2004

12) J.N. Sepp schrieb 1876 nach Lütolf S. 221 ff: *Wider Glocken sind Hexen ohnmächtig. Findet man Haare von Menschen oder Thieren in Hagelschlossen, so ist dieß ein Zeichen, daß Hexen dabei im Spiele waren. Eine große Haarlocke in einem Häfelein, welches Haar an einem Samstag nach der Vesper gestrählt worden, mit einem Stecken umgerührt in Tausendteufelsnamen, dann umgestoßen, liefert gefährliche Schlossen.*

13) Wünnenberg schreibt dazu: *In der Erkenntnis, dass Alpenpflanzen ihre charakteristischen Merkmale verlieren, wenn sie in botanischen Gärten unter anderen Lebensbedingungen gehalten* *werden, regte den Münchner Botaniker Karl von Goebel 1900 in der Hauptversammlung des Deutsch-Österreichischen Alpenvereins in Straßburg an, diesen Garten anzulegen.*

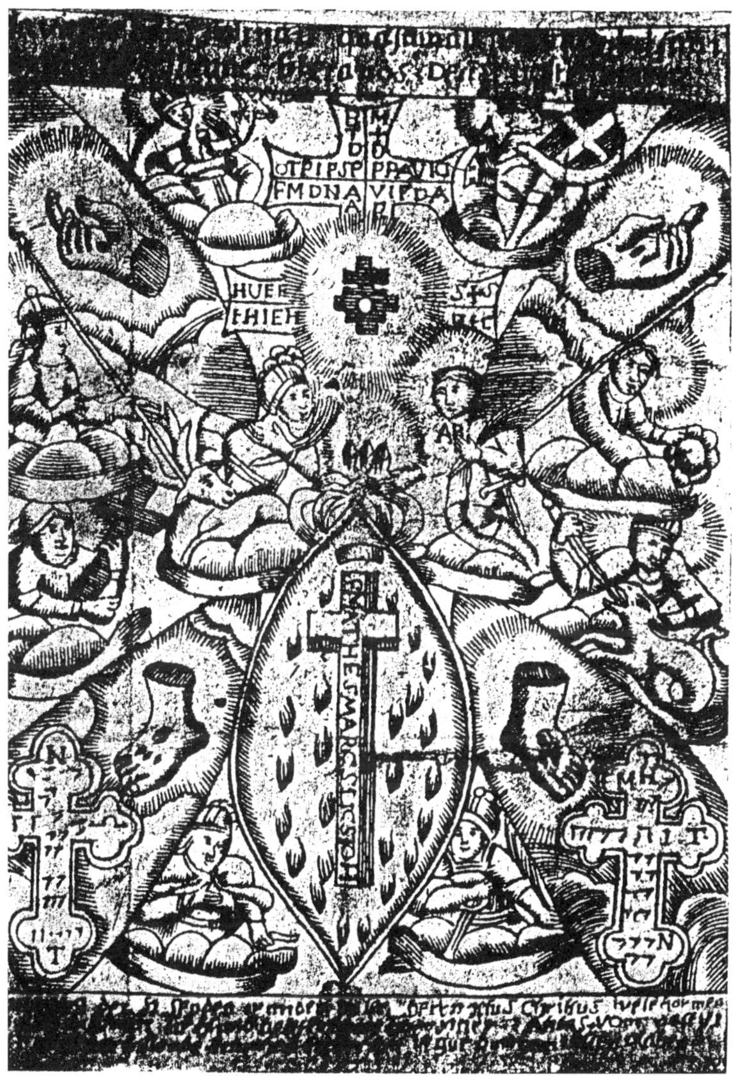

Hexenamulett

Partenkirchen, Berge und Ort - Alter Stich

14) Meyer I Bd. 17 v. 1897: *Wütendes Heer (wilde Jagd, örtlich auch Wudesheer, Wuotisheer, Wutheer, Wütenheer, wildes Gjaig oder kurzweg wilder Jäger) nach der deutschen Sage ein von Wodan (Wuotan) angeführtes Heer (daher der Name) oder großes Gefolge von Gespenster, welches mit schrecklichem Tosen durch die Lüfte fährt und oft gehört, selten gesehen wird.*
Diese Sage, welche in hohes Altertum hinaufreicht, beruht auf der Vorstellung, daß die Seelen der Verstorbenen in der bewegten Luft einherziehen. Noch jetzt verknüpft die Tradition die wilde Jagd mit dem nächtlichen Sturmestosen besonders in waldreicher Gegend. ...statt der gespenstischen Tiere, welche das Gefolge der wilden Jagd bilden, erscheint mitunter auch Kriegsvolk mit Trommeln und Trompeten auf feurigen Rossen und mit flammenden Waffen unter Führung Wodans, des obersten Lenkers des Krieges, oder seiner Stellvertreter, wie Kaiser Karls im Odenwald, und das Volk knüpft daran den Glauben, daß dies nur geschehe, wenn ein Krieg bevorstehe.
Leoprechting schreibt 1855 über die Wilde Jagd:

Das wilde Gejag fährt in der Adventzeit alle Nacht aus, sonderlich aber in den zwölf Nächten vom Weihnachtsabend bis heil. Drei König, inner deren Zeit wütet es am ärgsten. Es gibt sonderbare Orte, wo es länger verweilt, und wo man es deutlich vernehmen kann.
Dies sind aber immer enterische Plätze, verwunschene Hölzer, dem Teufel verschriebene Gräben und Schluchten, Wegscheiden die kreuzweis gehen, weitgedehnte einsame Möser und Filzen und dergleichen mehr. Mit dem wilden Gjäg ziehen auch eine große Anzahl von Hunden und von Nachtvögeln, deren Gebell und Gekrächz schauerlich zu vernehmen.

15) In einer jener unheimlichen Sturmnächte, in denen die Wilde Jagd mit zerstörender Gewalt über das Land tobt, schaute ein Bauer aus Holzkirchen vom Fenster seines Hauses dem Teufelsspuk zu. Vom vermeintlich sicheren Hort aus, und wie um zu beweisen, dass er sich nicht fürchtete, schrie er in die Nacht hinaus:
"He, Teufel, bring mir meinen Teil auch mit!"
Da schien ihm mitten im wildesten Orkan ein höllisches Gelächter zu antworten, so schrecklich, dass dem Bauern mit einem Mal die Angst eiskalt über den Rücken kroch. Er schlug rasch das Fenster zu und war froh, im Warmen und Hellen zu sein. Am nächsten Morgen aber, als sich der Orkan gelegt hatte, fand der Bauer ein totes Waldweiblein vor seiner Türe. Von Stund an war er nicht mehr ganz richtig. Eine tiefe Schwermut hatte ihn ergriffen, denn er fühlte sich schuldig. Nie mehr kam ein Lachen über seine Lippen, und kaum ein Jahr später starb er. Wie es heißt, musste er fort mit der Wilden Jagd, weil sie wegen seiner unbesonnenen Rede Gewalt über ihn erlangt hatte.

16) Nach anderen Quellen wurde die Burg durch Herzog Otto VII. von Andechs-Meranien, bzw. erst 1218 durch Graf Berchtold von Eschenlohe für Graf Otto VII von Andechs erbaut.

17) Diese Sage ist eine sog. Wandersage, die - nicht nur im deutschsprachigen Raum - von vielen Schlössern und Burgen berichtet wird, und die manchmal gut, meistens aber schlecht ausgeht. In ihr ist die berühmte Genoveva-Geschichte erhalten.

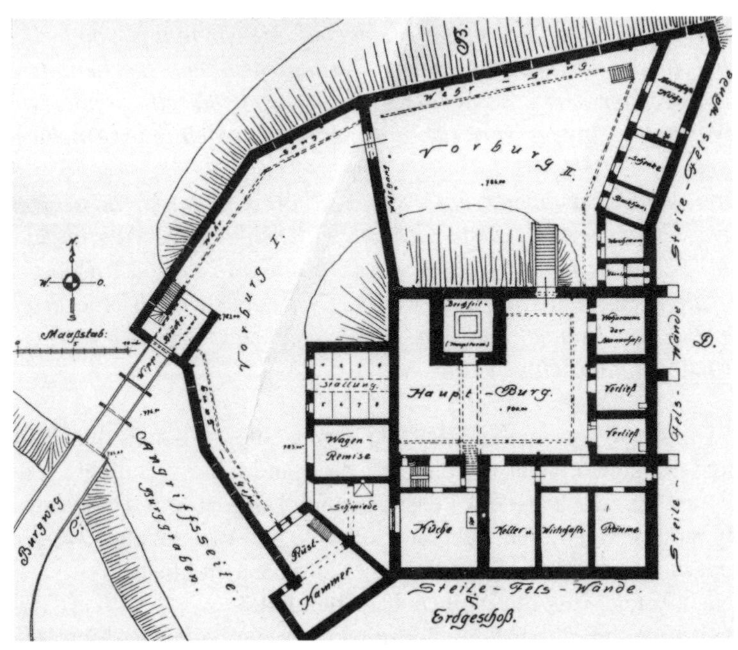

Rekonstruktion v. Bauamtmann Schweyer, Garmisch 1929

18) Meyers Konversations-Lexikon v. 1890: *Abdecker (Freiknecht), Fall-, Wasen- oder Feldmeister, Kafiller = diejenige Person, deren Geschäft es ist, in einem bestimmten Bezirk das gefallene Vieh wegzuschaffen, abzuhäuten und einzuscharren. Damit verbindet der A. bisweilen noch andere Arbeiten und Dienstleistungen, z. B. das Reinigen der Kloaken, das Einfangen herrenloser Hunde. Nach dem alten deutschen Recht litt er an Anrüchigkeit (levis notae macula), war demnach unfähig zum Eintritt in die Zünfte, in das Militär und in Ehrenstellen, aber nicht ehrlos, konnte also vollgültiges Zeugnis vor Gericht abgeben. Die Kinder des Abdeckers, sofern sie nicht das Gewerbe des Vaters betrieben, blieben auch von dem Makel der Anrüchigkeit frei. Erst seit der französischen Revolution und in Deutschland seit 1817 besitzt der A. die staatsbürgerlichen Eigenschaften im ganzen Umfang.*

19) 1 Fuß = Längenmaß verschiedener Größe, entspricht 25-33 cm

20) J. N. Sepp S. 614: *Das abenteuerliche Auftreten des Roßes auf Einem Fuß ruft die indogermanische Vorstellung wach, wonach im Buche Manu I, 81 Dharma, das Thiersymbol der Gerechtigkeit, in den vier Weltaltern erst auf Vieren, zuletzt auf Einem Fuße geht...*

21) Grenzbeschreibung anlässlich der Vermarkung aus dem Jahr 1726: *Es zieht sich das Landmarch der Rotten Linie nach dem stainen Prickhl, woryber die Landstrass auß Baiyrn nacher Garmisch und Partenkhurch gehet, zu einem an dem Loysach flußs neugesetzten stain, höcke zu einem abermahl neugesetzten stain mit der dann weiters über den loysachfluss an die Wilthöcke zu einem abermal neugesetzten stain...* (mit der Jahreszahl 1726 und den Buchstaben B und W für Bayern und Werdenfels).

22) Wodan, althochdeutsch Wuotan, angelsächsisch Woden, altnordisch Odhinn ist laut Meyer Bd. 17 von 1897:

... in der germanischen Mythologie ursprünglich Sturmgott, dann bei den Franken, von denen sein Kultus ausging, zum Himmelsgott erhoben und als Urheber aller höheren Kultur, der Kriegskunst, Weissagung und Dichtkunst verehrt.

Mittwoch ist der Tag des Wodan, althochdeutsch: Wuatanes tac, englisch Wednesday, dänisch Onsdag.

Meyers: *Mancherlei Vorstellungen von Wodan haben sich in die Volkssage hinübergerettet; so ist er ursprünglich (weil die Seelen der Verstorbenen zu ihm gelangten) der Führer des Wütenden Heeres. In einzelnen norddeutschen Landschaften hat sich sogar sein Name erhalten... und in dem auf die wilde Jagd bezogenen Ausdruck: „de Wode tüht".*

Siehe auch „Wütendes Heer" Anmerkung 14.

23) Eine alte Frau aus Eschenlohe erzählte darüber 1850:
Wie ich noch jung war, bin ich selber einmal „Berchten gegangen". Es sind allemal drei arme Leut gewesen, die aber sonst nicht gebettelt haben. Alle drei sind gleich angezogen gewesen, alte Hosen haben sie angehabt, alte Janker und übern Kopf einen leinernen Sack mit Löchern für die Augen und das Maul. Das eine hat eine Ketten am Gürtel gehabt, das andere einen Einkenter (Ofenhaken), das dritte einen Besen. - Sind sie an ein Haus hingekommen, dann haben sie mit den Ketten gerasselt und damit an die Haustür geklopft; mit dem Einkenter habens auf dem Boden ge-

scharrt und mit dem Besen gekehrt. Das ist alles zugleich geschehen. (Schweizer S. 93)

24) Stampa = ortsübliche Bezeichnung für Berchta oder Frau Holle als Schreckgespenst in den Rauhnächten.

25) Den genauen Standort des Baumes beschreibt Joachim Fröhlich: *Waldweg vom Walchensee-Kraftwerk bis circa 900 m über NN nach Süden. Jägersteig bis ehem. Jagdhütte (Kraushütte), 500 m parallel am Hang nach Westen, Waldstandort Grüb 5 XXVII*

26) Bestimmte Bäume und Wälder galten früher als heilig, beispielsweise der Eibenwald bei Paterzell (vgl. S.193).
J. N. Sepp im Jahre 1876 über das Pfannholz bei Tölz:
Es ist einer jener heiligen Haine, wie sie die Monumenta boica XXIV, 48 *zum Jahre 1268 bezeichnen: Sylvas, que volgariter dicuntur: Benholzer.* In Lüers „Bairische Stammeskunde" wird berichtet: *Baum und Wald waren in der Vorzeit heilig; von dieser Verehrung haben sich im Lande noch manche Nachklänge erhalten. Um Neuenhammer in der Oberpfalz baten die Holzfäller den schönen gesunden Baum um Verzeihung, ehe sie die Axt an ihn legten um ihm das Leben abzutun, und der Baum seufzte und blutete und stöhnend stürzte er zu Boden.*

27) Die hl. Ursula, eine englische Königstochter, die Christin war und die sich, der Legende nach, mit 11000 Gefährtinnen auf dem Weg zu ihrem Bräutigam befand, der ihretwegen zum Christentum übergetreten war, geriet bei der Überfahrt zum Kontinent in einen schweren Sturm, wobei das Schiff in die Rheinmündung getrieben wurde. Sie fuhren nach Köln, das von den Hunnen besetzt war. Viele der Jungfrauen wurden von den Kriegern ermordet, Ursula aber wegen ihrer außergewöhnlichen Schönheit verschont, weil der Hunnenkönig sie begehrte. Als sie sich ihm verweigerte, wurde sie durch einen Pfeil getötet. Der Legende nach kamen nach dem Tod der Jungfrauen Engel vom Himmel herab und vertrieben die Hunnen aus Köln. Es heißt, dass die Leichen aller damals getöteten Jungfrauen von den Christen in Köln begraben worden sind. Dies geschah im Jahre 453. Das Fest der hl. Ursula ist am 21. Oktober.

Kloster Schlehdorf und Kochelsee

28) Die drei jungfräulichen Nornen sind in der nordischen Mythologie die Göttinen der Zeit und des Schicksals: Urdh (Vergangenheit), Verdhandi (Gegenwart), Skuld (Zukunft). Sie weilen am heiligen Brunnen der Urdh, der ältesten der drei Jungfrauen unter dem Baum Yggdrasil und bestimmen die Schicksale der Menschen und der Götter.
Schweizer S. 100: *Die drei geheimnisvollen weiblichen Wesen haben schon in der Antike eine Parallele in den drei Parzen oder Moiren, von denen die erste den Lebensfaden spinnt, die zweite ihn auszieht und die dritte ihn abschneidet. Zwei dieser Schicksalsvertreterinnen haben also ein erfreuliches, helles Gesicht für den betroffenen Menschen, die dritte aber ein düsteres und trauriges. Von diesem Standpunkt aus sucht man zu verstehen, warum eines der Fräulein immer schwarz oder halbschwarz geschildert wird.*

29) Panzer I, 31 schreibt 1848 dazu: *Der Osberg, Oschberg, auch Moosberg genannt, Steuerblatt S.W.XXIII.12., liegt bei Hehendorf* (Hechendorf) *nächst Murnau in Oberbayern und bildet einen aus Sumpf hervorragenden, natürlichen Hügel. An demselben vorüber fließt ein kleiner Bach, die Ramsau genannt.*

30) Schöppner III Nr. 1196: *In geringer Entfernung von Ohlstadt erhebt sich ein waldiger Felsen, von dessen Höhe man weithin die ganze Gegend überschaut, gewöhnlich die Skorzenburg genannt. Man erzählt noch, wie diese Burg vormals eine mächtige und berühmte Feste gewesen sei, wie zuerst die Skyren, dann die Schenken und zuletzt die Chamer da geherrscht hätten..."*

31) J. N. Sepp S. 112 ff. im Jahr 1876 dazu: *Murnau hieß ursprünglich Wurmau, und hat als vormalige Stadt den Drachen im Wappen, von dem Ungethüm, welches der hl. Magnus in der Gegend bekämpfte, worauf er die noch erhaltene Blechglocke in Ramsee aufhing. Bis dahin hat einst der See gereicht, nach dessen Abbruch die Inseln als Hügel unter dem Namen Köchel zurückblieben. Es gibt mehrere Ramsee. Es ist der älteste Ort, und Kappel bei Ammergau war die früheste Kapelle in der Gegend um den Staffelsee. Auch der heutige Name soll nicht von den Muren oder Steinrieseln, sondern vom Lindwurm (muraena) herrühren, der im Moorgrund hauste und Vieh wie Menschen gefährlich war. Von ihm geht die Sage, die an die Erlegung des Drachen zu Babel durch Daniel XIV, 26 erinnert. Da nämlich die Umwohner vor dem Ungethüm sich nicht mehr zu retten wussten, erbot sich ein verwegener Mensch, ihn aus dem Wege zu räumen. Derselbe nahm eine Kalbshaut, füllte sie mit ungelöschtem Kalk, und setzte dieß Thier dem Unthier zum Fraße aus. Der Drache verschlang das vermeintliche Kalb in aller Gier und Hast, musste aber richtig daran zerbersten.*
Noch vor wenigen Jahren bezeichnete eine gemauerte Säule bei Ramsee, dessen Kirchlein dem Drachentöter Georg gewidmet ist, die Stätte obigen Vorfalls. Nach andern war der Platz, wo der Lindwurm erlegt ward, bei der Schlucht am Weg nach dem Staffelsee, eine kleine Strecke bevor man zur Ueberfarth nach der Insel das Schiff besteigt. Nach jüngerer Meldung soll Kaiser Ludwig der Bayer, wie er Ettal stiftete und in der Umgebung jagte, den Lindwurm erlegt haben. Er war es wenigstens, welcher der „Stadt" Murnau den Drachen in's Wappen setzte, und so prangt derselbe noch mit aufgesperrtem Rachen und feuerrother Zunge an dem neuen gothischen Rathhause.

32) Dazu folgendes Zitat aus dem Wolfratshauser Wochenblatt vom 14. 5. 1908: *Noch an vielen anderen Orten gibt es sog.*

„Schimmelkapellen"..., wo überall ein Schimmel „verhungert" ist, doch „redet man nicht darüber" oder „darf nicht darüber reden", auch ein Hinweis auf einen Wodanskult, der noch lange in der Christenheit gepflegt wurde. Solche Orte sind beispielsweise Pelkam, Acholding, Hohenkammer, vgl. Anmerkung 22.

33) Grundhold = laut Meyers Bd. 5 von 1897: *...ehedem der an Grund und Boden gebundene, hörige Unterthan*

34) *Es wurde die ganze Familie der Witwe Maria Gindhard laut landgerichtlicher Erkenntnis vom 29. April 1828 und Bestätigung der k. Regierung des Isarkreises vom 26. Juni 1828 nach Seehausen, Landgericht Weilheim verwiesen. Ursache mag gewesen sein, daß in dem abgelegenen Tale Arbeitslosigkeit herrschte, da damals die Waldungen nicht ausgenützt wurden und daß somit Wilddiebereien getrieben wurden.*

Wappen der Familie Gindhard, bzw Gündhart

35) Am 19. Mai 1869 kaufte König Ludwig II. Linderhof vom Militärärar. *Ein Teil kam wieder an das Forstärar zurück und einzelne Grundstücke wurden von den Bauern in Graswang erworben um das Besitztum hübsch abzurunden so daß es einen Flächeninhalt von beinahe 100 Hektar umfaßte.* (Unterlagen der Familie Gindhard)

36) Zu Hexentanzplatz auf dem Säuling Endrös/Weitnauer S. 364: *Auf dem Säuling war einst ein Hexentanzplatz, und zwar höchst wahrscheinlich auf dem großen Absatz unterhalb des Gipfelmassivs, der früher das „Hexabödele" geheißen hat. Aus den Latschenwedeln haben, so erzählt man, die Hexen Wein gewunden, wie die Wäscherinnen das Wasser aus der Wäsche auswinden.*
Sie haben üppige Gelage gehalten und getanzt und dabei ihrem Obersten gehuldigt, der in ihrer Mitte saß, die Hexenbeichte hörte und Teufelssegen austeilte. Trafen sie auf ihrer Fahrt zum Bödele einen, der „nichts Rechtes war", was sagen will, daß er im Falle eines plötzlichen Todes der Hölle gehört hätte, den packten sie gleich und nahmen ihn mit durch die Lüfte zum Hexentanzplatz.

37) In Benediktbeuern war es früher üblich, dass man trächtige Stuten um die Säule mit dem hl. Leonhard im Kirchhof ritt. Im Gegensatz zu den Leonhardiritten, die am 6. Nov. stattfinden, wird er beispielsweise an folgenden Orten im Sommer abgehalten:
...gibt es noch immer Leonhardifahrten oder -ritte, die tatsächlich im Sommer stattfinden, in... Straucharting, bei Sauerlach oder in St. Leonhard bei Schönegg-Dietramszell... P.E. Rattelmüller S. 45 „Pferdeumritte"

38) Auch in Trauchgau erzählt man sich eine ähnliche Geschichte von einem Schmied, der Himmel und Hölle überlistete, ebenso im Isarwinkel vom Schmied von Plundersweil oder im Chiemgau vom Schmied von Rumpelbach, der seine Zipfelmütze in den Himmel warf und dann dort bleiben durfte, weil er mit Petrus ausgehandelt hatte, immer dort sein zu dürfen, wo seine Zipfelmütze sei.

39) Schochen = Heuhaufen

40) Vogt, laut Meyers von 1897: *Bezeichnung für die deutschrechtliche Schutzgewalt, d. h. die Befugnis, andere so zu schützen und so zu vertreten, daß diese dadurch in ein Abhängigkeitsver-*

hältnis versetzt werden. Vögte finden sich zunächst bei den Kirchen und Klöstern (Schirmvögte). Dann bestellten die Kaiser für ihre unmittelbaren Besitzungen Vögte als deren Verwalter, die den Gegensatz zu den eigentlichen Grafen als Fürsten des Reiches bildeten. Auch die Städte erhielten von ihrem Herrn, dem Landesherrn oder dem Kaiser einen Vogt oder einen Schultheiß, bisweilen auch beide Beamte nebeneinander. Übrigens wurden auch andere niedere Beamte Vögte genannt (Kirchenvogt, Schlossvogt, Hausvogt, Feldvogt ec.)...

41) Der Wunderdoktor Frastini ist wohl gleichzusetzen mit dem Doktor Phrastikus der seiner Zeit „größter und berühmtester Schwarzkünstler“ gewesen sei. Dr. Karl Reiser hat sich im 19. Jahrhundert viele Geschichten über ihn erzählen lassen:
Danach verstand der Doktor Phrastikus, ein überaus gescheiter Mann und Tausendkünstler, aus gewöhnlichem Eisen pures Gold zu machen... Als man in einem anderen Fall den Doktor Phrastikus wegen eines Bergrutsches um Hilfe anging, soll er auch den rollenden Steinmassen durch ein paar Holzpfähle Einhalt geboten haben...
Manche Sagenforscher meinen, dass es sich bei Frastini, Dr. Phrastikus und dem berühmten Dr. Faustus, der in den Sagen ganz Deutschlands herumgeistert und dem der Ruf vorausging, alles zu können und sogar dort unfehlbar zu sein, wo menschliche Kunst am Ende sei, um ein und dieselbe Person handelt.

42) Anleitung, wie Hexenzauber wirksam entgegnet werden kann.

43) Vielleicht ist dieser „Hinrichtung“ der Katzen in Burggen sogar eine Art Gerichtsverhandlung vorausgegangen, denn noch Anfang des 17. Jahrhunderts wurden Prozesse gegen Tiere geführt und Verurteilungen derselben ausgesprochen.
Endrös /Weitnauer S. 102 hält aber auch noch eine andere Deutung für möglich:
Vielleicht aber steckt auch ein uraltes Tieropfer dahinter, eine Vermutung, die schon deshalb nicht ganz von der Hand zu weisen ist, weil man zu Burggen noch im Jahr 1841 in einer Kapelle eine leibhaftige Kuh zur Abwendung einer grassierenden Viehseuche geopfert hat. Als Opfertier war dabei jene Kuh gewählt worden, die als erste über eine vorbestimmte Stange gesprungen war.

44) Ähnlich wie auf dem Karlsberg bei Schongau, so wurden zu bestimmten Zeiten auch im Lenzleswald bei Ludenhausen, nahe Wessobrunn, drei wilde Frauen gesehen. Sie sollen von Zeit zu Zeit in der Nacht herausgekommen sein und unter Weinen und Wehklagen die Wäsche der Leute gewaschen haben, die diese am Vortag in der Lauge liegen gelassen hatten. Sie seien schneeweiß gewesen. Niemand aber habe gewusst, wie man die Unglücklichen erlösen könne. Bei Grabungen in dem Hügel fand man einen roh gearbeiteten eisernen Dreifuß, in Gestalt eines Tieres mit drei Füßen. Man bezeichnet solch einen Dreifuß als „Feuerhund". Nach Sepp S. 479 ff.

45) Dazu Lüers S. 120: *Ähnliches weiß man von mehreren Geschlechtern in Bayern zu erzählen: Eine schöne und hochmütige Gräfin auf dem Weißenstein wurde einst von einer armen Frau angebettelt: „Sieben Kinder habe ich zu Hause und keinen Bissen Brot!" – „Was brauchst du Kinder in die Welt zu setzen, wenn du kein Brot hast für sie", gab die Gräfin zur Antwort. Da wurde sie, die selber in Hoffnung war, von der Bettlerin verwünscht: „Die Frucht deines Leibes soll mich an dir rächen." – Da wurde die stolze Frau ängstlich und ließ sich eine Wahrsagerin kommen. Deren Spruch aber ängstigte sie noch mehr: Sie würde sieben Knaben gebären, und die nach dem erstgeborenen kämen, würden ihr den Tod bringen, aber erst nach sieben Jahren, und die Muttermörder werde des Vaters Fluch nicht treffen.*

Als nun die Gräfin ins Kindbett kam, war zu der Zeit ihr Gemahl in den Hussitenkrieg gezogen. Und da sie nun wirklich von sieben Knaben entbunden wurde, tat sie, wie ihre vertrauteste Kammerfrau ihr geraten hatte, sie ließ von dieser ihrer Dienerin die sechs nachgeborenen Kinder im Korbe zum Fluss tragen. Unterwegs wurde die Kammerfrau von dem Grafen angehalten, der früher als erwartet aus dem Kriege zurückkam. Er fragte, was sie da im Korbe habe. „Junge Hunde, ich soll sie ersäufen." Der Graf aber sah selber nach, entdeckte die Kinder, zwang die Dienerin, dass sie ihm die Wahrheit gestand, und ließ sie zur Strafe selber ins Wasser werfen. Die Kinder brachte er in sichere Obhut auf eine Burg im Böhmerwald. Dann kehrte er heim nach Weißenstein, ließ seine Frau nichts merken, dass er von ihrem Geheimnis und ihrer Schuld wusste. Doch musste sie, als sie das Wochenbett verlassen, hören, dass er in der Hussitenschlacht in großer Bedrängnis das Gelübde getan habe, sieben Jahre lang kein Weib zu berühren. Nach sieben Jahren gab er ein großes Fest, zu dem viele Gäste geladen wurden. Nach dem Mahle aber, als alles guter Dinge war, tat er an die Ritter und Frauen plötzlich die Frage: „was eine Mutter verdiene, die ihres eigenen Leibes Frucht habe morden wollen?“ Alles schwieg betroffen, nur die Gräfin selbst antwortete voreilig: „Die verdient, dass man sie bei lebendigem Leibe einmauerte!“ Da ließ der Graf die sechs Knaben, die er heimlich hatte kommen lassen, herbeibringen und erzählte alles, was sich mit ihnen zugetragen hatte. Obwohl nun die Gäste, und die Kinder selbst, für die Mutter um Gnade baten, mußte doch das Urteil an ihr vollstreckt werden, da sie selbst darauf bestand. Der Graf verließ mit den Seinen das Schloss, das verödete und verfiel. Zum warnenden Andenken wurde in das Wappen des Hauses ein Hund aufgenommen, und das Geschlecht nannte sich seitdem Hund zu Weißenstein.

Auch bei Flintsbach am Inn im Schloss auf dem Rachelberg soll eine Gräfin einmal 12 Knaben geboren haben. Die geretteten Kinder sollen einst große Helden geworden sein. Seitdem heißt eine tiefe Klamm zwischen Petersberg und Matron „Hundsgraben“.

46) Seit Mitte des 15. Jahrhunderts fanden im Werdenfelser Land und im Pfaffenwinkel Hexenverfolgungen statt, bei denen zahlreiche unschuldige Frauen und Männer nach grausamer Folter zu Tode kamen. Als Gefängnisse für die Hexen dienten die Verliese der Burg Werdenfels, der sog. Fällturm (später Feuleturm, heute Schweigerturm genannt) in Schongau und ein Turm gleichen Namens im Hochschloss Pähl. Besonders schlimm wurden sie Ende des 16. Jahrhunderts in Schongau verfolgt, wo der berüchtigte Landrichter Hans Friedrich Hörwarth von Hohenburg und sein vielleicht noch mehr verhasster Scharfrichter Jörg Abriel wüteten. Bei dem größten bayerischen Hexenprozess, der von 1589 –1592 dauerte, kamen am Hinrichtungstag, dem „Malefiztag“, 63 Frauen und Mädchen aus der Gegend ums Leben. Ihre Asche wurde in den Lech gestreut.

47) Halsgericht, laut Meyers von 1897: *veralteter Ausdruck für ein Gericht, welches über schwere, mit harten Leibes- oder Lebensstrafen bedrohte („peinliche“) Verbrechen abzuurteilen hatte;*

auch soviel wie hochnotpeinliches Halsgericht; dann Ort der Vollziehung der Todesstrafe.

48) Karl Fliegauf S. 296 ff. dazu: *Der „Burglaberg" bei Altenstadt ist eine typische Ringwallanlage, eine Fliehburg. Es waren dies Höhensiedlungen, Kultmittelpunkte und Versammlungsplätze in Zeiten der Gefahr, aber keine Stadtsiedlungen wie Campodunum oder Manching. Die Struktur der Gesellschaft war im wesentlichen die einer Viehwirtschaft treibenden Gemeinde. Mit welch ausgeklügeltem System diese Wälle und Gräben angelegt waren, ist bewundernswert. Die Wahl solcher Plätze setzte große Erfahrung auch im Kriegshandwerk voraus. Wir finden solche Höhenfestungen in allen keltischen Gebieten, an der Donau, am Main, am Neckar, in Württemberg, in Frankreich und in England. Ein Ebenbild der Anlage auf dem Burglaberg finden wir in Dorset-England in dem Ringwall Maiden Castle.*
Jedenfalls dürfte das Gebiet zwischen dem Auerberg, dem Schloßberg in Peiting und dem Hügelgräberfeld aus der Urnenfelderbronzezeit auf dem Bühlach ostwärts von Peiting ein archäologisch reiches und interessantes Gebiet sein, in dem es noch sehr viel zu erforschen gibt...
Der leider zerstörte Burgla(ch)berg *war jedenfalls ein bedeutender keltischer Mittelpunkt eines größeren Gebietes...*
Interessant sind die verschiedenen Meinungen über diesen beherrschenden Burglachberg. Man schrieb, dass die Welfen dort eine Burg erbaut hatten, dass die Templer eine Burg errichtet hatten, die sie seit 1289 dem Kloster Steingaden übereignet haben sollen. Daß die Welfen, als Herren des Lechrains und als bayerische Herzöge als die Bauherren der schönen romanischen Altenstadter Basilika in Frage kommen, dürfte selbstverständlich sein. Die große Ebene zwischen Altenstadt und dem früheren Hochufer des Lech, wo früher der Flugplatz war, war wahrscheinlich auch der Sammelplatz für die Kreuzfahrer... Daß aber die Welfen, neben ihrer beherrschenden Peitinger Burg, von der sie von dem Vorbau auf dem Schneckenbichl auch den Lechübergang beherrschten, auch auf dem Burglachberg eine Burg erbaut haben sollten, ist wenig wahrscheinlich. Aus dieser Zeit gibt es viele schriftliche Überlieferungen, aber in keiner ist von einer Altenstadter Welfenburg die Rede. Auch die Burg der Tempelritter ist Phantasie. In keiner Ur-

kunde des Klosters Steingaden ist davon die Rede, obwohl auch kleinste Hofübergaben verzeichnet sind...

49) Über eine andere Kümmernisdarstellung in Hofstetten schreibt J. N. Sepp 1876: *Zu Hofstetten, Gerichts Landsberg, steht eine Kümmernis: die Heilige in schmaler Gestalt auf ein paar Bretter gemalt, die unter dem Einfluß der Jahreszeiten sich auseinandergeben und verwittern. Vielleicht ist hier eine alte Richtstätte, in München wenigstens heißt der einstige Richtplatz Hofstadt. Kümmernis ist die Patronin der Gehenkten...*
Andere Kümmernisdarstellungen in der näheren Umgebung befinden sich in Töllern bei Weilheim, in Oberzeismering bei Tutzing, in Wolfratshausen, in Unterhausen, in Hofhegnenberg oder in Kempfenhausen.
Schweizer S. 60 nach J. N. Sepp S. 180: *In der Wallfahrtskirche von Unterhausen findet man unter der Empore an der Nordwand ein fein und säuberlich auf Holz gemaltes Cruzifix, das St. Kümmernis genannt wird. Das Bild trägt die Kaiserkrone, einen weißen sternbesäten Rock, der vom Gürtel umfasst auf einen goldenen Schuh am rechten Fuß niederwallt. Das Kreuz von 5 Fuß Höhe und gleichlangem Querbalken ist offenbar aus einer größeren Tafel herausgeschnitten, um mit Beseitigung des Geigers die Vorstellung kirchlich verwenden zu können.*

50) Gugel ist laut Meyers I v. 1897: (*Gogel, Kugel v. lat. cucullus*) *eine schon im Altertum gebräuchliche Kapuze mit Schulterkragen, im Mittelalter anfangs am Mantel, bei den Mönchen an der Kutte befestigt, seit dem 14. Jh. ein selbständiges Kleidungsstück beider Geschlechter der vornehmen Stände... Im 15. Jh. Verschwindet die Gugel als allgemeine Kleidung, doch erscheinen jetzt noch beim Begräbnis eines Mitgliedes des bayrischen Königshauses 24 Männer in der Gugel, welche nur Öffnungen für die Augen und Lichter enthält, mit dem königlichen Wappen und doppelt brennenden weißen Kerzen.*
Gugelhauben werden auch beim „Berchten“, vgl. S. 75 getragen.

51) Ähnliche Umzüge fanden 1828 in der Jachenau, 1848 im Wertachtal statt.

52) Ähnliche Sagen mit leichten Änderungen – manchmal wird von schwarzen, halbschwarzen oder weißen Schwestern gesprochen, gibt es von vielen Orten; vgl. Fräulein von Schlehdorf S. 80, Geisterfräulein Moosberg S. 92, Gögelefräulein Weilheim S. 217, Schatzberg Dießen, Sunderburg Schöngeising, Schlossberg Wolfratshausen usw., vergleiche dazu Anm. 28.

53) Eine ähnliche Geschichte von einer als tot aufgeladenen Pestkranken, die durch das Rumpeln des Leichenkarrens wieder zum Leben kam, wird von Mühlham im Rupertiwinkel erzählt.

54) Es ist sehr gefährlich, Pestgräber zu öffnen. Noch heute muss dabei mit äußerster Vorsicht und unter Einhaltung von strengen Schutzmaßnahmen vorgegangen werden, um auch nach Jahrhunderten! noch eine Ansteckung zu vermeiden.

55) Im Jahr 1518 wurde über den Quellen das „Sommerhaus" erbaut, 1589 die Quellen neu gefasst, im 17. Jahrhundert die Kapelle und 1735 die langgestreckte Halle über den Quellen errichtet.

56) Altes Längenmaß verschiedener Länge 1 Zoll (preußisch) = 2,82 cm, 1 Zoll (engl.) = 2,54 cm

57) Die Brüder Grimm kamen bei ihren Sagenforschungen zu der Feststellung, dass die ältesten Heiligtümer in Deutschland Wälder waren. Früher trugen viele Leute Amulette aus Eibenholz um den Hals, „vor Eiben kann kein Zauber bleiben" lautet eine alte Volksweisheit. Man glaubte, durch sich ein Amulett böse Geister vertreiben oder zumindest sich vor ihnen schützen zu können.

58) Meyers Lexikon Bd. 15 von 1895: *Schub (Schubtransport), das polizeiliche Fortschaffen einer Person nach einem bestimmten Ablieferungsort. Die Transporte sind tunlichst in einem Tag auszuführen. Ist dies nicht möglich, so muß der begleitende Polizeibeamte (Transporteur) den zu Verschiebenden (Transportaten) der Ortspolizeibehörde der betreffenden Durchgangsstation bis zum Weitertransport zur einstweiligen Verwahrung abliefern.*

59) Das Wessobrunner Gebet wurde 1803 in Wessobrunn entdeckt oder auch neu entdeckt. Seine Entstehung wird auf das Jahr 814 oder 815 datiert und man vermutet als Entstehungsort Regensburg, Augsburg oder das Kloster am Staffelsee. Es gilt als das älteste alt-

Bäuerin beim Flachshecheln – Zeichn. V. Dillis

hochdeutsche Sprachdenkmal, das noch erhalten ist (heute in der Bayerischen Staatsbibliothek). Es lautet:

Dat gefregin ich mit firahim
firiuuizzo meista - Dat ero ni
uuas – noh uf himil – no paum
noh pereg ni uuas – ni nohheinig

noh sunna ni scein – no mano
ni liutha – noh der mareo seo –
Do dar niuuiht ni uuas enteo
ni uuento – enti do uuas der eino
almathico cot – manno miltisto –
enti dar uuarum auh manake mit
inan – cootlihhe geista – enti cot
heilac – Cot almathico du
himil enti erda gauuorahtos –
enti du mannun so manac coot
forgapi – forgip mir in dino
ganada retha galaupa –
enti cotan uuilleon – uuistom
enti spahida – enti craft – tiuflun
za uuidar stantanne – enti arc
zapuuisanne – enti dinan uuil –
leon za guurchanne.

Das erfragte ich unter den Menschen
als des Wissens Größtes: Dass die Erde
nicht war noch der hohe Himmel, noch
Baum noch Berg war, noch irgendwas,
noch die Sonne schien, noch der Mond
leuchtete, noch das Meer war.
Als da nichts war von den Enden
und Grenzen, da war doch der eine
allmächtige Gott, den Menschen ganz mild
und da waren auch mit ihm viele
gottähnliche Geister, und Gott
(war) heilig. – Allmächtiger Gott,
der du Himmel und Erde geschaffen
und den Menschen so manch Gutes verliehen hast, verleihe mir in deiner
Gnade den rechten Glauben
und guten Willen, Weisheit und
Klugheit und Kraft, den Teufeln
zu widerstehen und das Arge zu
meiden und deinen Willen
zu vollbringen

Aus dem ehemaligen Frauenkloster von Wessobrunn, in dem die wegen ihrer Handschriften berühmte Nonne Diemud (gestorben wohl 1130) wirkte, sind noch 45 Folianten, auf Pergamentpapier geschrieben, vorhanden, die heute in der Bayerischen Staatsbibliothek aufbewahrt werden.

60) Gleiche oder ähnliche Geschichten zur Kirchengründung erzählt man sich beispielsweise von Holzhausen am Starnberger See, von Dietramszell, von Maithenbet oder von Gaißach, um nur einige zu nennen.

61) In einem Brief vom 18. Mai 1833 schreibt C. Spitzweg an seinen Bruder Eduard in Triest: *...mein Absolutorij hab i, und kann, wenn's mir einfallt, einen Schmierladen etablieren, auch noch nach Jahren. Um aber die Zeit jetzt bis in mein 40tes Jahr auszufüllen, hab ich einen anderen Stand gewählt, rathe? D. h. ich hoffe in meinem 40ten Jahr wieder gescheid – und ein Apotheker zu werde. Na, so rathens, was Sie meinen? (Schick mir auch eine Moral darüber) Übrigens bestimmte mich zu meiner Standeswahl keineswegs die Erbschaft, sondern der Keim lag schon seit meiner Rückkunft von Italien in mir...“*

62) Was nach der Säkularisation mit der wertvollen Einrichtung der Kapelle geschah, berichtet Pfarrer Joh. Leuthenmayr in seinem Buch „Forst oder St. Leonhard. Ein Kulturbild aus dem oberbayerischen Pfaffenwinkel S. 234:
Den gotischen Flügelaltar warf man hinaus und nahm ihn der Mesner zu sich. Dessen Sohn nahm bei seiner Verehelichung nach Forst das vom Altar noch Übrige zu sich. Durch Zufall kam der Verfasser (Leuthenmayr) beim Besuch dieses Kranken auf Altertümer zu sprechen. Man brachte ihm vom Dachboden 1. die Holzstatue des hl. Wolfgang, ohne Zweifel aus der Zeit der Erbauung der Kirche; 2. eine Tafel des Flügelaltars, auf der einen Seite ein Gemälde: Wolfgang als Kirchen-Erbauer; auf der anderen: Verehrung des hl. Wolfgang; 3. eine aus Holz geschnitzte Muttergottesstatue, wohl noch aus früherer Zeit. Man machte sie ihm zum Geschenke. Die übrigen Tafeln waren leider zerschlagen, verbrannt.

63) Kapitolum meint hier das „Oberstübchen“, den Kopf, nach dem Kapitol, der hochgelegenen Kaiserburg des alten Rom.

64) Sühnekreuze stehen auch beispielsweise bei Greifenberg nahe Landsberg, bei Wimmern und bei Jechling nahe Teisendorf, bei Neusillersdorf, bei Straß zwischen Teisendorf u. Freilassing, in Kay bei Tittmoning oder bei Sumpering im Bayrischen Wald, um nur einige zu nennen. Auf einem Felsen über der Berchtesgadener Ache bei Marktschellenberg steht ein quadratischer Turm mit hohem Zeltdach aus dem 13. Jahrhundert, der Paßturm. Hier gibt es noch ein Sühnekreuz aus dem Jahr 1382. Warum es damals errichtet werden musste, weiß heute niemand mehr zu sagen. Es muss aber hier einmal eine Bluttat geschehen sein, die der Schuldige durch das Aufstellen des Steinkreuzes sühnen sollte.

65) Pope = Geistlicher der orthodoxen Kirchen

66) Viehseuchen wurden nach dem Glauben den Menschen früher vom „Viehschelm“ ausgelöst. Bruno Schweizer dazu: *„Schelm“ ist ein uraltes germanisches Wort das „Tod“, „Seuche“, „Leiche“, „Aas“ bedeutet, aber auch „Todbringer“ bedeuten kann.*
„Schreien wie ein Viehschelm“ notiert Leoprechting als ein altes lechrainer Sprichwort. Man stellte sich bei uns früher die Viehseuche, wie auch die Pest persönlich als Lebewesen vor. Der Viehschelm soll aussehen wie ein Stier, der bis zur vorderen Hälfte leibig ist, in der Mitte aber ausgeht und hinten die leere Haut nachschlenzt.
Wenn er sich zeigt, so entsteht eine Sucht unter dem Vieh, und entsteht ein großes Viehsterben. Gegen 1840, als der Lungenbrand bei uns wütete und in den meisten Ställen kein Vieh mehr stand, haben manche Leute kurz zuvor den Viehschelm deutlich gesehen, oder schreien gehört. Unter dem Schelmen versteht man vor alters schlechtweg eine Viehseuche. Der gelbe Schelm war gleich dem Milzbrand.

67) Bruno Schweizer S. 130 zu Hojemänner: *in Schweden gibt es Waldgeister (Skougman“), die den Wanderer irreführen und ängstigen und wenn sie ihn dann aus Furcht weinen sehen, zu lachen anfangen: Ha ha ha! – In der Oberpfalz kennt Schönwerth (II,*

342-350) den „Hoimann“ oder „Hüamann“, in Böhmen heißt es „ Hèmann“, tschech. „Hejkadlo“, bei Lembeck und Tungerloh erscheint das „Hòmännchen“ und „Hèmannchen“ in den Büschen, das „Heitmännchen“ bei Sundwig. (Kuhn Westf. Sag.)

68) Wenn ein Schatz „sich sonnt“, drängt er aus den Tiefen seines Versteckes ans Licht, so glaubten die Leute früher. Dazu Karl von Leoprechting um 1855: *Wenn der Hahn zwölf Jahre alt wird, legt er ein Ei, scharrts in den Sand, und aus dem Ei wird dann ein Lindwurm. Die Lindwürm hüten alle Schätze, so in der Erden vergraben sind, doch im Märzen, wenn die Sonne die Erden wieder mit ihren Strahlen durchdringt und erwärmt, da hat der Lindwurm keine Gewalt über seinen Schatz. Es drängt diesen herauf zum Sonnenschein, er muß sich sonnen, und da ist die Zeit, wo man die Schätze heben kann. Wer aber ungeschickt damit umgeht, ist verloren, der Lindwurm verschlingt ihn und gibt ihn nimmer heraus.*

69) J. N. Sepp 1876 schreibt über die Leonhardsketten, die viele Leonhardskirchen umgeben: *Weil St. Leonhard einen gefangenen Sklaven, der mit einer drei Zentner Schweren und drei Klafter langen Kette um den Hals in einem Turmverließe lag, erlöste, und um ähnliche Errettung von all denen angefleht wird, die in Eisen und Banden schmachten, hing man erst kleinere Ketten vor den Bildern des Heiligen auf, aus welchen dann eine große Kette geschmiedet und um die Kirchenmauer gehangen wurde.*
Seite 126: *Der große Lobredner der Deutschen gegenüber römischer Versunkenheit, Tacitus (Germ.39) spricht von den Waldfahrten und Sendboten der deutschen Völkerschaften gleichen Blutes zum heiligen Hain, der Wiege der Nation. Niemand ging anders als gebunden oder mit einer Ringfessel hinein - wahrscheinlich war das Waldheiligthum selber auch mit einer Kette umgeben, dem Gott eigen. Diesen Wallfahrten sind die Bayern nicht untreu geworden... Die Leonhardskirchen mit ihren Ketten und Umfahrten gehören eben dahin.*
Seite 130: *Die eisernen Ketten, womit die Kimbern und Teutonen in der Schlacht bei Vercelli zusammen gebunden waren, beruhen auf Mißverständnis: Sie hatten sich unter den Schutz der die Ringkette haltenden Gottheit gestellt... die alten Deutschen haben sich ihrem Kriegsgott verlobt, und standen so Ring an Ring wie Tacitus Germ. 31 näher von den Chatten ausführt, welche den von Jugend*

auf getragenen eisernen Schlagring erst nach Erlegung eines feindlichen Mannes ablegten. Darnach mochten diese Ringe im Waldheiligtum aufgehangen werden.
Die Semnonen, die nur gefesselt den heiligen Hain betreten durften, tragen wohl vom goth. Simnan, fesseln, den Namen. Der eiserne Ring ist eine Fessel, womit der Mann sich ebenso dem Christengott oder Heiligen eigen erklärte. Auf dem Schlachtfeld von Xeres erkannte man unter den erschlagenen Gothen die Edlen an goldenen, die Freien an silbernen und die Knechte an kupfernen Fingerringen... Einige trugen sogar auf ein bis zwei Monate oder ein volles Jahr einen eisernen Ring um den Leib, ja zeitlebens einen eisernen Halsring... sich ganz dem hl. Leonhard verbunden zu erklären.
Herzog Ludwig von Bayern gelobte dem hl. Leonhard sich und seinen 1303 geborenen Sohn dem Heiligen zu leibeigen, und verschrieb sich ihm zu Inchenhofen mit eigens auf den Altar gelegten Briefen, worauf sich viele ihm ähnlich zu eigen gaben...
Friedrich Panzer schreibt Mitte des 19. Jh. (A 26): *Kirchen des hl. Leonhard, welche mit starken eisernen, außen an die Mauer befestigten Ketten ganz umschlungen sind, gibt es mehrere, so die Kirche auf dem Calvariberg bei Tölz und in Ganacker. Auf einem Berge bei Brixen in Tirol steht eine Kirche dieses Heiligen, um welche siche eine schwere eiserne Kette zweiundeinviertelmal herumschlingt. Jedes Glied ist einen Fuß lang; jedes Jahr wird ein neues Glied angeschmiedet. Kommt die Zeit, wo die Kette dreimal herumreicht, geht die Welt unter. Auch die alte Kirche in Tolbath umschlingt eine eiserne Kette.*
(A 26) *Eiserne Leonhardsringe: Noch jetzt tragen abergläubige Gichtkranke in der Rheinpfalz Fingerringe, um die Krankheit los zu werden. Das Geld zum Ankaufe oder zur Verfertigung von Gichtringen muß selbst von den Reichen erbettelt, und dem Geber darf dafür nicht gedankt werden. Er hat die Gabe um (durch) Gottes Willen zu reichen.*

70) Schweizer S. 60 dazu: *Der Weilheimer Galgenberg mit Richtstätte lag in unmittelbarer Nähe des Kirchleins, dort wurde den armen Sündern die letzte Messe gelesen und hier wurden auch die Hingerichteten begraben – es sieht also fast so aus, als ob der Maler des Ereignis nach Weilheim verlegt habe.*

71) Vgl. Schöppner II 901: *Am südwestlichen Ende des Ammersees erhebt sich Dießen... Man sagt, hier seien die Pontes Tessini über den dreiviertel Stunden breiten See gegangen, und eine Stadt sei dort gestanden, die den Namen pontes Tessini getragen habe.* Müller-Hall S. 171 dazu: *Auch im alten Marktsiegel von 1650, das in der Besatzungszeit verloren ging, stand: SIGILLUM CIVIUM ET COMMUNITATIS AD DAMASIAM – (Siegel der Bürger und Gemeinde zu Damasia).*

72) B. Schweizer dazu: *Zwar treten auch Ungeheuer in feuriger Gestalt auf und feurige Wiesbäume und ähnliche feurige Utensilien treten so wie die Lichtlein und feurigen Hunde gern in deren Begleitung auf, aber die eigentlichen „Feuermänner" sind doch mehr als nichtmenschliche Wesen gedacht, die den Hoimännlein oder der wilden Jagd ähnlich sind.*

Votivbild von 1759 aus der Stadtpfarrkirche von Weilheim

...Das hat mirs Ehnla (Großmutter) erzählt, das ist in Raisting gewesen, da hat es feurige Männlein gegeben, die haben sich wiesbaumhoch aufgebäumt. (Frau Trenkler, 1924)
...Der alte Gall ... hat erzählt, dass, wenn die Bändleinhändler von Fischen herübergekommen sind, dann haben sie die „fuirigen Mand“ immer auf den Eichen droben raufen sehen, dass die Funken geflogen sind. Die Leute haben das aber nicht besonders geachtet; das muß selbiger Zeit ganz allgemein gewesen sein.
...In Raisting haben früher die „furinga Mand“ oft gleich beim Kreuzstock hereingeschaut. (Frau Trenkler)

73) vgl. S. 157 das Totenmoor von Rottenbuch

74) Auch bei Dießen soll so eine Teufelskuchel gewesen sein und zwar Richtung St. Georgen bei den Tuffsteinbrüchen am Leixelberg. Heute ist davon nichts mehr zu sehen, weil die Steinmetze das ganze Material, auch die einstige Höhle, Teufelsloch genannt, abgebaut haben. Teufelskucheln in der näheren Umgebung gibt es ebenso bei Lichtenberg am Lech und in Pitzling bei Landsberg.

75) Geschichten von anderen Geistermessen aus der näheren Umgebung werden beispielsweise von der Friedhofskirche in Dießen, von St. Georgen bei Dießen, von Schloss Mühlfeld am Ammersee, aber auch aus Gelting, aus Reichenhall, aus Prien am Chiemsee und vielen anderen oberbayerischen Orten erzählt, jedoch ebenso aus Nürnberg, Würzburg, vom Ochsenkopf oder aus Neustadt, um nur einige Orte außerhalb von Oberbayern zu nennen.

76) Engelämter oder Roratemessen sind Frühmessen zur Adventzeit.

77) Es gibt auch Quellen, die versiegen, weil jemand Quecksilber hineingegossen hat. Dies soll in Abbenzell bei Wessobrunn einmal geschehen sein, wo ein feindlicher Nachbar den Brunnen eines Bauern so zum Versiegen gebracht hatte. Fälschlicherweise leiteten manche früher daher das Wort „Quek“ oder „Kiket“ von Quecksilber ab.

78) Dazu M. Biller S. 668: *Wegen der Ähnlichkeit des Kreuzgemäldes mit einer Elfenbeinschnitzerei auf einem Buchdeckel aus der Zeit der Ottonen kam Propst Töpsl, der sorgfältige Studien*

über das Pollinger Kreuz anstellte und handschriftlich hinterließ, zu der Annahme, das Christusbild sei im 10. Jahrhundert entstanden. Er meinte, das unter Tassilo aufgefundene Holzkreuz sei in den Ungarnkriegen nach Augsburg gerettet, dort mit einer Tierhaut überzogen und bemalt worden.
Die heutige Stilkunde aber versetzt die Entstehung dieses Kreuzbildes in die Zeit um 1200 (lt. Mois eher noch nach 1200, bis 1230, da die Leidensmerkmale doch schon recht ausgeprägt sind). Die Tierhaut, also das Leder, mit welchem das Holz des Kreuzes über einer Leinwand überzogen ist, wird im Schrifttum einmal als „Fischhaut", ein anderes Mal als „Pferdehaut" oder auch schlichtweg als „Rindshaut" klassifiziert. Die Malarbeit selbst ist auf der Tierhaut mit Wasserfarben auf Kreidegrund ausgeführt.

79) Von dem zarten Madonnenbild aus Alabaster, das auf der Außenseite der Klosterkirche von Dießen über dem Eingangsportal angebracht ist, wird erzählt, dass es einst geweint hat. Es soll nach den Zügen der Kurfürstin Maria Amalia von Bayern, die oft und gerne am Ammersee weilte, gemeißelt worden sein. Das Kunstwerk entspricht ganz dem Zeitgeschmack des Barock. Daran aber nahm ein besonders strenger und frommer Bischof Anstoß. Er empfand es als zu irdisch und daher nicht würdig genug für ein Bild Unserer Lieben Frau. Darum ordnete er kurzerhand die Entfernung der für seinen Geschmack zu weltlichen Madonna an. Doch als die Plastik von ihrem Platz herabgeholt werden sollte, da geschah etwas Unerwartetes. Dicke Tränen perlten auf einmal über das zarte Antlitz Mariens.
Angesichts dieses Wunders brachten es die Leute nicht über sich, dem Befehl des Bischofs Folge zu leisten. Als der Kirchenfürst von der seltsamen Begebenheit erfuhr, nahm auch er Abstand von seinem Vorhaben. So befindet sich das schöne Madonnenbild bis auf den heutigen Tag am angestammten Platz. Die Tränenspuren auf der linken Wange sind noch immer als graublaue Verfärbung zu sehen, wie ein Foto von 2007 zeigt, das der ehrenamtliche Kirchenpfleger Wolfgang König machen konnte, als damals an der Fassade Putz- und Malerarbeiten durchgeführt wurden und ein Gerüst stand.
Landsberger Tagblatt, 05.04.2007: *Von einer Kupferabdeckung war das Wasser nämlich genau unter ihr linkes Auge getropft. Der*

grau-blaue Schimmer wirkt bis heute so, als liefe der Muttergottes mit der kurfürstlichen Anmutung eine Träne über die Wange.

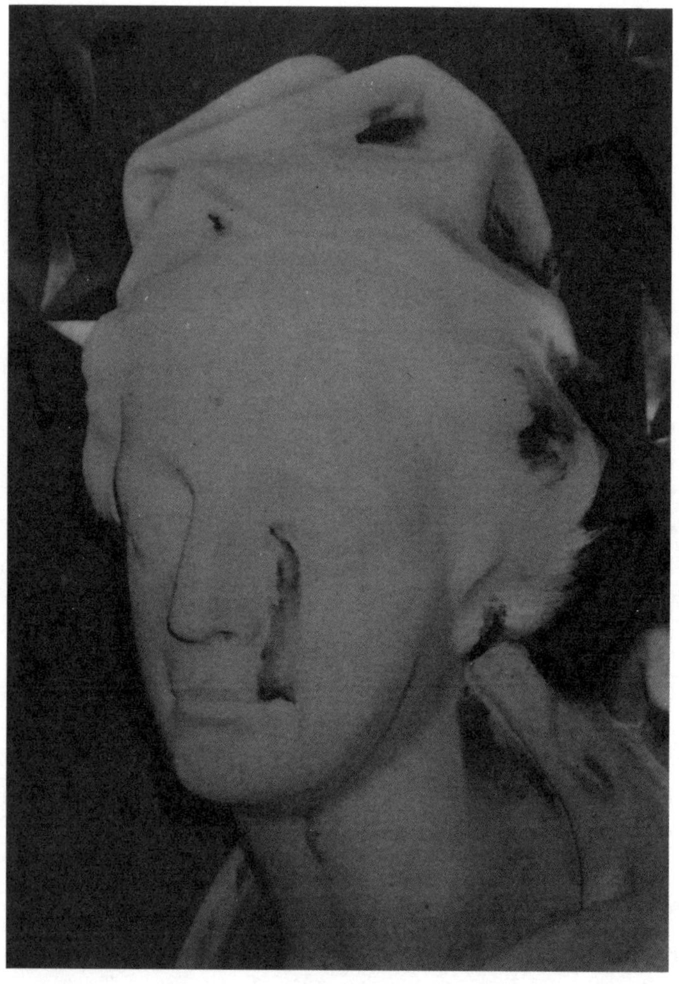

Foto: Wolfgang König aus Dießen, März 2007(Ausschnitt)

Literaturnachweis

Verwendete Quellen und ihre Abkürzungen:

Altbayerische Sagen: = Altb. Sagen
Verlag d. Jugendblätter
München

Aberle, Andreas: = Aberle
Es war ein Schütz...
Rosenheimer Verlag 1972

Baader, Bernhard: = Baader
Volkssagen a. d. Lande Baden u. den angrenzenden
Gebieten. Karlsruhe 1851

Bavaria Sancta, Bayerische Heiligenlegende = Bavaria Sancta
Neubearbeitung durch Rosenberger Ludwig
Verlag J. Pfeiffer 1848

Becker, E: = Becker
Der Walchensee und die Jachenauer 1897

Bergheimat: = Bergheimat
Beilage z. Berchtesgadener Anzeiger 1921-1942

Bichler, Albert: = Bichler
Wallfahrten in Bayern
W. Ludwig Verlag München 1990

Biller, Max: = Biller
Pollinger Heimatlexikon, Hrsg. Gemeinde Polling 1992

Buck, Christian: = Buck
Geschichten aus dem Pfaffenwinkel
Verlag der Buchh. Stöppel, Weilheim

Brustgi, Franz Georg: = Brustgi
Aus der weißblauen Sagentruhe,
Süddeutscher Verlag München

Codex Germanicus 4285 aus Tegernsee,v.1492 = Codex
Chronicon Benedictoburanum
P. Carolus v. Meichelbeck (1669-1734)

Dehio Georg, Gall Ernst: = Dehio/Gall
Handbuch der Deutschen Kunstdenkmäler, Oberbayern
Deutsch. Kunstverl. München Berlin

Denzer, Jörg: = Denzer
Beilage Bayern zur SZ

Ebertshäuser, Heidi: = Ebertshäuser
Das bairische Jahr, Hugendubel München 1979

Endrös, Hermann u. Alfred Weitnauer: = Endrös/Weitnauer
Allgäuer Sagen
Verlag f. Heimatpflege, Kempten 4. Aufl. 1966

Fliegauf, Karl: = Fliegauf
An Lech und Amper
Satz u. Druck A. Koch Weilheim 1984

Gierl, Irmgard: = Gierl
Pfaffenwinkler Trachtenbuch
Anton H. Konrad Verlag Weißenhorn 1971

Großmann, Paul: = Großmann
Kochelsee-Walchensee, Hornung Verlag München 1973

Grundmotiv in der frühesten Traditionsgruppe = Grundmotiv I
(vor 1800 feststellbar (Erhebungen des Augsburger
Fürstbischofs Clemens Wenzeslaus betr. Superstition
und Mirakelgläubigkeit in der Diözese

Grundmotiv in der mittleren Traditionsgruppe = Grundmotiv II
(zwischen 1800 u. 1850) feststellbar:
Randbemerkungen Chr. V. Schmid's zu A, eigene
Materialsammlung d. Dichters, Korrespondenzen
betr. Superstition mit Dr. B. Zör (Immenstadt);
J.B. Haggenmüller (Kempten) und Korrespondenz
des P. Placidus Braun (Augsburg) in der gleichen
Angelegenheit u. a. Notizen

Herold Kulturreiseführer = Herold
links und rechts der Deutschen Alpenstraße
Verlag Herold München

Höfler, Max: = Höfler
Volksmedizin u. Aberglaube in
Oberbayerns Gegenwart u. Vergangenheit. München 1888
Zum Sagenschatz des Isarwinkels
Zeitschr. d. Vereins f. Volkskunde, 18.Jahrg. 1908 4.2.Berlin

Hofmiller, Josef: = Hofmiller
Altbayerische Sagen. Verlag A. Coppenrath,Altötting

Höldrich, Klaus: = Höldrich
Ärmer als ein Bettler. Ludwig II König von Bayern

Höldrich/Schinzel-Penth: = Höldrich/Schinzel
Schloss Linderhof - Königsschloss und Parkanlagen
TopSpot Guide Hamburg 2005

Holland, Hyazinth: = Holland
Sagen aus Altbayern
in Zeitschr. für deutsche Mythologie u. Sittenkunde
I 1853, 447-453

Hubensteiner, Benno: = Hubensteiner
Bayerische Geschichte, Süddeutscher Verlag 1977

Illustrierte Sagen = Illustrierte Sagen
des Königreichs Bayern, München 1908

Jocher, Anton: = Jocher
Geisterfahrt und Wilde Jagd
Sagen aus dem Werdenfelser Land, Hugendubel München 1978

Leiderer Hermann u. Weitnauer Alfred: = Leiderer/Weitnauer
Mein Sagenbuch. Bayer. Schulbuchverl. München 1960

Leoprechting, Karl v.: = Leoprechting
Bauernbrauch und Volksglaube in Oberbayern
unver. Textneudruck der Originalausg. v. 1855
Südd. Verlag, München,1975

Lüers, Friedrich: = Lüers
Bayerische Stammeskunde
Eugen Diederichs Verlag Jena 1933

Meyers Enzyklopädische Lexikon 1890-1897 = Meyers

Misniks Christian/Jörg Plesse = Misniks/Plesse
Linderhof, Schloss u.Park. Herausgeber Misniks, Mai 2002

Moser, Eduard: = Moser
Ein oberbayr. Bauerndorf im Holzlande, 1925

Mudrak, Edmund: = Mudrak
Das große Buch der Alpensagen
Ensslin & Laiblin Verlag Reutlingen

Müller-Hahl, Berhard: = Müller-Hahl
Sagen und Legenden zwischen Lech und Ammersee
1979 Müller-Hahl, Landsberg am Lech

Nachtigall Walter/Werner Dietmar: = Nachtigall/Werner
Hirtenzauber. Volkssagen um Stände und
Berufe aus dem Bayerischen
Verlag Die Wirtschaft Berlin GmbH, 1991

Nagler, Manfred: = Nagler
Sagen u. Geschichten des
Landkreises, Zusammenstellung

Noe, Heinrich: = Noe
Baierisches Seebuch, München 1865
Verl. d. J. Lindauer'schen Buchh.

Panzer, Friedrich: = Panzer
Bayerische Sagen und Bräuche. Bd. I u. II, 1848-1855
Neuauflage 1956, Otto Schwartz & Co, Göttingen

Pröttel, Michael: = Pröttel
Auf den Spuren geheimnisvoller Alpensagen
Unterwegs zu Schauplätzen alter Sagen
zwischen Füssen und Berchtesgaden. J. Berg Verlag 2007

Raff, Helene: = Raff
So lang der Alte Peter, München 1950

Rattelmüller, Paul Ernst: = Rattelmüller
Bairisches Brauchtum im Jahreslauf
Süddeutscher Verlag München 1985

Reiser, Dr. Karl: = Reiser
Sagen, Gebräuche und Sprichwörter des
Allgäus; Aus dem Munde des Volkes

gesammelt u. herausgegeben v. K.A. Reiser
Verlag d. Kösel'schen Buchhandl. Kempten 1895

Richardi, Hans-Günther: = Richardi
Die schönsten Burgen, Schlösser und Klöster in Bayern
Ringier & Co AG, Zürich München 1978

Roeder, Max: = Roeder
Sagen der Heimat in Isar-Loisachbote Jhrg. 1958
ab 28. Jan. versch. Nr. (nach Ang. Archiv Dietramszell)

Roh, Juliane: = Roh
Ich hab wunderbare Hilf erlangt
Votivbilder aus altbayerischen Wallfahrtsorten
Bruckmann München 1957. 5. Erw. Aufl. 1982

Sazenhofen, Carl-Josef von: = Sazenhofen
Geister, Spuk und Aberglaube, Begebenheiten aus dem Isarwinkel
Verl. C. v. Sazenhofen, Lenggries 1967

Schiestl, Matthäus: = Schiestl
Bauern, Ritter u. Heilige. - Gesellschaft f. christl. Kunst
Kunstverlag GmbH, München 1928

Sepp, Prof. Dr. J. N.: = Sepp
Altbayerischer Sagenschatz, Verl. E.Stahl München 1876

Sepp, Prof.Dr.J.N.: = Sepp 1898
Merkwürdiges an der Bahn von Wolfratshausen nach Kochel,
München 1898, Verlagsanstalt Poeßl

Schmidt, Maximilian: = Schmidt M.
Die Jachenauer in Griechenland
Altb. Heimatpost Jhrg. 1993 Nr. 16 S. 17

Schmidt, Willibald: = Schmidt
Sagen aus dem Isarwinkel, Verlag J. Dewitz, Bad Tölz 1936

Schöppner, Alexander: = Schöppner
Sagenbuch der bayerischen Lande. Bd. I-II, München 1852-1853

Schweizer, Dr.Bruno: = Schweizer
Volkssagen a. d. Ammersee-Gebiet
Heimatverl. Dr. Schweizer, Dießen 1950

Seidl, Florian: = Seidl
Altbayerische Bergsagen, München

Sieghardt August, Widmann Werner: = Sieghardt/Widm.
Bayerisches Hochland. Glock u. Lutz Nürnberg 1964

Stemplinger, Eduard: = Stemplinger
Wir Altbayern. Dr. H. Buchner Verl., München 1946

Steub, Ludwig: = Steub
Aus dem bayerischen Hochlande. München 1859

Strauss, Heidemarie u. Peter: = Strauss
Heilige Quellen
Hugendubel Verlag München 1987

Vignau, Ilka v.: = Vignau
Werdenfelser Land mit Ammergau u. Isarwinkel
Prestel Verlag München 1984

Weithmann, Dr. Michael: = Weithmann
Inventar der Burgen Oberbayerns
Herausg. v. Bezirk Oberbayern 2. erw. Aufl. 1994
Bezirksheimatpfleger Stefan Hirsch

Quellenangaben zu den einzelnen Sagen

Der Wildschütz von Krün: Schmidt S. 62, Lüers S. 52

Der Wildzauber des Gerold von Krün: Schmidt S. 76

Wie der Wildsee entstand: Jocher S. 147, Pröttel S. 72

Das Finzweibl v.Wallgau u. Krün: Panzer I 27; Schweizer S. 135; Schmidt S. 22

Die Seherin auf dem Lausberg: Zeitung: Merkur von Tölz vom 2.9.2002, Thomas Holz nach Franz Löhner

Vom Scheiben- und Bolzentreiben bei Krün und Wallgau: Panzer I Nr. 233

Das gesegnete Karwendelkraut: Schmidt S.46

Die Elfen im Gebirge: Hofmiller S. 28

Der Riese aus dem Karwendel: Schmidt S. 11

Die Venedigermanndl bei Mittenwald: Schmidt S. 62, Lüers S. 52

Die Erzfräulein im Karwendel: Schmidt S. 13; Sepp S. 35

Das Erzfräulein bei Mittenwald: Jocher S. 19

Das Arzweibl von Mittenwald: Panzer I Nr. 26; Schweizer S. 135; Schmidt S. 22; Lüers S. 194

Die Goldquelle bei Mittenwald: Jocher S. 19, Schmidt S. 62

Der kopflose Gespenst von Mittenwald: Jocher S. 125

Der Berggeist in der Leutascher Klamm: Pröttel S. 48 ff

Von Hexen und Truden: Leoprechting S. 29-39, Lüers S. 28

Die Wetterhexen vom Wettersteingebirge: Jocher S. 51, AZ v. 16.8.2007

Das seltsame Manndl vom Wetterstein: Jocher S. 43

Die Zwerge in der Höllentalklamm: Jocher S. 94

Wie der Drachensee entstand: Pröttel S. 60 ff

Die Zirbe beim Königshaus am Schachen: Wünnenberg S. 14; Vignau S. 92, 255 ff

Der Schachengeist: Jocher S. 11

Das Lachenweibel von Partenkirchen: Jocher S. 25

Der Schatz vom Wetterstein: Schöppner III Nr. 1194; Jocher S. 37

Das Zauberkräutlein auf der Zugspitze: Leiden/Weitnauer S. 29, Münchner Merkur 6.9.1977 S. 5

Der Spuk auf der Hütte am Reintalanger: Jocher S.141

Die Wilde Jagd und der Garmischer: Schöppner III Nr. 1195; Schweizer S. 126

Die Wilderer von Garmisch: Jocher S. 53

Das Bad - Weibl von Garmisch: Sepp S. 479; Schweizer S: 135

Der ruhelose Bauer auf der Ecken-Alm: Jocher S. 107

Das Werdenfelser Grafenfutter: Panzer II Nr. 141; Sepp S. 62

Die Raubritter im Werdenfelser Land: Sepp S. 340

Der Geist des Grafen in der Ruine Werdenfels: Weitmann S. 439 ff; Jocher S. 175

Die unglückliche Gräfin von Werdenfels: Jocher S. 113; Weitmann S. 439 ff

Die Geisterbeschwörung im Schloss Werdenfels: Schöppner III Nr. 1193

Die drei Fräulein und der Geisterpudel: Panzer I Nr. 30

Das „Einfüßige Roß" am Werdenfelser Schlossberg: Sepp S. 614

Der Geist von Werdenfels und das Liebespaar: Jocher S.119

Gespenstische Erscheinungen an der "Stoanan Bruckn": Sepp S. 109
Jocher S. 68

Das Irrlicht am Galgenpoint bei Farchant: Jocher S. 63

Das Scheibentreiben in Oberau und Eschenlohe: Panzer I Nr.234

Prinzregent Luitpold und der Bauer auf der Esterbergalm: Wünnenberg S. 54

König Woaden und seine Tochter: Sepp S. 14;Schweizer S. 92; Schmidt S. 13

Die unheimliche Hachlerin in Eschenlohe: Mundrak S. 196

Die echte Percht von Eschenlohe: Mundrak S. 196, Schweizer S. 93

Das Gespenst in der Spinnstube in Eschenlohe: Mundrak S. 197

Wie der Herzogstand zu seinem Namen kam: Vignau, Ilka v.; Fröhlich, Hans: Wege zu alten Bäumen Bd. 2 WDV Wirtschaftsdienst 1990

Die ehrgeizige Herzogin: Baader Nr. 485

Der Herzog und die schöne Veverl: Schmidt S. 58; E. Becker; 20. 11. 04 BR 20.15 Sendung über Walchensee

Die Goldquelle am Heimgarten: Sepp S. 21; Schmidt S. 63

Die Schatzgräber auf der Kaseralm: Schmidt S. 63; Kapfhammer S. 40; Tölzer Merkur vom 20.8.2002, Max Leutenbauer Gemeindearchiv Kochel,

Der Schatz des Ritters von Weichs: Sepp S. 38, Schmidt S. 68; Christiane Oldach nach Gemeindearchiv Kochel

Die verwunschenen Ritter im Heimgarten: Jocher S. 75-79

Die drei Jungfrauen von Schlehdorf: Panzer I 29: Sepp S. 21, 277, 362; Schweizer S. 104; Lüers S. 85 Leiderer/Weitnauer S. 27; Schmidt S. 16

Das Goldbrünnlein auf dem Röthelstein: Sepp S. 21; Schmidt S. 67 f

Die Rote Wand bei Schlehdorf: Sepp S. 21; Lüers. 52

Warum die Schweden Großweil verschonten: Saebl: Chronik und Heimatbuch von Großweil/Gemeindearchiv Kochel

Die verhexten Kühe in Großweil: Schmidt S. 82

Der unterirdische Gang bei der Schaumburg: Sepp S. 340/341

Vom Raubritter Schneeberger auf der Schaumburg bei Ohlstadt: Jocher S. 90

Der Geist auf der Skorzenburg bei Ohlstadt: Schöppner III Nr. 1196; Altbay. Sagen S. 60

Die Geisterfräulein auf dem Moosberg bei Ohlstadt: Panzer I S. 31 a; Schweizer S, 106, 113;

Der treue Ritter von Ohlstadt: Sepp S. 453; Schweizer S. 140; Brustgi S. 57; Jocher S. 80

Das Marienbild von Ohlstadt: Schweizer S. 58

Die Linde am Fieberkirchl bei Ohlstadt: Wünnenberg S. 141

Die Hexen auf der Insel Wörth im Staffelsee: Sepp S. 26; Sepp S. 120

Der Schatz auf der Insel im Staffelsee: Sepp S. 26; Schweizer S. 29

Der Lindwurm von Murnau: Sepp S. 112, Schöppner III Nr. 1197; Panzer I Nr.32; Schweizer S. 150; Altbay. Sagen S. 49; Lüers S.62

Der Schuster und der Drache: Pröttel S. 74 ff

Der unterirdische Gang von Murnau: Sepp S. 341

Die wunderbare Errettung eines Kindes in Murnau: Gierl S. 17

Der unterirdische Gang bei Uffing: Sepp S. 341

Der Schatz im Hirmon bei Murnau: : Panzer I Nr. 33, Sepp S. 107-108, 112; Schweizer S. 54

Der Hungersee bei Murnau: Sepp 324; Schweizer S. 142-144

Die Kirche im Murnauer Moos: Sepp S. 148/149

Die Wilde Jagd beim Hirmon: Sepp S. 108

Das Ettaler Mannl: Schöppner I Nr. 435

Die Entstehung von Kloster Ettal: Schöppner I Nr. 437 n. Freyberg Hist. Schriften II 436; Schweizer S. 50: Altb. Sagen S. 57

Das Bild in der Sakristei von Ettal: mündlich Klaus Höldrich, Oberammergau

Der Linderhof im Graswangtal und König Ludwig II.: mündlich Christian Gindhart, Peiting, Höldrich S. 35 ff

König Ludwig und die Oberammergauer in Linderhof: Wünnenberg S. 53

Das Marterl bei der Ewigkeitsbrücke: mündlich Christian Gindhard; Schöttner, Helmut: König Ludwig. – Ein ewig Rätsel

Die Kreuzigungsgruppe auf dem Osterbichl: Wünnenberg S. 53-54

Der unterirdische Gang bei Oberammergau: Sepp S. 341

Wie die Passionsspiele von Oberammergau entstanden sind: Schöppner I Nr. 436

Das Marterl im Schilcherhof und die gestohlene Madonna von Ettal: mündl. Gerti Thilo, geb. Schilcher vom Schilcherhof, Klaus Höldrich, Oberammergau

Der feurige Reiter von Oberammergau: Schöppner III Nr. 1192

Die Kappel zum Hl. Blut bei Unterammergau: Schöppner III Nr. 1191

Das Venedigermanndl bei Unterammergau: Jörg Denzer,

Der Geist der Sennerin im Ammerwald: Nachtigall S. 71

Der Hexentanzplatz: Pröttel S. 88 ff

Der Weihnachtswald bei Hohenschwangau: Altbayr. Sagen S. 55

Der Schwangauer Freischütz: Grundmotiv I; Endrös/Weitnauer S. 312, 367

Der Geist auf der alten Burg Schwanstein: Panzer I 35**;** Reiser Nr. 285; Endrös/Weitnauer S.58

Die Schatzgräber und die Weiße Frau auf der Burg Schwanstein: Endrös/Weitnauer S. 58; Brustgi S. 75

Der Schatz in der Ruine und der Höllenpudel: Reiser Nr. 285;

Der Teufelssee bei Saulgrub: Sepp S.391, mündl. Antonie Schuch

Von Werwölfen, Wolfgängern, Wolfshunger: Endrös/Weitnauer S. 149-156; Schmid S.108

Der Wau - wau am Kindleinsgraben: Schweizer S. 127; Schweizer 127

Der Herrgott auf der Wies: Schweizer S. 44; mündl. Antonie Schuch,

Der Ulrichsritt bei Steingaden: Sepp S. 147; Rattelmüller: Pferdeumritte; Antonie-Schuch

Die Messe für die Armen Seelen in Steingaden: Endrös/Weitnauer. S. 21

Wie Schmied von Steingaden den Teufel überlistete: Grundmotiv I + Grundmotiv II; Endrös/Weitnauer S. 334, Nachtigall/Werner S. 194

Die Windsbraut am Illasberg: Grundmotiv I + Grundmotiv II,Endrös/Weitnauer S. 30, Nachtigall S. 31-34

Merkwürdige Geschichten von Holzweiblein und Moosleuten: Leoprechting 87, 113; Bergheimat; Schweizer S. 134

Das Pestmännlein von Rottenbuch: Altbayr. Sagen S.50; Schweizer S.132; Lüers S. 147

Das Totenmoor bei Rottenbuch: Schweizer S. 157

Das Frauenbrünndl von Rottenbuch: Strauss S. 83

Der Wunderdoktor Frastini beim Sameister: Endrös/Weitnauer S. 295

Der Markenrücker bei Schongau: Grundmotiv I; Endrös/Weitnauer S. 252

Das Lechwiesfüllen: Grundmotiv I; Endrös Weitnauer S. 135

Die Hexe als Katze in Burggen: Grundmotiv I ; Endrös/Weitnauer S. 101ff

Der Kaufmann und die Katzenhexen bei Burggen: Grundmotiv I u. II; Endrös/Weitnauer 102

Der Postillion von Schongau: Leoprechting S. 50

Der Karlsberg bei Schongau und die weinenden Fräulein: Sepp S. 479

Das Wehbartele an der Straße nach Schongau: Reiser Nr. 524; Endrös/Weitnauer S. 134

Die Hojemännlen: Schöppner II Nr. 897; Leoprechting S. 45 ff; Sazenhofen S.32; Schweizer S. 130; Nachtigall S. 210-212

Der Bierpanscher von Schongau: Grundmotiv I; Endrös/Weitnauer S. 521; Nachtigall S. 324

Die drei Welfen bei Schongau: Lüers S. 118, Müller-Hahl S. 198

Das Gnadenbild in der Heilig-Kreuz Kirche von Schongau: Roh S. 42-44

Der Scharfrichter von Schongau und der Zauberbesen: Grundmotiv I; Endrös/Weitnauer S. 358

Die Pest in Altenstadt: Fliegauf S. 271

Am Burkla bei Altenstadt: Panzer I Nr. 30; Schweizer S. 114; Fliegauf S. 296 ff

Der Große Gott von Altenstadt und die h. Kümmernis: Sepp S. Fliegauf S. 257 ff Schweizer S. 37

Die Trud von Kinsau: Müller-Hahl S. 154

Der Klausenumzug bei Peiting: Grundmotiv II; Endrös/Weitnauer S. 482

Die Hexentanzplätze bei Peiting: Fliegauf S.313

Vom Schlossberg in Peiting und den drei Fräulein: Panzer I Nr. 36; Altbayr. Sagen S. 114, Brustgi S. 76; Weithmann S.289-290

Der Schatz im Schlossberg v. Peiting: Panzer I 36; Brustgi S.76; Schweizer S. 114

Die Wilde Jagd bei Peiting: Panzer I Nr. 36

Die Steinernen Stuben bei Peiting u. d. Pestweiblein: Panzer I Nr. 36; Lüers S. 90

Wie eine Magd die Pest in Peiting überlebte: Fliegauf S. 191

Die Kapelle u. der Pestfriedhof bei Peiting: Schöppner II Nr. 885; Schweizer S.58

Die Schimmelkapelle bei Herzogsägmühle: Sepp S. 147; Fliegauf S. 99

Das Votivbild von Obland in Herzogsägmühle: Fliegauf S. 99 u.101

Wie Kloster Wessobrunn entstand: Schöppner I Nr. 442; Sepp S. 50,119;Biller S.1170**;** Strauss S. 89

Abt Waltho von Wessobrunn: Bavaria Sancta S. 188; Schweizer S. 64

Der unterirdische Gang von Wessobrunn: Sepp S. 341

Woher der Kreuzberg seinen Namen hat: Schöppner I Nr. 441; Weilheimer Wochenblatt Jhrg. 1839 Nr. 33

Das Wessobrunner Kreuz: Schweizer S. 40,60

Das goldene Kegelspiel: Sepp S. 50ff; Schweizer S. 94

Das Gnadenbild von Wessobrunn: Sepp S. 308; Schweizer S. 46; Kirchenführer

Die selige Herluka am Hüttenleithenberg: Sepp s. 708; Bavaria Sancta S. 46, 181; Sighardt/Widmann S. 53Müller-Hahl S. 197;

Der heilige Eibenwald von Paterzell und hl. Quelle: Sepp S. 118,120; Lüers S. 36,43; Schweizer S. 94; Schmidt S. 20; Strauss S. 81 ff

Der Königsbruch im Forst, das verschwundene Schloss Eck und die Teufelskuchel: Sepp S. 604; Schweizer S. 20

Die St. Leonhardkirche in Forst: Fliegauf S. 100

Die Burgen und der unterirdische Gang vom Peißenberg: Sepp. S. 341, 698; Schweizer S. 119 Weithmann S. 286-288; Endrös/Weitnauer S. 376

Vom Gold im Peißenberg: Sepp S. 27

Wie die Wallfahrtskirche auf dem Hohenpeißenberg entstand: Bichler S. 104; Kirchenführer

Wie Carl Spitzweg in Polling zum Maler wurde: Biller S. 1109

Die Russengräber am Peißenberg: Biller S. 393

Der Pestfriedhof St. Jakob bei Polling: Biller S. 408

Die Achberg-Madonna von Polling: Schweizer S. 59

Die Hungerwiese bei Polling: Biller S. 458

Die Regenbogenschüsselchen: mündl. nach Engelbert Reichenberger Valles Holzkirchen; schriftl. nach Hampe/Herl S.99; Biller S. 960

Wie St. Wolfgang bei Polling gegründet wurde: Biller S. 461, 588, Rückert Georg; Pfarrgeschichte v.1938

Die Klostergründung von Polling: Schöppner I Nr. 440; Biller S. 572 ff, 1114; Schweizer S. 39

Unser Hohe Frau von Polling: Schweizer S. 49; Biller S. 681

Der Kirchenschatz von Polling in Wildenberg: Schöppner III Nr. 1198

Der Spiegelschwabe in der Pollinger Hölle: Volksbüchlein. Abenteuer des Spiegelschwaben, ersch. 1835; Lech-Isar-Land 1937 S. 74

Der Römerstein bei Etting: Biller S. 1107

Der Hungerbach von Huglfing: Sepp 24; Schweizer S.143,144

Die Fußspur Christi in Haunshofen: Schweizer S. 30

Die neidische Schwester auf dem Gögerlberg und der unterirdische Gang vom Weilheim: Schöppner III Nr. 1199; Sepp S. 341

Das Gögerlfräulein zu Weilheim: Schöppner III Nr. 1199

Der unterirdische Gang von Weilheim: Sepp S. 341

Weilheimer Schelmenstreiche: Schöppner II Nr. 912; Altb. Sagen S. 47
Der Rathausbau zu Weilheim
Der Ochse auf der Stadtmauer
Die verschobene Kirche bei Weilheim
Das Stadttor zu Weilheim
Der Richter und das Ei vom Esel

Das Kümmernisbild in Töllern bei Weilheim: Schweizer S. 60

Das Kiket bei Töllern und am Osberg bei Weilheim: Sepp S. 330

Die verschwundene Stadt Damasia: Panzer I Nr.28; Schöppner II Nr.391

Die feurigen Männchen: Schweizer 146 ff

Die Geister in der Lichtenau: Schweizer s. 122,157, 158

Der Mann ohne Kopf: Buck S. 123

Die Nebelfrau bei Stillern: Schweizer S. 139 n. mündl. Überlief. durch Off

Wie die St. Johann Kapelle bei Raisting entstand: Schweizer S. 122,139; SZ v.05/06.09.1999 Armin Greune

Die Teufelskuchel und das Räubernest bei St. Johann: Leoprechting 113 ff; Schweizer S. 20

Das Sühnekreuz bei Raisting: mündl.: Heimatpfleger Anton Huber, Landsberg u. Heribert Hübsch, Greifenberg; Landkreisbuch von Landsberg 1. Aufl. 1966; Holland S. 447-553 Nr.9

Die Geistermesse in Pähl: Schweizer S. 153

Das Nachtgejaid bei Pähl: Schweizer S. 139

Prophezeiungen: Schweizer S. 16,17

Personenregister

A
Abriel, Jörg 263
Ainbett, sel. 80
Albrecht V. (Herzog) 75,76
Antonius, hl. 182
Apian 210
Aufleger, Otto 127
Aventin 210

B
Bachrach-Barée, E. 245
Berchta (Göttin) 73,256
Berchtold v. Eschenlohe 57
Berchtold II. v. Eschenlohe, 58, 252
Berghofer, Wolfgang (Propst) 197
Bessenbacher, Marianne 115
Biller, M 274,204
Blum, Josef 168
Bürkel, Heinrich 49,85

C
Christus 144,188,211,226

D
Daisberger, Alois 114
Daisenberger 121
De Monte 187
Denzer, Jörg 129
Diemund (Nonne) 269
Dillis, Georg v. 97,143,267
Dorner J.J 66

E
Elisabeth, hl. 204
Emicho (Bischof) 58
Epona (Göttin) 181

F
Faustus, Dr."frastini" 159,261
Fischer 124
Fliegauf, Karl 180,181,264
Franck, Hans Ulrich 223
Friedrich, Caspar David 153
Friedrich, d. Schöne v. Habsburg 111

G
Gailer (Pfarrer) 237
Gassner, Hyazinth 145
Gindhard, Christian 115
Gindhard, Josef 115
Gindhard, Leonhard 117
Gindhard, Michael 115
Gistl, Maria 218
Goebel, Karl v. 251
Greimolt, Jörg 206
Greiter, Elias d. Ä. 197
Günther, Matthäus 199

H
Hager, Dr. 190
Hauser 123
Heinrich I. (Herzog) 128
Herluka, sel. 192
Hitler, Adolf 79
Holle, Frau (Göttin) vgl. Berchta 256
Hörwarth v. Hohenburg, F. 263

I
Innozenz (Mönch) 190,191

J
Jenk, Christian 138
Johannes, 123, 236
Judith (Herzogin) 128

K
Kobell, Franz v. 109,132
Koflerlenz 123
Kölbl (Bürgermeister) 238
Kommeria, hl. 173
König, Wolfgang 275
Kümmernis, hl. 173,226,265

L
Leinberger, Hans 206
Leonhard, hl. 195,271ff
Leonhard (Propst) 78
Leoprechting, Karl v. 33,163,164,166,238, 247,250,252,270,271
Leuthenmayr, Joh. 269,270
Lory, Maria 145
Ludwig d. Bayer (Kaiser) 111, 272
Ludwig XIV. (frz. König) 146
Ludwig II. (bayr. König), 40,41,71,114,123,260
Luitpold (Prinzregent) 71
Lüers, Friedrich 249,256,262

M
Magnus, hl. 136,167
Mannhard, Rasso 210
Marcus Antonius (röm. Kaiser) 210
Maria Amalia (bayr. Kurfürstin) 275
Massena (frz. General) 201
Maximilian I. (Kurfürst) 193
Max II. (König) 115
Merian 114

N
Neureuther, E. N. 45,202
Nikolaus 175,237

O
Off, Niklas 144
Östler, Josef 52
Oldach Christiane 245
Oliver, Friedrich v. 95
Ostrander, Thomas 117
Ottilia, hl. 204
Otto I. (Kaiser) 76
Otto I. v. Wittelsbach 57
Otto VII. v. Andechs 57,253

P
Palmeria (Nonne) 82
Panzer, Friedrich 168,173,177-179
Petrus, hl. 150,185
Pinzenau, Georg v. 197

Q
Quaglio, L. 35,91

R
Rathgeber, H. 237
Rattelmüller, P. E. 146,260

Rehle, Jeremias 145
Ricasoli, Patrizio 176
Ridinger, Joh. Elias 52
Reiser, Karl 163,247,261
Rückert, Georg 204,210

S
Sachs, Michael 33,248
Sanktjohannser 117
Schiestl, Matthäus 248
Schmädl, Franz Xaver 199
Schmid, Christian v. 141
Schmidt, Willibald 21,77,85
Schöppner, Alexander 127,180,186,205,208,273
Schmuzer, Josef 199
Schneeberger (Ritter) 86
Schrotter, Roman (Abt) 116
Schwaiger, Lukas 144
Schweyer (Bauamtmann) 254
Schweizer, Bruno 173,194,203,226,237-240,249, 256,265,201,272-274
Sepp, J. N. 57, 63,65, 81,86,99,103,105,106, 108,123, 140,162,173,181,185,186,196,217, 230,250,255-257,262,265,272
Siesmair, Georg 197
Skuld (Göttin) 257
Spindler Maria 115
Spitzweg, Carl 200,269
Stauber, C. 122
Steinle Bartholomäus 197
Straub Magnus 144

T
Tassilo II. (bayr. Herzog) 205,275
Tassilo III (bayr. Herzog) 183,237
Tauber, Fr. 238
Tauber, Wilhelm 40
Tharingari (Ritter) 183
Thiereto (Abt) 186
Töpsl (Propst) 206, 274
Trenzini, Benedikt 130

U
Ulrich, hl. 193
Uhrd (Göttin) 257
Ursula, hl. 80,257

V
Verhandi (Göttin) 257
Vilbet, sel. 80
Vitus, hl. 204

W
Waltho (Abt) 185
Weckerle, Bonifazi 183
Weichs (Ritter) v. 79
Welf (Herzog) 122
Wening, M. 81,158,165,187
Wesso (Ritter) 183
Wezzo d. Torer 186
Wileyhin,, J. D. v. 217
Wilhelm IV. (Herzog) 75
Woaden, Wotan 68,252,255,259
Wolfgang, hl. 204,269

Z
Zimmermann, Dominikus 145

Ortregister

A
Altenstadt 171-174, 264
Ammer (Fluss) 179
Ammergau 111,175
Ammersee (See) 210,230,243,273,274
Ammerwald 129
Andechs 180
Apfeldorf 192
Arzgrube 28
Aschau 108
Ascholding 259
Au siehe Oberau
Auerberg (Berg) 147, 264
Augsburg 99,131,266,275

B
Baching 142
Bad Tölz siehe Tölz
Bad Sulz 200
Bärenbach 123
Baierniederhofen 142
Bayersoien 127
Benediktbeuern 79,260
Benevent 99
Berg (Schloss) 117
Berghofen 151
Bernbeuren 161,175
Bernried (Kloster) 192
Birkland 181,196
Bozen 58,210
Burggen 162,175
Burglachberg 172,173,264

D
Damasia 230
Dießen 210,231,237,243,273,274
Dietramszell 269
Donau (Fluss) 99,107
Drachensee (See) 38
Drei Kästen (Berg) 126

E
Eckenberg (Berg) Eckenalm 56
Egelsee (See) 161
Eibsee 58,66
Eichelspitz 80
Epfach 192
Erbenschwang 165
Erding 166
Eschenlohe 56,57,67-75, 86, 93
Esterbergalm 71
Ettal 109-114,123,258
Etting 210
Ewigkeitsbrücke 117

F
Farchant 63,68
Farchenberg (Berg) 76
Fischen 136,161,162
Forggensee (See) 139
Forst 195,269

Freising 58
Füssen 136,161,162

G
Gaißach 269
Galgenpoint 65
Garmisch 44,51-65,254
Garslahner Bach (Gassellahnbach) 11,26
Grasla 196
Graswang115,260
Graswangtal 114
Großweil 84,85
Guffellöcher-Höhlen 129

H
Haid 196
Halbammer (Fluss+Brücke)117
Hammerbach (Fluss) 14
Hammerbach (Ort)13,56,57
Harberg 105
Haunshofen 211
Heidelberg 193
Heilbrunn, Bad 78
Heimgarten (Berg) 68, 77-82
Hirmon (Berg) 105,108
Herzogsägmühle 181,182
Herzogstand (Berg) 76
Höllentalklamm 13,37
Hörnle (Berg) 144
Hofhegnenberg 265
Hofstetten 265
Hohenkammer 259
Hohenpeißenberg 197-200,227
Hohenschwangau 130,132,136
Holzhausen (Starnberger See) 269
Huglfing 107,210

I
Illasberg (Berg) 150
Insel Wörth 99, 103

J
Jachenau 76,265

K
Kappel (z.Hl. Blut) 127
Karlsberg (Berg) 164,262
Karwendel (Geb.) 20-30
Kaseralm 78
Kempfenhausen 265
Kesselberg 24
Kienberg (Berg) 123,168
Kindleinsgraben 142
Kirchberg (Berg) 80-82
Kochel 80
Kochelsee (See) 80,257
Kohlgrub (Bad) 85,140,144
Köln 82,256
Knappenfeld 126
Kramerberg (Berg) 57
Knorrhütte 49
Kreuzberg (Peiting) 177,180,187
Kreuzberg (Steingaden) 146
Kreuthöhle 238
Krün 11,12,18,20,55
Kurzenried 162

L
Lausberg (Berg) 20
Landshut 207
Landsberg 265,274,275
Lech (Fluss) 131,181,264,274
Lechbruck 147,148,161,171,175
Lenggries 138
Leutascher Klamm 32
Lichtenau 233,237
Linderhof (Schl.) 114-117,260
Loisach (Fluss) 65,84,108,123
Ludenhausen 262

M
Maithenbet 269
Mantua 128
Marktoberdorf 165
Mieminger Berge 38
Mittenwald 11,20-32,55,58,71
Moosberg, Osberg 92,93,210,257
Mühlfeld (Schl.) 274
München 87,190,210
Murnau 65,70,86,98-108,201,208,210

N
Neuburg (Donau) 99,131
Neuschwanstein (Schl.) 117,138
Niederhofen 173

O
Oberammergau 113,120-127
Oberau 63-67,86,121-123
Oberpeißenberg 197ff
Oberriederberg (Berg) 92
Oberzeismering 204,265
Obland 108,181
Ohlstadt 79-97,258
Osberg, siehe Moosberg
Osterbichl (Berg) 123
Osterfeuerberg (Berg)67

P
Pähl 231, 240-242,263
Partenkirchen 12,44,58,211,254
Partnach (Fluss) 36
Paterzell 193
Peitegau (Schl.) 177
Peiting108,175-181,195,197,264
Peißenberg 195-197
Pelkam 259
Pflach (Tirol) 130
Pitzling 274
Plätschtal (Berg) 18
Pöllatschlucht 137
Polling 201-210
Polling (Kloster) 205-211
Pürschling 117
Prüfening (Kloster) 190,191

R
Raisting 231-240,243
Ramsee 93,258
Regensburg 190,266
Reintalanger (Geb.) 36,37,49
Reutte (Tirol) 130
Ried (Apfeldorf) 192
Ried (Mittenwald) 28
Riegsee (See) 107
Rießerkopf (Berg) 54
Röthelstein (Berg) 62,82
Romanberg (Berg) 106
Roßhaupten 150
Rom 111,128

Rote Wand (Berg) 83
Rott 192
Rottenbuch (Kloster) 154-160,179,197

S
Sameister 147,159
Saulgrub 140
Säuling (Berg) 130,260
Schachen (Berg) 41
Schaumburg, Scyomburg (Burg) 86
Schilcherhof (Hotel) 124
Schlehdorf 78-85
Schongau 159-170,174,177,263
Schöngeising 194
Schwaiganger 98,99
Schwangau 134ff
Schwanstein (Burg) 137-139
Schwedengasse 84
Seehausen 259
Skorzenburg (Burg) 87ff
Staffelsee (See) 95-100,105,258,266
Steigrain 143
Steinerne Brücke 64,65
Steingaden 143-148,167,172,264
Stillern 234-237
St. Johann (Raisting) 237,239
St. Tertulin 82
St. Wolfgang (Polling) 204
Sulz (Bad) 200
Sumpering 270

T
Teisendorf 270
Teufelssee (See) 140
Töllern 226-230, 265
Tittmoning 270
Tölz (Bad) 24,256
Totenanger 56
Trauchgau 142,147
Türkenbach (Gew). 161
Tutzing 265

U
Uffing 63,65
Ulm 131
Unterammergau 127-129
Unterau 82
Unterhausen 265
Unternogg 117
Unterpeißenberg 196

W
Wackersberg 79,246
Walchensee (See o. Ort) 25,26,76
Wallgau 13,18,28,35,71
Wank (Berg) 56
Wartaweil 230
Weihnachtswald 132
Weilheim 205-223,272-273
Weingarten (Kloster) 128
Werdenfels (Burg Schl.) 56-64,93,263
Wessobrunn 183-193,266-269
Wetterstein (Geb.) 36,44
Wielenbach 238
Wies (Kirche) 144,145
Wildenberg (Ruine) 208
Wildsee (See) 14
Wolfgangsee (See bei Polling) 204

Z
Zugspitze (Berg) 47-49

Sachregister

A
Abdecker 61,250
Abwehrzauber 33,251,266
Achberg-Madonna 203
Advent 166,253
Ahorn 236
Alchemie 83,245,261
Allerheiligen 51, 166
Amulett 251,266, 272
Alpenpflanzengarten 41,250
Arme Seele 40,67,147,231,233
Arzgrub 28
Arzweibl 29

B
Badweibl 55
bannen 33,98,146,233,235
Bannspruch 33
Bannkreis 98
Bauernkriege 197
Bercht(a) siehe Frau Bercht
Berggeist 32,47
Bergobservatorium 200
Bergspiegel 247, siehe Erdspiegel
Bergwerk 78,246
Beschwörung 60,61,151
Bezoarstein 247
Bierpanscher 167
Blindheit 192,213,226ff
Blitzschlag 35,76,199,231,236
böser Geist 71,75,98,147,158,233-237,256
Bolzentreiben 20,248
Bonifatiuslinde 99
Burg 56,57,59,86,92,172,196,210,217
Burkla(ch) 173,264

C
Christnacht 54,71
Christusfigur 144,199,207,275

D
Diebstahl 44,124
Drache 28,38,100,258,271
Drachentöter 103
Drei Fräulein 63,81,92,93,164,196,258,265
Dreikönig 51,81,92,93,164,253
Drei Schwestern 82,173,262
Dreißigjähriger Krieg 84,99,119,171,179,208,239

E
Eibe 76,267
Eibenwald 193,256
Einsiedler 162,192,204
Einbaum 239
Elfe 21ff,33
Engelamt 239, 274
Erbfolgekrieg (span.) 182,206
Erdbeben 17,39,81,194
Erdspiegel 11,247
Erzfräulein 28
Ettaler Mannl 109

Eule 153

F
Fällturm 263
Farnberg 20
Fasching 52
Faustrecht57
Fee 13ff,66ff,248
feurige Männchen 231,273
feuriger Reiter 126
Fichte, Fichtenzapfen 217
Fieberkirchl 98
Filzdraken 154
Finzweibl 18,29
Flachs hecheln 71,267
Flößer 35,174
Frastini 259
Frau Bercht (Göttin) 73,256
Freischütz 134,136
Freistätte 152,153
Friedhof 108,179,180,201,240ff
Frosch 158
Fuchs 215
Fußabdruck Christi 212

G
Galgen 226,229,272
Galgenpoint 65
Gamskugel 247
Gebetläuten 51,63,65,98,130,131,163,236-242
Gedenkstein 77,104,124
Gehängter 141,157
Geiger 248,226ff
Geist, Gespenst 30,57,60-64,74,87,92,126,129, 137,215,234-241
Geisterbeschwörung 60
Geisterfräulein 63,92,105,177.216,218,26
Geisterheer 51,71,178,252,253,255
Geisterhund, -pudel 51,63,65,82,92,138,139, 173,178,237,253
Geistermesse 240,274
Geisterpferd 51,126,161,166,252
Geisterrad 63
Geisterstunde 61,82,129,137
Gegenzauber 162
Gelübde 112,120,170,203,204
Gericht, Gerichtsstätte 28,65,129,170,226,265
Glocke 35,44,188,250,258
Glockengeläute 35,40,44 siehe auch Gebetläuten
Gnadenbild 97,111,124,145,168,181,190,197, 203,207
Gögerlfräulein 213,217
Gold 11,21,26,39,44,60,128,196,203,245
goldener Schuh 226-230
Goldgräber 26,29,137,139,196,246
Grenzmark 161,249,255
Grenzsteinversetzer 30-31,161,249,255
Gugel (Gogel) 175,266 siehe auch Titelbild

H
Hachlerin 71
Hahn/Henne 175,247,271
Halsgericht 28,263
Heidentempel 104
heiliger Baum/Hain/Platz 76,181,193,256
Heiliges Land 59
Heilquelle 159,185,193
hexen, verhexen 34,85,167,263
Hexe 32,34ff,51,63,85,99,130,162,167,170,177, 239,248,250,251,260,261,263
Hexenamulett 261
Hexengasse 177
Hexenhammer 161,260
Hexenmeister 131
Hexenreiter 132
Hexentanzplatz 130,177,260
Hexenverfolgung 263,263
Herrgott auf der Wies 144
Herrgottsglöckl 188
Hinrichtung 65,86,226,263,265,272
Hirte 13,29,41,47,106,178
Horeschütz 134
Hölle 51,132,135,208ff,260,261
Höhenburg 172,264
Hojemännlein 164,270
Holzweiblein 51,140,151,253
Hostie, geweiht 12,136,247
Hostienschändung 12, 136,141,247
Hund 81,213 siehe auch Geisterhund
Hungerbach, -see 106,107,210,230,274
Hungersnot 106,203

I
Irrlicht 65,66,233

J
Jagd 71,74,90,183,205,252
Jäger 113,183,247
Juhu-Schrei 65

K
Kappel Hl. Blut 127
Karwendelkraut 21
Katze 162,247,261
Katzengold 79
Katzenhinrichtung 162,261
Kaufmann, -leute 57,86,162
Kauz 52,153
Kegelspiel 80,188,194
Kelten 203,250,264
Kerze 82,171,180,196,250,265
Kette (eisern) 73,271
Kiket 230,274
Köder 102,258
Königsbruch 189,194
Königshaus (Schachen) 40
Königshäuschen 115,117
Klausenumzug 175
Klöpfleinsnacht, Knepflesnacht 71,73
Klopfgeist 158,233
Kloster 78,81,82,99,109,128,183,193,205
Kobold 18,32,44
kopfloses Gespenst 30,161,234
Kreuzigungsgruppe 14
Kreuzzug 59,128,264
Kruzifix 173,187,188,205-207,265
Kurier 117

L
Lachenweibl 44,248
Lechwiesfüllen 161
Leichenzug 98
Leonhardiritt 196,260
Leonhardkette 271
Liebespaar 64,93
Licht (unheimlich) 44,66,67,231,233 240
Lichtzeichen 44,56,93
Linde 82,98,99,185
Lindwurm siehe Drache

M
Magie 34,250
Malefiztag 263
Maler (Künstler) 66,199,200
Marienbild, -statue 96,111,124,159,190,197,203, 206,269,273,275,276
Markenrücker siehe Grenzsteinversetzer
Märtyrer 83,186,204,256
Marterl 117,123,148
Mehrlingsgeburt 168,262
Meteoriteneinschlag 248
Mönch 82,111,137,186,189
Monstranz 78,82
Moor, Moos 18,70,106,108,140,233,234-238
Mord 23,77,135,154,186,239
Muspilli 249

N
Nachtgejaid siehe Wilde Jagd
Nebelfrau 235
Nikolaustag 175,238
Nonne 126,130,139,217
Nornen 257
Nussbaum 89,149

O
Ostereier 67
Osterfeuer 20,67
Ostern 20,67
Omen 107,230

P
Parzen (Moiren) 258
Passionsspiele 117,119,122,173
Percht,Perchtengehen 73,256,257,265
Pest 81,119,156,171,179,180,201,266,270
Pestfriedhof 179,180,201,266
Pestkapelle 99,180
Pestmännlein 154ff
Pestweiblein 179
Pfanneschütz 134
Pfau 116
Pferd 108,148,164,165,181,243,252,260
Pferdeumritt 146,195,260
Pollinger Kreuz 205-207
Pollinger Landschafter (Malerkreis) 200
Poltergeist 158,233
Postillion 163
Prophezeiung 20,193,243
Prozession, Umzug 81,136,144,175,206,266

Q
Quelle, 159,184,193,194,201,230,237,266,275

R
Raubritter 80,86
Raubvogel 48,153
Rauchgraf 63
Räuber 80,101,108,238
Rauhnacht 46,71,179
Regenbogen 140,203
Regenbogenschüsselchen 203
Reichsschatz 79
Reliquie 128,187,203,204
Riese 24,88,109
Ritter 59,60,79,80,86,93,217,263
Römer 92,181,210,237
Römerkastell 92
Römerstein 210
Römerstraße 294,210,236
Ruine 57,60,92,137,139,208,217

S
Säkularisation 81,147,159,187,190,200,204,206,269
Satanskult 130
Schachengeist 41
Schandsäule 65
Scharfrichter 170,264
Schatz 15,44,60,63,68,78,82,88,92,100,105,139, 173,178,208,215,217,245,271
Schatz „sonnen“ 139,271
Scheibentreiben 20,67
Schelmenstreiche 208,218-226
Schweizerhaus 41
Schiffbruch 168
Schimmelkapelle 108,181,259
Schindelbaum 174
Schlossberg 63,177,178,179
Schlüssel,63,139
Schmerzensmann 144,206
Schmied 85,148,260
Schnecke 158
Schuster 103,
Schwan 116,
Schwein 106
Schwestern 82,84,92,173,213, 230,266
Seelenlicht 67
Seherin 20,183
Silvester 71
Spiegelschwab 139
Springwurzel 139
Spuk siehe Geist oder umgehen
Stampa 75
Steinerne Stuben 179

T
Tanne 136
Tassilolinde 185
Taufe 135
Tempelritter 172,264
Teufel 13,21,33,62,99,130,134,141,147,148,208
Teufelsbündler 33, 132,134,136,141,148
Teufelskügler 134
Teufelskuchel 194,238,274
Totenmoor 157,233
Tracht 45,128,143,160,202
Trud 32,163,174,250
Trudenfuß 33,250

U
Uhu 153,176,238
Ulrichsritt 146
umgehen 42,44,50,56,58.80.129.151,161,165, 215,217,234
unterirdischer Gang 86,103,123,137,139,178,186, 196,208,217
Unwetter 36,117,137,139,231

V
Venedigerfräulein 28
Venedigermännchen 11,26,81,129,134,245,246
Venedigerspiegel 11,245-247
vernageln 147
versunkener Ort 39,139,194,230
Via Claudia 210
Viehschelm 195.270
Viehseuche 157,195,270
Vogt 154,260
Vorzeichen 107,230,274 siehe auch Hungerbach
Votivtafel 104,128,159,168,169,172,182,197,211

W
Wallfahrtsort 114,145,170,180,190,197,236,265,271
Walpurgisnacht 130
Wau-Wau 142
Wegkreuzung 52,98
Wehbartele 165
Weihnachten 54,71,134
Weinende Figur 145,275,276
Weiße Frau 60,137
weizen siehe umgehen
Welfen 128,168,177,178,264
Welfenschloss 177,178,264
Weltende 243
Weltkrieg II. 79
Wessobrunner Gebet 185,266ff
Werdenfelser Grafenfutter 56
Werwolf 140
Wetterglocke 41
Wettersteinmanndl 36
Wilde Frau 262
Wilderer 11,12,50,54,88,115,131,247
Wilde Jagd, Wilder Jäger 51,108,140,142,150,
179,236,237,241,252,253,255
Wildzauber 12
Wodanskult 106,255
Wolfgänger 140
Wolfshunger 140, 141
Wünschelrute 106
Wunder 97,104,186,187,226ff,275

Y
Yggdrasil 257

Z
Zauberbesen 170
Zauberhammer 68
Zauberkräutlein 47
Zauberkünste 128,131
Zauberschloss 15,68
Zigeuner 66
Zirbe 41
Zwerg 11,28,37,83,129,134,245

Weitere Bücher im Ambro Lacus Buch- u. Bildverlag von Gisela Schinzel-Penth:

Hexeneiche, Schwedenlärchen und Tassilolinde – EAN 9783-921445-28-0
Sagen um berühmte alte Bäume in Altbayern – gebunden – 176 Seiten, Illustr., 22 Abb. aus „Kreutterbuch" von 1577

Zwerge, Wichtel u. Gnome – Schinzel-Penth/Schuch – **EAN 9783-921445-34-1**
Sagen aus dem deutschsprachigen Raum, Teil I Süden – gebunden – 1. Aufl. 2011, 320 Seiten, 50 Illustr., davon 10 Federz. v. Heinz Schinzel

Zwerge, Wichtel u. Gnome – Schinzel-Penth/Schuch – **EAN 9783-921445-42-6**
Sagen aus dem deutschsprachigen Raum, Teil II Mitte und Norden – gebunden – 1. Aufl. 2018, 432 Seiten, zahlr. Illustr., davon 6 Federz. v. Heinz Schinzel

Sagen und Legenden von München – EAN 9783-921445-38-9
Altmünchen u. zu München gehörige Stadtteile u. Vororte – gebunden – 6. erw. Aufl. 2017, 400 Seiten, zahlr. Illustr., davon 31 Federz. v. Heinz Schinzel

Sagen u. Legenden u. Fünfseenland u. Wolfratshausen – EAN 9783-921445-41-9
Ammersee, Weßlinger See, Pilsensee, Wörthsee, Starnberger See– gebunden – 3. erw. Aufl. 2017, 416 S., zahlr. Illustr., 23 v. Heinz Schinzel

Sagen u. Legenden u. Fürstenfeldbruck u Germering – EAN 9783-921445-26-6
Landkreis Fürstenfeldbruck – geb. – 288 Seiten – zahlr. Illustr., 9 v. Heinz Schinzel Unveränderter Nachdruck 2003

Sagen und Legenden um Tölzer Land u. Isarwinkel – EAN 9783-921445-40-2
Jachenau, Lenggries, Bad Tölz, Reichersbeuern, Dietramszell, Heilbrunn, Penzberg, Benediktbeuern, Kochel, Walchensee, Schlehdorf, Herzogstand, Heimgarten
3. erw. Aufl. 2016, geb. – 254 Seiten – zahlr. Illustr., 11 v. Heinz Schinzel

Sagen und Legenden um das Berchtesgadener Land – EAN 9783-921445-43-3
Watzmann, Jenner, Hoher Göll, Hohes Brett, Hochstaufen, Untersberg, Reiteralpe Berchtesgaden, Bad Reichenhall, Bischofswiesen, Markt Schellenberg, Piding, Högl, Teisendorf, Laufen, Freilassing, Salzburg
7. erw. Aufl. 2018 – 288 Seiten – geb. – zahlr. Illustr., 24 v. Heinz Schinzel

Sagen und Legenden um Chiemgau u. Pupertiwinkel – EAN 9783-921445-39-6
Siegsdorf, Inzell, Ruhpolding, Marquartstein, Chiemsee, Prien, Rosenheim, Traunstein, Burghausen – gebunden
5. erw. Aufl. 2016, – 432 Seiten, zahlr. Illustr., 28 v. Heinz Schinzel

Sagen und Legenden um Miesbach und Holzkirchen – EAN 9783-921445-24-2
Landkreis Miesbach mit Tegernsee, Schliersee, Spitzingsee, Seehamersee, Kirchsee
2. Aufl. 2004 – geb. – 336 Seiten – zahlr. Illustr., 9 v. Heinz Schinzel

Sagen u. Legenden u. Werdenfelser Land u. Pfaffenwinkel – EAN 9783-921445-37-2
Mittenwald, Garmisch, Eschenlohe, Ettal, Oberammergau, Schwangau, Steingaden, Murnau, Schongau, Peiting, Peißenberg, Wessobrunn, Polling, Weilheim
3. Aufl. 2021, 292 Seiten – gebunden – zahlr. Illustr., 9 von Heinz Schinzel

Die Blaue Kugel – Märchen v. Gisela Schinzel-Penth – EAN 9783-921445-35-8
Abenteuerliche, spannende, zauberhafte, geheimnisvolle Märchen:
Das Rätsel der verwunschenen Burg - Das Geheimnis der strahlenden Insel - Die Blaue Kugel – Das Schwert der Freundschaft - Die Königin mit dem steinernen Herzen – Ariela im Reich der Geister – Das Glas mit der Blume des Friedens – Die Gabe der sieben Könige – Der dicke Sultan – Der unzufriedene Spatz – Zwei gleiche Steine – Die unbarmherzige Prinzessin – Die klugen Fische – Der Palast der Vollkommenheit – Nurabi und das Glück der Welt
20 farbige Bilder v. Norbert Gerstlacher – gebunden – 232 Seiten